新文京開發出版股份有限公司

新世紀‧新視野‧新文京 ─ 精選教科書‧考試用書‧專業參考書

New Wun Ching Developmental Publishing Co., Ltd.
New Age · New Choice · The Best Selected Educational Publications — NEW WCDP

第四版

民法概要

CIVIL LAW

★ 2021年最新修正法規

陳櫻琴、王忠一、黃仲宜
顏忠漢、郭豐榮、蔡鐘慶　編著

　　民法近年來頻繁修正，近期除了在 2020 年 12 月 25 日修正民法成年制度，改為 18 歲成年，並於 2023 年 1 月 1 日施行，也在 2020 年 12 月 30 日修正夫妻財產制中的剩餘財產分配制度，並於 2021 年 1 月 20 日公布施行。本書配合最新修法趨勢，增訂四版亦有作者生力軍蔡鐘慶加入，其為中原大學財經法律學系專任助理教授，協助處理校訂相關最新修正以及行政事宜。本書完稿前，由中原大學財經法律研究所伍翊菁同學協助部分章節校訂，特此致謝。作者一致認為，在工作研究之餘，能有好友提攜，奮力朝目標努力，皆是人生中最美好的成果。本書希冀能提供各校民法概要課程授課參考，期能有助於學子熟悉法律相關知識。總之，民法領域博大精深，本書以概要的方式，提供初學民法的學習之用，請各界不吝賜教，期使本書內容更符合實用。承蒙各大學院校民法概要課程採用，得以修訂出版，作者一同深表致謝。

陳櫻琴、王忠一、黃仲宜、顏忠漢、郭豐榮、蔡鐘慶
謹識於 2021 年 6 月

　　民法在近來頻繁修正，主要原因在反映社會經濟發展，強調男女平權，符合當代社會所需的夫妻財產制及限制繼承制度。

　　本書配合最新修法趨勢，增訂三版亦有作者生力軍郭豐榮加入，其為中央大學財務金融系兼任講師，英國倫敦政經大學金融法碩士，在公部門貢獻所長。本書合著作者多年來在各自工作崗位上努力，並不忘進修，作者之一黃仲宜除具有法律專業外，攻讀學位不懈，取得中央大學工程博士，更顯見法律與其他專業領域整合的重要性。本書完稿前，由洪宇均律師協助校訂，中原大學財經法律研究所謝坤政同學協助收集資料，特此致謝。作者一致認為，在工作研究之餘，能有好友提攜，奮力朝目標努力，皆是人生中最美好的成果。本書提供各校民法概要課程授課參考，期能有助於學子熟悉法律相關知識。

　　據悉，行政院在 2016 年擬提出民法繼承編修正案，本書後續會繼續跟進立法進度，會持續進行修訂調整。總之，民法領域博大精深，本書以概要的方式，提供初學民法的學習之用，請各界不吝賜教，期使本書內容更符合實用。承蒙各大學院校民法概要課程採用，得以修訂出版，作者一同深表致謝。

陳櫻琴、王忠一、黃仲宜、顏忠漢、郭豐榮
謹識於 2016 年 5 月（三版二刷序）

　　民法體系博大精深，是學習法律的必要入門科目，也是了解民商法律關係的重要基礎，我國民法在早年甚少有重大或頻繁的修正，條文的解釋及適用，多係透過法律漏洞的填補或司法造法等功能，亦可逐步符合當代社會的需要，這也是當年法律研究沿續法國民法的歷史可以跨越幾百年，但仍適用於當代社會無礙。不過近年來，民法的修正持續進展，不但修改次數多，更易內容範圍大，例如總則編修正重點，以「監護宣告、輔助宣告」制度取代原有「禁治產」（禁止管理自己財產）之用語。物權編共有四次大修正，內容包括擔保物權、通則、所有權、用益物權及占有等，新增加的條文及制度甚為可觀，顯示在社會重大變遷過程中，民事法律仍有必要與時俱進。親屬編修正次數超過十次，反映其規定內容與家庭制度有關，屬於剛性內容，不甚符合社會變遷對男女平權、未成年子女保護、結婚離婚及夫妻財產制度，因此必須多次修正，以配合社會需要。

　　本書出版後承蒙法學先進採用，提供商學院、管理學院等民法概要課程之參考教材，我們作者也分別在若干所大學專任或兼任此一課程，相信教學相長及知識激盪都有很大的進步空間。一本書的完善或符合實用與否，仍有賴讀者及使用者的批評及指教。我們期待這次的修訂再版，能得到各界的肯定及繼續的支持。

陳櫻琴、王忠一、黃仲宜、顏忠漢

謹識於 2010 年 12 月

民事法律關係是什麼？簽訂契約一定要書面的法律行為嗎？產生侵權行為如何主張損害賠償？債權和債務法律關係中當事人有何主張？動產和不動產所有權取得登記要件如何？人民的身分關係，國家為何要規定親屬和繼承法？這些林林種種的問題，一般民眾會問，當然是民法學習的重點。

　　「民法」和「商事法」是法律學系學生必修而且負擔很重的學分，一般商、管學院也列入選修課程。在現代工商交易活動過程中，大專院校的學子們所基本必備的民商法律常識有那些？這是作者群學習法律多年以來，一直在思索的問題。

　　今(2007)年的民法議題也特別多，物權在抵押權等「擔保物權」有革命性的修正，親屬有關結婚的要件，在制度上也有重大改變。至於在配合社會經濟發展，債編各論增訂「旅遊」、「合會」、「人事保證」等；建立符合男女平權理念的夫妻財產制，也是近年修正的重點。

　　如果說，法條的修改影響整個民法的研究和著述，真是一點也不為過，而我們無論自己目前的專業是不是民法領域，也都要跟著民法的增訂，同步進修，以理解民事法律的精髓，並熟悉法律的實務運作。

　　中原大學法學院「財經法律學系」以財經法律為專業，近年來此一領域已獲各校法律科系的肯定，除了開設法律基礎課程外，還有財經法律的專業課程，當然，更重要的任務，是支援其他商學科系的民、商、稅、財經法等課程。我們一直在思索，什麼樣的「教材」適合在非法律系學生、但又「必（選）修」民商法學分（合計約四至六個學分）？什麼樣的「案例」可以提供基礎的民商法律關係，讓理論與實務結合，學生又不感枯燥難懂？多少的「篇幅」足以提供一個學期使用，既可入門介紹給一般學生；對有實力或有興趣的學生也可當進階自修？作者群兼任的大學院校都提供我們把這個「理念」付諸「實踐」的機會，特此致謝。

　　作者之一陳櫻琴任教中原大學財經法律學系，除了擔任系主任、推動成立法學院的工作有成外，念茲在茲呈現法律「普及化」及「通俗化」的寫作計劃。在中央大學財務金融系兼任商事法、民法概要課程的過程中，終於能歸納提出若干的教學心得。

　　作者之一王忠一為輔仁大學法學士、中正大學法研所碩士、元智大學管理研究所(EMBA)國際企業組肄業，並任職於政府機關負責政府採購等相關事宜，現於明新

科技大學等多所學校擔任講師，講授民法、商事法及憲法、行政法、刑法等通識科目，在實務累積與民法及商事法教學過程中，與學生互動頗有心得。

作者之一黃仲宜具台灣大學法律學士及美國工程、企業管理雙碩士學位，並於中央大學營管所博士班進修。除擁有公司管理與地產及貸款等實務經驗外，曾於美國 TUI 大學企管學院兼任助理教授暨中央大學及中原大學等校兼任講師，講授民商法、工程與法律及管理等科目，並自我期許能對法律與專業管理間整合有所貢獻。

作者之一顏忠漢 83 年高考法制類科及格，中原大學財經法律研究所碩士，曾任中央健康保險局北區分局課員、專員、課長，現任職臺北市政府衛生局法制專員。利用公餘時間，擔任中原大學財經法律系兼任講師，另自 96 年起於臺灣大學醫療機構管理研究所碩士班進修，期許能結合跨領域的實務與理論。

人生難得有理想的合作夥伴，我們除了在各自工作崗位上的著述外，結合法律和專業的出版品，也在合作共識極高及默契十足之下，一本一本推出如「醫療法律」、「環境法律」和「工程法律」等書籍，學界和實務先進對我們鼓勵有加。

兩位助理就讀中原的慧蓉和政大的亭安，在溽暑中協助我們收集資料及繕稿打字事宜，備極辛勞。新文京出版公司的團隊在負責人及施先生率領下，讓本書的編輯作業呈現一定的水準，敬請各界繼續不吝賜教。

總之，在新文京出版公司大力鼎助，在 2006 年 3 月協助出版「商事法」，今年在極短又有效率的編輯作業支援下，出版「民法概要」，並配合最新修正條文，詳細說明 3 月最新修正，9 月施行的物權法及親屬法條文的介紹，相信極為符合商管學院在新的學年度採用。

陳櫻琴、王忠一、黃仲宜、顏忠漢

謹識於 2007 年 10 月

四版序／三版序／二版序／序 言

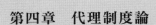
CIVIL
LAW

■ 本編圖目錄

■ 本編表目錄

第一篇 法律導覽

第一章　權利主體論

第一節　自然人

一、能　力

（一）**權利能力**：在法律上可以享受權利、負擔義務的資格或地位。

1. 取得

   (1) 出生（§6）；學說上通常採獨立呼吸說為準，指胎兒脫離母體且能獨立呼吸，包括完全的產出以及活產，以符合第 6 條所規定「出」及「生」兩個要件。

   (2) 視為既已出生：胎兒出生非死產者（§7）。

2. 喪失：包括死亡與死亡宣告，參見圖一：

   (1) 死亡，依傳統之定義，乃以心跳停止、呼吸停止及瞳孔放大等要件，以確定死亡之時期。然近年來民法學說有以腦波完全停止作為死亡之時點。

   (2) 死亡宣告：目的確定以失蹤人為中心的法律關係，並非剝奪失蹤人之權利能力。其發生原因乃係失蹤人離去其最後住所或居所，而陷於生死不明之狀態繼續達法定之期間，由利害關係人或檢察官向法院聲請，由法院宣告死亡，以確定懸而不定之法律關係的一種制度（§8）。

   A. 失蹤人失蹤滿 7 年後。

   B. 失蹤人為 80 歲以上者，得於失蹤滿 3 年後。

   C. 失蹤人為遭遇特別災難者，得於特別災難終了滿 1 年後，法院得因利害關係人或檢察或檢察官之聲請，為死亡之宣告。

D. 效力

(a) 時間點：受死亡宣告者，以判決內所確定死亡之時，推定其為死亡。前項死亡之時，應為前條各項所定期間最後日終止之時。但有反證者，不在此限（§9）。

(b) 財產管理：失蹤人失蹤後，未受死亡宣告前，其財產之管理，除其他法律另有規定者外，依家事事件法之規定。此為 2015 年修正第 10 條新規定。因 2012 年 6 月 1 日起施行之「家事事件法」，就失蹤人財產管理事件已有整體規範，故依家事事件法處理，不再適用非訟事件法。

死亡
- 自然死亡
  - 原則：心臟跳動停止時
  - 例外：須施行器官移植手術的情形，以「腦死時」為死亡時點
- 法律死亡：死亡宣告

圖一：自然人之死亡

（二）行為能力：獨立從事法律行為的能力。

1. 財產上行為能力

(1) 完全行為能力：滿 18 歲（112 年 1 月 1 日施行）[1]之成年人（§12）[2]，且未受監護宣告

(2) 限制行為能力[3]：

A. 滿 7 歲以上之未成年人，且未受監護宣告（§13Ⅱ）。

---

[1] 原有關成年年齡之規定乃於民國 18 年間制定並施行，迄今已施行約 91 年，鑑於現今社會網路科技發達、大眾傳播媒體普及、資訊大量流通，青年之身心發展及建構自我意識之能力已不同以往，本條對於成年之定義，似已不符合社會當今現況；又世界多數國家就成年多定為 18 歲；且現行刑法及行政法有關應負刑事責任及行政罰責任之完全責任年齡，亦均規定為 18 歲（刑法第 18 條、行政罰法第 9 條），與民法成年年齡有異，使外界產生權責不相符之感，是為符合當今社會青年身心發展現況，保障其權益，並與國際接軌，爰將成年年齡修正為 18 歲。
[2] 因應成年年齡修正為 18 歲，及民法第 980 條將男、女最低結婚年齡修正均為 18 歲後，民法成年年齡與男、女最低結婚年齡一致，爰配合刪除第三項有關未成年人已結婚而取得行為能力之規定。
[3] 修正第 14 條為「成年監護制度」，重在保護受監護宣告之人，維護其人格尊嚴，並確保其權益。鑑於原「禁治產」之用語，僅有「禁止管理自己財產」之意，無法顯示修法意旨，爰將本條「禁治產」，修正為「監護」。另「禁治產人」配合修正為「受監護宣告之人」。
至於有關禁治產宣告之規定，原採宣告禁治產一級制，缺乏彈性，不符社會需求，本次修正在監護宣告之外，增加「輔助宣告」制度，俾充分保護精神障礙或其他心智缺陷者之權益。且輔助宣告適用之對象為成年人及未成年人已結婚者；至未成年人未結婚者，因僅有限制行為能力或無行為能力，無受輔助宣告之實益，不適用此一規定。

B. 受輔助宣告人：對於因精神障礙或其他心智缺陷，致其為意思表示或受意思表示，或辨識其意思表示效果之能力，顯有不足者，法院得因本人、配偶、4 親等內之親屬、最近 1 年有同居事實之其他親屬、檢察官、主管機關或社會福利機構之聲請，為輔助之宣告（§15-1）。受輔助宣告人性質上行為能力並非受到限制，而是在為本法第 15 條之 2 所列各款之法律行為[4]時，為保護此類人，而由法律規定應經輔助人同意，並準用第 78 條至第 83 條及第 85 條規定（§15-2）。換句話說，受輔助宣告人在為本法第 15 條之 2 以外其他法律行為時，其所為之法律行為效力與完全行為能力者同，並不因為受輔助宣告人而受影響。

(3) 無行為能力：未滿七歲之未成年人（§13Ⅰ），受監護宣告之人（§15）。受監護宣告之人，因監護宣告使受宣告者喪失行為能力，故必須具備精神障礙或其他心智缺陷，致不能處理自己事務之要件，法院始得宣告（§14）。

表一：受監護及輔助宣告

舊法	新法	定義	效力
心神喪失	受監護宣告之人（§14）	精神障礙或心智缺陷，致不能為或不能辨識意思表示	無行為能力
精神耗弱	受輔助宣告之人（§15-1）	精神障礙或心智缺陷，致意思表示或辨識顯有不足	類似限制行為能力

2. 身分上行為能力

(1) 訂婚能力（§973）：訂婚最低年齡限制，須滿 17 歲[5]，方認有訂婚能力；訂定婚約違反訂婚能力規定者，民法雖既未設有規定，實務上認應屬無效（院字第 2812 號）。

(2) 結婚能力（§980）：結婚最低年齡限制須滿 18 歲[6]，方認有結婚能力。

---

[4] 民法第 15 條之 2 第 1 項規定：「受輔助宣告之人為下列行為時，應經輔助人同意。但純獲法律上利益，或依其年齡及身分、日常生活所必需者，不在此限：一、為獨資、合夥營業或為法人之負責人。二、為消費借貸、消費寄託、保證、贈與或信託。三、為訴訟行為。四、為和解、調解、調處或簽訂仲裁契約。五、為不動產、船舶、航空器、汽車或其他重要財產之處分、設定負擔、買賣、租賃或借貸。六、為遺產分割、遺贈、拋棄繼承權或其他相關權利。七、法院依前條聲請權人或輔助人之聲請，所指定之其他行為。」

[5] 基於男女平權消除在有關婚姻關係上對女性之歧視，將女性最低訂婚年齡修正為 17 歲。

[6] 基於男女平權消除在有關婚姻關係上對女性之歧視，將女性最低結婚年齡修正為 18 歲；因成年年齡與最低結婚年齡均修正為 18 歲，故已無未成年人結婚應得法定代理人同意之情形。

(3) 遺囑能力（§1186）：無行為能力人，不得為遺囑。限制行為能力人，無須經法定代理人之允許，得為遺囑。但未滿 16 歲者，不得為遺囑。

（三）**責任能力**：對不法行為所發生法律責任承擔責任的能力，以識別能力就個案判斷。

1. 侵權行為責任能力（§184）：因故意或過失，不法侵害他人權利行為者，負擔損害賠償責任之資格或地位。

2. 債務不履行責任能力（§226）：因可歸責於債務人之事由發生，致不能給付債權人者，應使債權人得本於債權之效力，向債務人請求其不履行之損害賠償之資格或地位。

（四）**意思能力**：又稱識別能力，能夠辨識自己的行為，將發生何種法律上效果。

有關能力之定義，參見圖二及圖三：

─ 權利能力：在法律上可以享受權利、負擔義務的資格或地位。
─ 行為能力：獨立從事法律行為的能力。
─ 責任能力：對不法行為所發生法律責任承擔責任的能力。
─ 意思能力（識別能力）：能夠辨識自己的行為，將產生何種法律上後果。

圖二：四種能力之定義

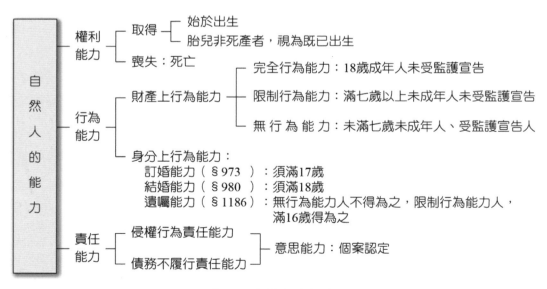

圖三：自然人之能力

二、權　利：以是否具有財產上價值可分為財產權與非財產權，參見圖四：

（一）**財產權**：權利本身可以用金錢衡量其價值，換言之即經濟上具有財產上價值之權利。

1. 債權：債權的性質，是一種「相對權」，債權人只能請求債務人履行，而無法對債務人以外的其他人主張。

2. 物權：權利人得直接支配特定物而享受其利益，不受他人干涉，故具有排他性、優先性、追及性及物上請求權等特性，是一種「絕對權」，可以對所有的人主張。

3. 財產權被侵害保護

　(1) 請求權基礎：因故意或過失，不法侵害他人之權利者，負損害賠償責任（§184 I 前段）。

　(2) 損害賠償

　　A. 有財產上損害

　　(a) 回復原狀：負損害賠償責任者，應回復損害發生前之原狀（§213）。

　　(b) 金錢賠償

　　　I. 損害應回復原狀者，如經債權人定相當期限催告後，逾期不為回復時，債權人得請求以金錢賠償其損害（§214）。

　　　II. 不能回復原狀或回復顯有重大困難者，應以金錢賠償其損害（§215）。

　　B. 有非財產上損害：負損害賠償責任者，應回復損害發生前之原狀（§213）。

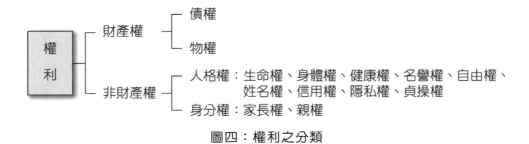

圖四：權利之分類

（二）**非財產權**：權利本身無法以金錢衡量其價值，故經濟上不具有財產上價值之權利。

1. 種類

　（1）人格權：存在於權利人自己的人格上的權利，具有專屬權，與權利主體不可分離，如生命權、身體權、健康權、名譽權、自由權、姓名權、信用權、隱私權、貞操權（§195）。

　（2）身分權：基於權利主體間因身分關係（如結婚、出生、收養）發生而產生之權利如家長權（§1123）、親權（§1084）。

2. 特性：慰撫金（非財產上損害賠償）的請求－不法侵害他人之身體、健康、名譽、自由、信用、隱私、貞操，或不法侵害其他人格法益而情節重大者，被害人雖非財產上之損害，亦得請求賠償相當之金額（§195Ⅰ）。

3. 保護

　（1）請求權基礎

　　A. 人格權受現時侵害時，得請求法院除去其侵害（§18Ⅰ侵害除去請求權）。

　　B. 有將來受侵害之虞時，得請求防止之（§18Ⅱ侵害防止請求權）。

　　C. 因故意或過失，不法侵害他人之權利，所造成過去的侵害者，負損害賠償責任（§184Ⅰ前）。

　　D. 債務人因債務不履行，致債權人之人格權受侵害者，準用民法第 192 條至第 195 條及第 197 條之規定，負損害賠償責任（§227-1）。

　（2）損害賠償

　　A. 有財產上損害

　　（a）回復原狀：負損害賠償責任者，應回復損害發生前之原狀（§213）。

　　（b）金錢賠償

　　　Ⅰ. 損害應回復原狀者，如經債權人定相當期限催告後，逾期不為回復時，債權人得請求以金錢賠償其損害（§214）。

　　　Ⅱ. 不能回復原狀或回復顯有重大困難者，應以金錢賠償其損害（§215）。

B. 有非財產上損害

(a) 回復原狀：負損害賠償責任者，應回復損害發生前之原狀，如登報道歉（§19、213）。

(b) 金錢賠償（慰撫金）

Ⅰ. 侵權行為：包括人格權侵害，即不法侵害他人之身體、健康、名譽、自由、信用、隱私、貞操，或不法侵害其他人格法益而情節重大者，被害人雖非財產上之損害，亦得請求賠償相當之金額（§195Ⅰ）及身分權侵害，即於不法侵害他人基於父、母、子、女或配偶關係之身分法益而情節重大者，被害人雖非財產上之損害，亦得請求賠償相當之金額（§195Ⅱ）。

Ⅱ. 債務不履行：僅人格權侵害得請求，即債務人因債務不履行，致債權人之人格權受侵害者，準用第 192 條至第 195 條及第 197 條之規定，負損害賠償責任（§227-1）。

三、住　　所

（一）**意義**：自然人法律關係之行為地。

（二）**種類**

1. 意定住所：依一定事實，足認以久住之意思，住於一定之地域者，即為設定其住所於該地。一個自然人同時不得設定兩住所（§20）。

2. 法定住所

(1) 無行為能力人及限制行為能力人：以其法定代理人之住所為住所（§21）。

(2) 住所無可考：其居所視為住所（§22①）。

(3) 在我國無住所：其居所視為住所（§22②）。

(4) 夫妻之住所：由雙方共同協議之；未為協議或協議不成時，得聲請法院定之。法院為前項裁定前，以夫妻共同戶籍地推定為其住所（§1002）。

(5) 未成年之子女：以其父母之住所為住所（§1060）。

（三）**廢止**：依一定事實，足認以廢止之意思離去其住所者，即為廢止其住所（§24）。

第二節　法　人

一、權利能力

採法人實在說的觀點，認法人本質上具有獨立之人格，依第 30 條規定，法人非經向主管機關登記，不得成立。第 40 條第 2 項，法人至清算終結止，在清算之必要範圍內，視為存續。故法人的權利能力，起於向主管機關「登記完成」終於「清算終結」。按法人之集合，不問其為社團，或為財團，法人之目的，亦不問其為公益或營利，非經向主管機關登記後，不得成立。此乃兼採準則、許可主義之結果。

二、行為能力

法人既為權利主體為執行業務所需，自賦予其行為能力，由董事就法人一切事務，對外代表法人（§27Ⅱ）。按董事乃執行事務之機關，法人為欲達其一定之目的事業，自不能不設置執行事務之機關，故不問為社團法人或財團法人，均以設置董事為必要。且董事既為法人之代表機關，凡關於法人之業務，對外均應由董事代表行之，否則法人之目的就無法達成。

三、責任能力

法人對於其董事或其他有代表權之人因執行職務所加於他人之損害，與該行為人連帶負賠償之責任（§28）。且所謂「因執行職務所加於他人之損害」，並不以因積極執行職務行為而生之損害為限，如依法律規定，董事負執行該職務之義務，而怠於執行時所加於他人的損害，亦包括在內（64 台上 2236 號）。

法人之分類，參見圖五：

圖五：法人之分類

第二章　權利客體論

第一節　意　義

　　權利客體有時是物，有時是權利，由權利主體透過以意思表示，產生法律行為標的變動的私法效果。如某甲到 7-11 便利商店買一瓶藍山咖啡，某甲是自然人、7-11 便利商店是法人，這二個權利主體作了一個民法第 345 條買賣藍山咖啡的法律行為（包括債權行為及物權行為），使藍山咖啡的所有權發生變動由 7-11 便利商店移轉至某甲，因此藍山咖啡就是權利客體。

第二節　分　類

一、動產與不動產

　　依物是否為土地及其定著物而定，其定義參見圖六：

　　　┌ 不動產：土地以及其定著物（§66Ⅰ）
　　　└ 動產：不動產以外之物，都是動產（§67）

圖六：不動產與動產之定義

二、主物與從物

　　依物是否具有獨立之經濟效用而定。如遊艇與救生圈若同屬一人所有，則遊艇為主物，救生圈為從物；汽車與備用輪胎若同屬一人所有，汽車為主物，備用輪胎為從物。

（一）主物

　　非從物，具有獨立之經濟效用。按社會生活中建築物常會產生附屬物即從物，專指原有建築物之外，同一人所有且常助建築物之效用，但尚未具獨立性之建築物，如頂樓加蓋空間及地下室。但是否從物應從個案觀察，一般而言，大門、屋頂、地基、走廊、階梯、隔壁等性質上不許分割而獨立為區分所有客體之部分，可認為從物，但如該從物如地下室其建造須挖土作成擋土牆、建造成本較之地上層有過而無不及，倘非專為規劃、投資、施工、關建、不可能形成，依一般社會交易觀念，性質上得獨立為區分所有之客體，自不能說其為從物。

（二）從物

非主物之成分，常助主物之效用，而同屬於一人者，且交易上無特別習慣（§68 I）。如工廠中之機器設備，有助於工廠效用，如與工廠同屬於一人，自為工廠之從物，若以工廠設定抵押權，除有特別約定外，其抵押效力，當然及於機器設備（§68 II）。

三、原物與孳息

（一）原物

指權利客體的本質上法律關係或原物，如樹木、動物或房屋租賃，亦即孳息所由發生之標的物或法律關係。

（二）孳息

權利客體的本質上法律關係或原物所獲得產物或收益，其種類如下：

1. 天然孳息：謂依物之有機的或物理的作用，由原物直接發生之收穫物，如果實、動物之產物及其他依物之用法所收穫之出產物（§69 I）。有收取天然孳息權利之人，其權利存續期間內，取得與原物分離之孳息（§70 I）。故有權收取天然孳息之人，不以原物之所有權人為限，比方土地所有人如將所有土地出租於人而收取租金，則承租人為有收取土地上果樹之果實權利之人，在租賃關係存續中，即為其權利之存續期間，取得與土地分離之孳息即果實之權利。

2. 法定孳息：謂由原本使用之對價，而應受之金錢及其他之物，如利息、租金及其他因法律關係所得之收益（§69 II）。有收取法定孳息權利之人，按其權利存續期間內之日數，取得其孳息（§70 II）。

3. 天然孳息與原物分離，如尚為原物之成分，固屬於原物之所有人，若與原物分離，不問其分離之原因如何，應使收取權利人取得之，藉以保全其利益。又法定孳息，係為使用原本之報酬，則按其收取權利存續期間之日數，使之取得，以求公平。

第三章　法律行為論

第一節　法律行為概說

社會上各種事實的發生，具有法律外觀的稱之為法律事實；而民事法律行為區分如下：

一、法律上行為：與人有關，只有人（權利主體）可以作出的行為；而行為依是否符合法律規定，又可分為：

（一）適法行為：符合法律上所規範價值判斷之行為，所以不會發生損害賠償問題，亦即不用討論權利主體有無故意、過失；而所為的行為是否有意思表示，又可以分為：

1. 表示行為：以意思表示為要素，所謂「意思表示」，就是行為人想要發生一定的私法上效果，而將意思表示於外部的行為。如果私法上效果是否基於當事人的意思表示，又可以分為：

   (1) 法律行為：行為雖然具有法律上意義，但是法律效果的發生，是基於當事人的意思表示。

   (2) 準法律行為：行為雖然具有法律上意義，但是法律效果的發生，是因為法律規定，與當事人的意思無關，如意思通知（§80Ⅰ）、觀念通知（§159）、感情表示（§416Ⅱ）。

2. 非表示行為：並未有當事人的意思表示，僅基於一定事實之發生，就會發生一定的法律上效果，又稱事實行為。如住所之設定或廢止（§20、24）、無因管理（§172）、遺失物拾得（§803）、埋藏物發現（§808）。

（二）違法行為：未符合法律上所規範價值判斷之行為如侵權行為（§184）、債務不履行行為（§225、226）。

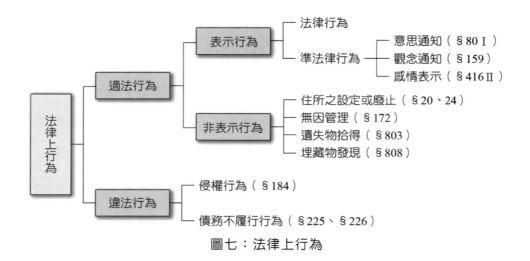

圖七：法律上行為

二、非行為事實：與人之行為無關的事實，如不當得利（§179）、時效狀態（§768~770）。

　　法律行為是指以意思表示為要素，因為意思表示而發生一定私法上效果的法律事實。

第二節　法律行為分類

一、財產行為與身分行為

（一）財產行為：以發生財產法上之法律效果為目的之法律行為。

1. 債權行為：由特定人（債權人）請求另一特定人（債務人）作為或不作為之權利。如請求提供一定勞務或依契請求不得經營相同業務。

2. 物權行為：直接支配特定物並具有排他性的權利。如所有權人擁有某一部電腦之所有權。

3. 準物權行為：非民法上之物權，但法律上視為物權，準用不動產物權之規定，如礦業權、漁業權。

4. 智慧財產權行為：以人類精神智慧之產物為標的，包括商標權、專利權、著作權等，因無形體之外觀，稱為無體財產權，或智慧財產權、工業財產權。

（二）身分行為：以發生身分法上之法律效果為目的之法律行為。

1. 純粹身分行為，如結婚（§982Ⅰ）。

2. 身分上之財產行為，如夫妻訂立財產契約（§1004）。

二、處分行為與負擔行為

　　法律行為既係以意思表示為要素，因意思表示而發生一定私法效果，則依其效果是否發生物權（如所有權）變動效果，可分為：

（一）**處分行為**：指因法律行為直接發生物權（如所有權）變動效果的法律行為，依變動之法律關係種類可分為：

1. 物權行為：使物權（如所有權）關係發生變動效果的行為。

2. 準物權行為：使物權以外財產權（如債權）關係發生變動效果的法律行為。

（二）**負擔行為**：使法律行為發生債權債務關係的行為，通常因負擔行為的作成，賦予行為當事人一定私法上義務，又稱債權行為。如買賣（§345），課以出賣人移轉財產權於他方義務，並課以買受人支付買賣價金義務。

第三節　法律的適用

一、使用文字

（一）書面原則無須自書，但須簽名：依法律之規定，有使用文字之必要者，得不由本人自寫，但必須親自簽名（§3Ⅰ）。

（二）簽名得以蓋章代替：如有用印章代簽名者，其蓋章與簽名生同等之效力（§3Ⅱ）。

（三）簽名得以其他符號代替：如以指印、十字或其他符號代簽名者，在文件上，經二人簽名證明，亦與簽名生同等之效力（民3Ⅲ）。

（四）同時以文字或號碼之表示：關於一定之數量，同時以文字及號碼表示者，文字與號碼有不符合時，如法院不能決定何者為當事人之原意，應以文字為準（§4）。

（五）以文字或號碼為數字之表示：關於一定之數量，以文字或號碼為數次之表示者，其表示有不符合時，如法院不能決定何者為當事人之原意，應以最低額為準（§5）。

二、法源及適用位階

　　先適用法律，法律若未規定者，依習慣；無習慣者，依法理（§1）。至民事所適用之習慣，其來源是社會多數人就同一事項繼續為同一行為，長期所形成之慣行，而

使一般人確信該事實上之慣行具有法律規範之效力，即以多年慣行的事實及一般人之確信為其基礎（17 上 613）；但以不背於公共秩序或善良風俗者為限（§2）。

三、請求權基礎

具體之案例事實如何適用，即法律之適用問題，在民事最常見是尋找請求權基礎，其目的在方便權利主體間，究應依據何種法律規範，向相對人主張何種權利。常見請求權基礎如下：

（一）**契約上之請求權**：權利主體間因契約關係之存在所得主張之請求權，常見契約上之請求權如下：

1. 買賣契約

    (1) 給付請求權；如物之出賣人，負交付其物於買受人，並使其取得該物所有權之義務（§348 I）。買受人對於出賣人，有交付約定價金及受領標的物之義務（§367）。

    (2) 債務不履行損害賠償請求權；如因可歸責於債務人之事由，致給付不能者，債權人得請求賠償損害（§226 I）。

    (3) 瑕疵擔保請求權；如買賣之物缺少出賣人所保證之品質者，買受人得不解除契約或請求減少價金，而請求不履行之損害賠償；出賣人故意不告知物之瑕疵者亦同（§360）。

2. 租賃契約

    (1) 租賃物返還請求權；如承租人於租賃關係終止後，應返還租賃物（§455）。

    (2) 支出費用償還請求權；租賃關係存續中，租賃物如有修繕之必要，應由出租人負擔者，承租人得定相當期限，催告出租人修繕，如出租人於其期限內不為修繕者，承租人得終止契約或自行修繕而請求出租人償還其費用或於租金中扣除之（§430）。

3. 類似契約請求權

    (1) 依第 88 條及第 89 條之規定撤銷意思表示時，表意人對於信其意思表示為有效而受損害之相對人或第三人，應負賠償責任。但其撤銷之原因，受害人明知或可得而知者，不在此限（§91）。

    (2) 無代理權人，以他人之代理人名義所為之法律行為，對於善意之相對人，負損害賠償之責（§110）。

（二）**無因管理請求權**：未受委任，並無義務，而為他人管理事務者，其管理應依本人明示或可得推知之意思，以有利於本人之方法為之（§172以下）。

（三）**物上請求權**：所有人對於無權占有或侵奪其所有物者，得請求返還之。對於妨害其所有權者，得請求除去之。有妨害其所有權之虞者，得請求防止之（§767）。

（四）**不當得利請求權**：無法律上之原因而受利益，致他人受損害者，應返還其利益。雖有法律上之原因，而其後已不存在者，亦同（§179以下）。

（五）**侵權行為損害賠償請求權**：因故意或過失，不法侵害他人之權利者，負損害賠償責任。故意以背於善良風俗之方法，加損害於他人者亦同。違反保護他人之法律，致生損害於他人者，負賠償責任。但能證明其行為無過失者，不在此限（§184）。

第四節　法律行為要素

　　法律行為是指以意思表示為要素，因為意思表示而發生一定私法效果的法律事實。本節說明法律行為要件、附款、期日及期間。

一、法律行為要件

（一）一般要件

　　一般常見法律行為所共通要具備的要件，通常依區分為成立要件（法律行為成立不可或缺之要件）與生效要件（法律行為發生效力之有效要件），此乃因法律行為成立之後，法律行為本身並非就當然發生效力，還必須符合生效要件的規定，法律行為才會發生效力；簡單來說一個法律行為要具備當事人、標的、意思表示等三個要素，但是否發生效力視其是否符合生效要件而定。法律行為之要件，參見圖八：

1. 一般成立要件：一般法律行為所共通要件，包括(1)當事人、(2)標的、(3)意思表示，三者缺一，法律行為不能成立。

2. 一般生效要件：一般法律行為生效不可或缺要件，包括當事人有完全行為能力；標的要可能、確定、妥當、適法；意思表示需健全無瑕疵。按法律行為如符合上開要件自無問題，惟法律行為經緯萬端，通常發生問題都是生效要件出現瑕疵，應進一步處理法律行為效力問題。

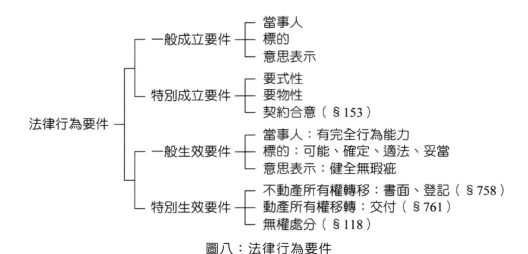

圖八：法律行為要件

(1) 當事人

A. 當事人有完全行為能力：滿 18 歲(112 年 1 月 1 日施行）之成年人
（§12）、，且未受監護宣告者，其所為法律行為原則有效成立，例
外意思表示，係在無意識或精神錯亂中所為者，無效（§75 後段）。

B. 當事人僅有限制行為能力：滿 7 歲以上之未成年人，且未受監護宣告
之人，因其知識尚未充分發達，故有法定代理人之設置，為保護其利
益，凡對於他人為意思表示或受他人之意思表示，均應得法定代理人
之允許（§77 本文），然後才發生效力，但例外單純的獲得法律上之
利益者，如單純得到權利、單純免除義務之行為，或依其年齡及身
分，為日常生活所必需者，則雖未得法定代理人之允許，亦使其發生
效力，此乃因此種情形，對於他人之意思表示，或受他人之意思表
示，縱令限制行為能力人直接為之，對其亦屬有益而無害處。

(a) 原則：法律行為由法定代理人代為（僅指財產法上之法律行為，身分
上之法律行為，不得由法定代理人代為），違反者，視其為單獨行為
或契約行為而有不同。兩者之定義參見圖九：

單獨行為：由當事人一方之意思表示而成立的法律行為。
　　　　　如解除契約及所有權拋棄
契約行為：契約當事人互相意思表示一致而成立的法律行為，
　　　　　分為債權契約、物權契約及身分契約

圖九：單獨行為與契約行為之定義

Ⅰ. 單獨行為：限制行為能力人未得法定代理人之允許，所為之單
獨行為，無效（§78）。所謂單獨行為，係由一方之意思表示而

成立之行為，可分為有相對人之單獨行為，如契約之解除，債務之免除，及無相對人之單獨行為，如拋棄行為是。大抵此種行為，要皆有損於行為人，故限制行為能力人智識尚未充分發達，其所為之單獨行為，自應使其得法定代理人之允許，方為有效，始足以保護其利益。

Ⅱ．契約行為

（Ⅰ）限制行為能力人未得法定代理人之允許，所訂立之法律行為效力未定，須經法定代理人之承認，始生效力（§79）；此外限制行為能力人於限制原因消滅後，承認其所為法律行為，其承認與法定代理人之承認，有同一效力（§81Ⅰ）。故承認係對限制行為能力人之法律行為，於其行為後法定代理人或其於限制原因消滅後，表示同意的輔助行為，至經承認之法律行為，如無特別訂定，溯及為法律行為時發生效力（§115）。又為防止得行使承認權人久不行使承認權致妨害法律關係的安定性，相對人得行使催告權（第80條規定，前條契約相對人，得定1個月以上期限，催告法定代理人，確答是否承認，於前項期限內，法定代理人不為確答者，視為拒絕承認。第81條第2項規定，前條規定，於前項情形準用之）與撤回權（第82條規定，限制行為能力人所訂立之契約，未經承認前，相對人得撤回之。但訂立契約時，知其未得有允許者，不在此限）。

（Ⅱ）限制行為能力人未經法定代理人同意，所為之契約行為非經承認權人承認後不生效力（§79）。契約行為相對人得於訂約後定1個月以上之期間催告法定代理人行使承認權，但如在此1個月期間限制行為能力人已成年，依上開第81條之規定，限制行為能力人成為承認權人，則法定代理人如未於催告期間內行使承認權，自限制行為能力人已成年取得完全行為能力時起，應認此時法定代理人之承認權消滅，在剩餘催告期間內無承認權可供行使。故定期間催告之意義無法發揮，自不應發生第80條第2項法律擬制視為拒絕的效果。

限制行為能力人之契約行為，其效力如何視情況而定，參見表二：

表二：限制行為能力人之契約行為效力

限制行為能力 人之契約行為	法定代理人承認	法律行為確	§ 79
	限制行為能力人承認	定生效	§ 81 I
	法定代理人拒絕承認	法律行為確	§ 79
	限制行為能力人拒絕承認	定不生效力	§ 81 I
	法定代理人視為拒絕承認		§ 80 II
	限制行為能力人視為拒絕承認		§ 81 II 準用 § 80 II
	相對人撤回		§ 82

(b) 例外

I. 經法定代理人允許：限制行為能力人為意思表示及受意思表示，應得法定代理人之允許（§ 77 本文）。法定代理人之允許，係法定代理人於限制行為能力人為意思表示及受意思表示之前或當時，表示同意其行為之輔助行為。

II. 非經法定代理人允許

（I）純獲法律上利益：所謂純獲法律上利益指單純享受權利，而不負擔義務，純從法律上效果判斷之，如單純受贈（§ 77 但）。

（II）依其年齡及身分、日常生活所必需：限制行為能力人日常生活需法律行為極多，若須法定代理人一一允許，將不勝其繁，況且日常衣、食、住、行等瑣碎細事，每無關重要，法定代理人自無不同意之理，法律何必徒拘形式，非令履行同意程序不可，故限制行為能力人得直接為此等行為，如理髮付錢、購買食品飲料、學生購買學生用品等。

（III）使用詐術：限制行為能力人用詐術使人信其為有行為能力人或已得法定代理人之允許者，其法律行為為有效（§ 83）。民法限制未成年人的行為能力的目的是在於保護未成年人，如限制行為能力人使用詐術使他人信其為有行為能力人者，例如欲使人信其為成年人，偽造身分證出示於相對人，或使他人信其已得法定代理人之允許者，使他人與其交易，則限制行為能力人，已無保護之必要，故直接認其法律行為為有效。

（IV）特定財產處分行為的允許：法定代理人允許限制行為能力人處分之財產，限制行為能力人，就該財產有處分之能力（§ 84）。至於所謂處分行為，與負擔行為不同。按限制行為能力人，達

於相當之年齡，則當應依照其智識能力，使得為法律行為，故法定代理人對於特定財產允許其處分時，則限制行為能力人，對於此特定之財產，即有處分之能力。處分行為之定義參見圖十：

```
┌ 負擔行為 ──→ 債權行為：使法律行為發生債權債務關係的行為，如買賣、贈與等。
│
│          ┌ 物權行為：使物權關係發生變動效果的行為，如動產所有權的移
└ 處分行為 ─┤          轉、抵押權的設定等。
           └ 準物權行為：使物權以外財產權關係發生變動效果的法律行為，如
                        債權或無體財產權的讓與等。
```

圖十：處分行為之定義

（V）獨立營業之允許：法定代理人允許限制行為能力人獨立營業者，限制行為能力人，關於其營業，有行為能力（§85Ⅰ）。按限制行為能力人之能力，如足以為營業行為，則法定代理人應許其獨立營業，此時關於其營業所為之法律行，視為有完全能力。

C. 當事人無行為能力：未滿 7 歲之未成年人及受監護宣告人等所為意思表示，無效；雖非無行為能力人，而其意思表示，係在無意識或精神錯亂中所為者亦同（§75）。是以，為保護無行為能力人之利益，未滿 7 歲未成年人、受監護宣告人、或者是其所為之意思表示，在無意識或精神錯亂（例如睡夢中、泥醉中、疾病昏沈中、偶發的精神病人在心神喪失中）所為法律行為的意思表示無效，法律行為不生效力。

D. 受輔助宣告人

(a) 未得輔助人同意而為本法第 15 條之 2 第 1 項規定應經輔助人同意之行為時，其法律效果準用第 78 條至第 83 條及第 85 條關於限制行為能力人之規定（§15-2ⅡⅢ）；如未得輔助人之允許，所為之單獨行為，無效（§78），未得輔助人之允許，所訂立之契約，須經受輔助人之承認，始生效力（§79）等。

(b) 關於輔助人允許受輔助人同意為獨資、合夥營業或為法人之負責人，後來發現受輔助人就此有不勝任之情形時，輔助人得準用本法第 85 條規定，將其允許撤銷，但不得對抗善意第三人（§15-2Ⅲ）。

(c) 關於輔助人不允許受輔助人為本法第 15 條之 2 第 1 項所列應經同意之行為時，在無損害受輔助宣告之人利益之虞前提下，為保護受輔助

宣告之人，其可以直接向法院聲請許可後為之（§15-2Ⅳ），亦即以法院許可取代輔助人同意。

(2) 標的

A. 標的可能、確定、妥當、適法。

B. 標的欠缺可能、確定、妥當、適法之情形如下：

(a) 標的欠缺可能：可能係指法律行為之內容可能實現而言，標的如不可能實現，則法律行為當然無發生效力；是以不能之給付為契約標的者，其契約為無效（§246Ⅰ本文）；所稱不能之給付係以非自始客觀不能之給付而言，如已滅失之汽車，其效力原則無效，但例外於下列情形法律行為為有效：

Ⅰ. 數宗給付中，有自始不能或嗣後不能給付者，債之關係僅存在於餘存之給付。但其不能之事由，應由無選擇權之當事人負責者，不在此限（§211）。

Ⅱ. 不能情形可以除去，而當事人訂約當時已預期並於不能之情形除去後為給付者，其契約仍為有效（§246Ⅰ但）。

Ⅲ. 附停止條件或始期之契約，於條件成就或期限屆至前，不能之情形已除去者，其契約為有效（§246Ⅱ）。

(b) 標的欠缺確定：確定係指法律行為之內容須自始確定或可得確定而言，若非法律行為若非自始確定，亦非日後可得確定，則為標的欠缺確定，法律行為效力為無效；至於確定的方法通常是透過選擇權的行使（§208）。

(c) 標的欠缺妥當

Ⅰ. 法律行為不得背於公序或良俗：法律行為，有背於公共秩序或善良風俗者，無效（§72）。所謂法律行為有背於公共秩序或善良風俗者無效，係指法律行為本身違反國家社會一般利益及道德觀念而言，需了解的是民法總則的法律行為一般兼指債權行為及物權行為，但例外於本法條所指之法律行為僅指債權行為，因物權行為本身在倫理上是中性的，並無違反公序良俗之問題。

Ⅱ. 法律行為不得為暴利行為：法律行為，係乘他人之急迫、輕率或無經驗，使其為財產上之給付或為給付之約定，依當時情形

顯失公平者，法院得因利害關係人之聲請，撤銷其法律行為或減輕其給付（§74）。法律行為，如係乘他人之急迫，或乘他人之輕率，或利用他人之無經驗，而使他人為財產上之給付，或與之為將來給付之約定，而依其行為時之情形，顯失公平，均非妥當，則為保護利害關係人之利益計，應許其得為聲請撤銷，或減輕其數額，法院亦應依據其聲請撤銷此法律行為，或減輕其給付，以求事理公平。

(d) 標的欠缺適法：法律行為之標的，違反強制或禁止之規定者，無效。但其規定並不以之為無效者，不在此限（§71）。其情形參見表三：

表三：法律規定效果一覽

法律規定		法律效果	
強行規定：當事人不得以意思表示排除該規定之適用	強制規定，如物權登記生效要件（§758）	違反者，法律行為無效	
	禁止規定	效力規定如故意或重大過失責任不得預先免除（§222）	違反者，法律行為無效（§71 本文）
		取締規定如 I 租賃契約之期限不得逾 20 年（§449 I）	違反者，法律行為不一定無效（§71 但書）
任意規定：當事人得以意思表示排除該規定之適用	補充規定如間接給付（§320）	當事人如未意思表示，補充其意思的規定	
	解釋規定如確立數量之原則（§4、5）	當事人意思表示不明時，解釋其意思的規定	

(3) 意思表示健全：法律行為係以意思表示為要素，意思表示因其對外而發生一定私法效果，故可分為效果意思（內心）及表示行為（外部），意思表示乃權利主體將內心的效果表達於外部之行為。

A. 意思表示健全無瑕疵

(a) 意思表示方式：包括明示及默示，如契約當事人互相表示意思一致者，無論其為明示或默示，即為成立（§153 I）。

(b) 意思表示生效

Ⅰ. 有相對人的對話意思表示

（Ⅰ）相對人有完全行為能力：意思表示，以相對人了解時，發生效力（§94）。

（Ⅱ）相對人無行為能力或行為能力受到限制：意思表示，以相對人之法定代理人了解時，發生效力（類推§96）。

Ⅱ. 有相對人的非對話意思表示

（Ⅰ）相對人有完全行為能力：意思表示，以通知達到相對人時，發生效力（§95Ⅰ本文）。所謂達到，係指意思表示達到相對人之支配範圍，置於相對人隨時可了解其內容之客觀之狀態而言（58台上字715號）。

（Ⅱ）相對人無行為能力或行為能力受到限制：意思表示者以通知達到其法定代理人時，發生效力（§96）。

（Ⅲ）表意人非因自己之過失，不知相對人之姓名、居所者，得依民事訴訟法公示送達之規定，以公示送達為意思表示之通知（§97）。

Ⅲ. 無相對人的意思表示：意思表示成立時，同時生效。

(c) 意思表示撤回：與意思表示先時或同時到達者，發生撤回之效力（§95Ⅰ但）。

(d) 意思表示解釋：解釋意思表示，應探求當事人之真意，不得拘泥於所用之辭句（§98）。解釋當事人之契約，應以當事人立約當時之真意為準，而真意何在，又應以過去事實及其他一切證據資料為斷定之標準，不能拘泥文字致失真意（39台上字1053號）。但如契約文字已表示當事人真意，無須別事探求者，即不得反捨契約文字而更為曲解。

B. 意思表示有欠缺：內心效果意思和外部表示行為不同時，就是意思表示有欠缺，態樣包括意思表示不一致與不自由，其定義參見圖十一：

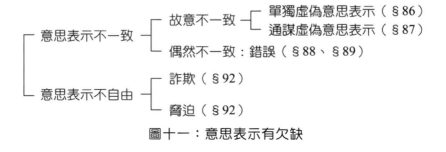

圖十一：意思表示有欠缺

(a) 意思表示不一致

Ⅰ. 故意不一致：表意人故意將「內心的效果意思」與「表達於外部之表示行為」為不同之表示。

（Ⅰ）單獨虛偽意思表示

ⅰ. 意義：表意人無欲為其意思表示所拘束之意，而在客觀上為意思表示行為。

ⅱ. 要件

（ⅰ）須有意思表示行為存在。

（ⅱ）須表意人欠缺其內心之效果意思。

（ⅲ）須表意人明知其意思欠缺。

ⅲ. 效力：其意思表示，原則上有效（§86 本文）；但其情形為相對人所明知者，法律行為無效（§86 但）。其理由在於，受此意思表示之相對人，明知表意人無受其拘束之意者而相對人仍信其有受拘束之意者，其意思表示仍為有效，蓋用以維護社會交易之安全。

（Ⅱ）通謀虛偽意思表示

ⅰ. 意義：表意人與相對人通謀而為虛偽意思表示。

ⅱ. 要件

（ⅰ）須有意思表示行為存在。

（ⅱ）須表意人與相對人通謀，以合意為虛偽之意思表示。

（ⅲ）須表意人及相對人均明知其意思欠缺。

ⅲ. 效力：其意思表示，原則無效（§87Ⅰ本文），且所謂通謀為虛偽意思表示，乃指表意人與相對人互相故意為非真意之表示。例外如虛偽意思表示，隱藏他項法律行為者，適用關於該項法律行為之規定（§87Ⅱ）；以及通謀而為虛偽意思表示不得以其無效對抗善意第三人（§87Ⅰ但），表意人與相對人通謀而為虛偽意思表示，是欲詐欺第三人，而非詐欺相對人，故無論對於相對人、第三人均當然無效，惟此無效，不得與善意第三人對抗，以保護善意第三人之利益。

Ⅱ. 偶然不一致：表意人之外部表示行為因誤認或不知與內心的效果意思偶然不一致。

（Ⅰ）錯誤類型

　　ⅰ. 意思表示內容錯誤：意思表示之內容有錯誤，表意人得將其意思表示撤銷之（§88Ⅰ本文前段）。

（ⅰ）意思表示中當事人錯誤：當事人誤認，如誤張三為李四而與之為法律行為。

（ⅱ）意思表示中標的物錯誤：標的物的誤認，誤甲車為乙車而購之。

（ⅲ）其他意思表示內容錯誤如履行地點的誤認、履行日期的誤解及價金的誤判。

　　ⅱ. 表示行為錯誤：表意人若知其事情即不為意思表示者，表意人得將其意思表示撤銷之（§88Ⅰ本文後段）；以及意思表示，因傳達人或傳達機關傳達不實者，得比照前條之規定撤銷之（§89）。

（ⅰ）表示行為中表示方法錯誤：若知其事情即不為意思表示，係指表意人雖知其客觀表示行為的涵義，但於行為時，誤用其表示方法，如要寫重量的單位用公斤卻誤寫為台斤。

（ⅱ）表示行為中傳達出現錯誤：傳達人或傳達機關傳達不實，如派人或使用郵件傳達意思表示，卻被誤傳。

　　ⅲ. 當事人資格或物之性質錯誤：當事人之資格或物之性質，若交易上認為重要者，其錯誤，視為意思表示內容之錯誤（§88Ⅱ）。

（ⅰ）當事人資格錯誤：與前述當事人錯誤不同，此是在當事人資格上產生錯誤，如誤張三有律師資格而聘為訴訟代理人。

（ⅱ）物之性質錯誤：如誤甲馬為千里馬而以高價購買。

（Ⅱ）撤銷權行使

　　ⅰ. 要件

（ⅰ）意思表示錯誤，包括當事人錯誤等情形，參見表四：

表四：錯誤之情形一覽

意思表示內容錯誤	當事人錯誤	
	標的物錯誤	
	其他意思表示內容錯誤	
表示行為錯誤	表示方法錯誤	
	傳達出現錯誤	
當事人資格或物之性質錯誤		

（ii）表意人須本身無過失：對自己注意義務沒有違反。

（iii）法律行為認為重要：即交易上認為重要者而言。

ⅱ.方法：撤銷應以意思表示為之（§116Ⅰ）。

ⅲ.效力

（ⅰ）法律行為經撤銷者，視為自始無效（§114Ⅰ）。

（ⅱ）損害賠償責任：撤銷意思表示時，表意人對於信其意思表示為有效而受損害之相對人或第三人，應負賠償責任（§91）。

ⅳ.除斥期間：自意思表示後，經過 1 年不行使而消滅（§90）。

（b）意思表示不自由

包括詐欺及脅迫，其撤銷權之限制，參見表五：

Ⅰ.詐欺

（Ⅰ）行為人故意為虛偽表示，使表意人陷於誤信而為意思表示。其結果因被詐欺或被脅迫而為意思表示者，表意人得撤銷其意思表示，此為表意人之法律行為撤銷權。但詐欺係由第三人所為者，以相對人明知其事實或可得而知者為限，始得撤銷之。被詐欺而為之意思表示，其撤銷不得以之對抗善意第三人（§92Ⅰ）。此乃因意思表示，所以生法律上之效力，應以其意思之自由為限。若表意人受詐欺或受脅迫，而表示其意思，並非出於自由，則其意思表示，應使表意人得撤銷之，以保護表意人之利益。但有其限制，相對人之詐欺，得允許表意人撤銷並無問題，但如係第三人詐欺，表意人與相對人均受其害，則以相對

人惡意（明知其事實）或善意有過失（可得而知）為限，始許
表意人撤銷，此為保護相對人之利益而設（§92Ⅰ但）。至所得
撤銷的法律行為，不管債權行為或物權行為均包括在內。

（Ⅱ）效力：法律行為溯及自始歸於無效（§114Ⅰ），按撤銷應以意
思表示為之，在未撤銷前，雖仍有效力，但一經撤銷，其效力
為自始無效；又為保護交易之安全，當事人包括表意人不得以
無效對抗善意第三人（§92Ⅱ），通常「第三人」係指非當事人
及其不知詐欺之情事而承繼之第三人。

Ⅱ．脅迫

（Ⅰ）行為人故意以將來發生之危害告訴表意人，使表意人心生恐懼
而為其意思表示。因被脅迫而為意思表示者，表意人得撤銷其
意思表示（§92Ⅰ）。

（Ⅱ）效力：脅迫屬於何人所為在所不論，亦不問相對人是否惡意，
亦不論相對人是否明知其事實或可得而知，均得撤銷，此乃由
第 92 條第 1 項但書反面解釋推得，因於此種情形，較之表意人
實無優先保護相對人之必要。同理在法律行為撤銷後溯及無效
（§114Ⅰ），對善意第三人得以無效對抗（§92Ⅱ反面解釋），
故因被脅迫而為意思表示之撤銷，具有絕對的效力，絕對自始
無效，對任何人皆同。

表五：意思表示不自由

撤銷權之限制	法律效果	
相對人詐欺	法律行為得撤銷	
第三人詐欺	相對人惡意或善意有過失	法律行為得撤銷（§92Ⅰ但）
	相對人善意且無過失	原則法律行為不得撤銷（§92Ⅰ但反面解釋）
相對人脅迫	撤銷其意思表示（§92Ⅰ）	
第三人脅迫	撤銷其意思表示（§92Ⅰ）	

（二）特別要件

　　法律規定，某種法律行為本身除一般要件外尚須具備某項特別要件，其亦依
法律行為是否發生效力分為特別成立要件與特別生效要件。

1. 特別成立要件：個別法律行為本身依法律規定所特有之要件。

(1) 要式法律行為：按法律行為，原則上方式自由，例外於要式法律行為以法律規定一定方式的履行為其特別成立要件。如不動產物權之取得、設定、喪失及變更行為應以書面為之（§758Ⅱ）。法律特別規定於不動產物權之移轉或設定的法律行為，必以書面為之，目的在於警告，促使法律行為當事人慎重其事，以免作出輕率之判斷，並使有所依據，避免發生爭執。除了上開不動產物權之移轉或設書面外，其他法定要式行為尚有結婚應以書面為之，有二人以上證人之簽名，並應由雙方當事人向戶政機關登記（§982）、協議離婚需書面及二人以上證人之簽名並應向戶政機關登記（§1050）、契約以負擔不動產物權之移轉、設定或變更之義務為標的應作成公證書（§166-1）、拋棄繼承權應以書面向法院為之（§1174）、遺囑的方式（§1189）等。法律行為除非另有規定，否則未依法定方式者，無效（§73）。至於所謂另有規定，如期限逾 1 年之不動產之租賃契約，應訂立字據，如未訂立字據，並非無效而視為不定期限之租賃（§422）。

(2) 要物法律行為：按法律規定以標的物之交付為法律行為特別成立要件。如第 248 條規定，訂約當事人之一方，由他方受有定金時，推定其契約成立；第 464 條規定，稱使用借貸者，謂當事人一方以物交付他方，而約定他方於無償使用後返還其物之契約；及第 474 條第 1 項規定，稱消費借貸者，謂當事人一方移轉金錢或其他代替物之所有權於他方，而約定他方以種類、品質、數量相同之物返還之契約。

(3) 契約之合意：契約行為（§153）當事人互相表示意思一致者，包括當事人主觀上一致合意，客觀上意思表示內容之一致。惟關於意思表示內容依第 153 條規定，分為必要之點及非必要之點，當事人有下列情況：一、必要之點及非必要之點均一致合意者，契約成立；二、於必要之點，意思一致合意，而對於非必要之點未經表示意思者，推定其契約為成立，關於該非必要之點，當事人意思不一致時，法院應依其事件之性質定之。

2. 特別生效要件：個別法律行為發生效力所須具備之特別要件。

(1) 登記：不動產物權，依法律行為而取得設定、喪失、及變更者，非經登記，不生效力（§758Ⅰ）。物權，既有極強之效力，得對抗一般之人，故關於不動產物權取得、設定、喪失、及變更之法律行為，若不令其履行方式，即對於第三人發生效力，第三人必蒙不測之損害，使交易有不能安全之虞，為保護第三人之利益及交易安全，我國採登記要件主義，於各不動產所在地之地政事務所，設不動產登記簿，記載不動產物權之得喪變更，使有利害關係之第三人，得就此推知該不動產物權之權利狀態，是以不動

產物權之得喪變更，若不登記則不能生不動產物權得喪變更之效力。是以，登記即成為不動產物權法律行為的特別生效要件。

(2) 交付：動產物權之讓與，非將動產交付，不生效力（§761 I）。按動產物權之讓與，與不動產物權之讓與同，為保護第三人之利益及交易安全，需設定一定交付方式以明所有權歸屬，而動產與不動產有異，既無一定之地位，且種類極多，交付（即占有移轉）為動產物權讓與之公示方法，又以交付為動產物權成立之要件，此乃因占有移轉最能使第三人自外部推知動產物權之權利狀態。是以交付即成為動產物權法律行為的特別生效要件。

(3) 處分權之存在：無權利人就權利標的物所為之處分，經有權利人承認前效力未定（§118 I）。

(4) 代理權之存在：無代理權人以代理人之名義所為之法律行為，經本人承認前，效力未定（§170 I）。

(5) 法院之認可：收養行為應以書面為之，並向法院聲請認可。收養有無效、得撤銷之原因或違反其他法律規定者，法院應不予認可（§1079）。

（三）法律行為無效

1. 法律行為無效型態：依當事人標的、意思表示和法律行為可區分型態，參見表六：

表六：法律行為無效之類型

型態	法律行為無效	依據
當事人標的	無行為能力人所為意思表示	§75 前段
	無意識或精神錯亂人所為	§75 後段
	限制行為能力人未得允許所為單獨行為	§78
	法律行為違反強制或禁止規定	§71 本文
	法律行為背於公序良俗	§72
	以不能之給付為契約標的欠缺確定	§246 I 本文
意思表示	相對人所明知之單獨虛偽意思表示	§86 但
	表意人與相對人通謀虛偽意思表示	§87
法律行為	法律行為未依法定方式	§73
	要物法律行為未交付標的物	§464
	契約行為未合意	§153

2. 效力

(1) 法律行為原則一部分無效，全部皆為無效。但除去該部分亦可成立者，則其他部分，仍為有效（§111）。所謂除去該部分亦可成立者，則其他部分，仍為有效；按法律行為之標的物有為可分，有為不可分，本條規定原則上適用於可分給付，但並非於所有給付可分之場合，均有其適用，尚須綜合法律行為全部之旨趣，當事人訂約時之真意、交易之習慣、其他具體情事，並本於誠信原則予以斟酌後，認為使其他部分發生效力，並不違反雙方當事人之目的者，始足當之。

(2) 法律行為無效係指當然無效、自始無效及確定無效。

3. 當事人損害賠償責任：無效法律行為之當事人，於行為當時知其無效，或可得而知者，應負回復原狀或損害賠償之責任（§113）。

4. 轉換：無效之法律行為，若具備他法律行為之要件，並因其情形，可認當事人若知其無效，即欲為他法律行為者，其他法律行為，仍為有效（§112）。

（四）法律行為得撤銷

1. 法律行為產生得撤銷之型態，參見表七：

2. 效果：法律行為未被撤銷前，有效；法律行為經撤銷者，溯及行為時，視為自始歸於無效（§114Ⅰ）。

3. 當事人損害賠償責任：當事人知其得撤銷或可得而知者，其法律行為撤銷時，準用第 113 條，關於無效法律行為之當事人，所負回復原狀或損害賠償之責任（§114Ⅱ）。

表七：法律行為得撤銷之型態

型態	法律行為得撤銷		依據
當事人標的	乘他人之急迫、輕率或無經驗，使其為財產上給付之法律行為（暴利行為）		§74
意思表示	錯誤	意思表示內容錯誤	§88Ⅰ本文前段
		表示行為錯誤表示行為錯誤	§88Ⅰ本文後段
		當事人資格或物之性質錯誤	§88Ⅱ
	詐欺		§92Ⅰ
	脅迫		§92Ⅰ

二、法律行為附款

對於法律行為之效力，依當事人之意思表示，予以限制之約定條件或期限，參見圖十二：

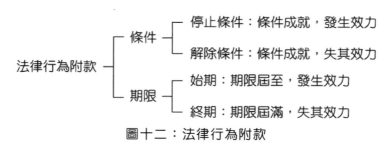

圖十二：法律行為附款

（一）條件

1. 類型

   (1) 停止條件：法律行為效力之發生，繫於將來客觀上成就與否不確定事實的附款。例如雇主甲與員工乙約定，如順利考上電腦證照，即贈送筆記電腦，後乙順利考上，條件成就，甲應贈與筆記電腦。

   (2) 解除條件：法律行為效力之消滅，繫於將來客觀上成就與否不確定事實的附款。例如甲贈與乙電腦，約定業績衰退，即收回電腦，後乙業績衰退，條件成就，甲可收回電腦。

2. 效力

   (1) 附停止條件之法律行為，於條件成就時，發生效力（§99Ⅰ）。

   (2) 附解除條件之法律行為，於條件成就時，失其效力（§99Ⅱ）。

   (3) 條件成就

      A. 原則上無溯及效力：依當事人之特約，使條件成就之效果，不於條件成就之時發生者，依其特約（§99Ⅲ）。

      B. 期待權之保護：附條件之法律行為當事人，於條件成否未定前，若有損害相對人因條件成就所應得利益之行為者，負賠償損害之責任（§100）；關於期待權的侵害其損害賠償請求權之發生以條件成就為要件。

      C. 擬制（不）成就：因條件成就而受不利益之當事人，如以不正當行為阻其條件之成就者，視為條件已成就。因條件成就而受利益之當事人，如以不正當行為促其條件之成就者，視為條件不成就（§101）。

（二）期限

1. 類型

(1) 始期：附始期之法律行為，於期限屆至時，發生效力（§102 I），故始期係指法律行為效力之發生，繫於將來成就與否確定之事實的附款。

(2) 終期：附終期之法律行為，於期限屆滿時，失其效力（§102 II），故終期係指法律行為效力之消滅，繫於將來成就與否確定之事實的附款。

2. 效力

(1) 法律行為之效力：依始期或終期，法律行為生效或失其效力，故無效力溯不溯及的問題。

(2) 期待權之保護：附期限之法律行為當事人，於期限屆至成否未定前，若有損害相對人因期限屆至所應得利益之行為者，負賠償損害之責任（§102 III）。

（三）負擔：法律行為當事人約定，使一方履行特定義務為內容之附款；舉例來說贈與附有負擔者，如贈與人已為給付而受贈人不履行其負擔時，贈與人得請求受贈人履行其負擔，或撤銷贈與。負擔以公益為目的者，於贈與人死亡後，主管機關或檢察官得請求受贈人履行其負擔（§412）。

三、法律行為期日及期間

（一）意義

1. 期日：法律上視為不可分某一特定的時間。

2. 期間：已確定或可得確定一定範圍內的時間。

（二）適用對象：法令、審判或法律行為所定之期日及期間，除法律或當事人間有特別規定外，均適用之（§119）。

（三）計算方法

1. 起算點：以時定期間者，即時起算；以日、星期、月或年定期間者，其始日不算入（§120）。

2. 終止點

(1) 從始日起算：以日、星期、月或年定期間者，以期間末日之終止，為期間之終止。

(2) 非從始日起算：期間不以星期、月或年之始日起算者，以最後之星期、月或年與起算日相當日之前 1 日，為期間之末日。但以月或年定期間，於最後之月，無相當日者，以其月之末日，為期間之末日（§121）。

3. 延長：於一定期日或期間內，應為意思表示或給付者，其期日或其期間之末日，為星期日、紀念日或其他休息日時，以其休息日之次日代之（§122）。

4. 曆算：稱月或年者，依曆計算。月或年非連續計算者，每月為 30 日，每年為 365 日（§123）。

5. 年齡出生日計算：年齡自出生之日起算；出生之月、日無從確定時，推定其為 7 月 1 日出生。知其出生之月，而不知其出生之日者，推定其為該月 15 日出生（§124）。

第五節　無權處分

一、意　義

　　無權處分係指無權利人，以自己名義，就權利標的物所為之處分行為，倘無權利人係以權利人名義為處分者，該行為即係「無權代理」而非「無權處分」（最高法院 91 重訴 53 號判決）。

二、效　果

（一）意義

　　無權利人就權利標的物所為之處分，經有權利人之承認始生效力（§118 I）。無權處分之行為一般為效力未定之行為。所謂「處分行為」限指直接影響既存權利狀態（例如使之移轉、消滅、受有負擔或因而改變其內容）之行為，第 118 條第 1 項，既係以無權利人就權利標的物所為之「處分」為其規範對象，因之，僅使行為人負特定給付之義務的債權負擔行為，自不包括在內。

　　　　例如甲有民法概要書籍 1 本，被室友乙誤為自己所有，出賣給同班同學丙，並交付於丙，日後甲上課時發現已經被乙出售給丙，乙和丙之間的買賣契約，因係負特定給付之義務的債權負擔行為，有效。乙和丙之間移轉書籍之物權行為，書籍在得到甲承認前，其屬效力未定之狀態，如甲嗣後承認乙將民法概要出售，則乙所為移轉給丙的物權行為，因甲之承認自始有效；如甲不承認，則乙所為移轉給丙的物權行為，不生效力。

（二）要件

1. 權利人無處分權：行為人以自己名義就他人之標的物處為處分行為。

2. 自己名義：行為人有將法律行為之效果歸屬於自己之意思。

3. 處分行為：使權利發生得喪變更法律效果之行為。

（三）效力

1. 法律行為確定不生效力：無權利人就權利標的物所為之處分，經有權利人之承認始生效力，權利人如拒絕承認，法律行為確定不生效力（§118Ⅰ反面解釋）。

2. 法律行為確定生效

   (1) 權利人承認：無權利人就權利標的物所為之處分，經有權利人之承認始生效力（§118Ⅰ）。

   (2) 無權利人取得權利：無權利人就權利標的物為處分後，因繼承或其他原因取得其權利者，其處分自始有效。但原權利人或第三人已取得之利益，不因此而受影響（§118Ⅱ）。如事後甲把書籍送乙，乙因而取得權利，其之前所為移轉給丙的物權行為，自始有效。

   (3) 權利人概括繼承無權利人：無權利人就權利標的物為處分後，權利人繼承無權利人者，其處分是否有效，雖無明文規定，然在繼承人就被繼承人之債務負無限責任時，實具有同一之法律理由，自應由此類推解釋，認其處分為有效（§118Ⅱ類推解釋）。

第六節　法律行為無效、得撤銷、效力未定

　　法律行為所發生的法律效果，包括無效、得撤銷與效力未定三種，原則上無效法律行為是任何人均得主張，得撤銷則由有撤銷權人提出，效力未定之法律行為經承認而發生效力。有關法律行為之無效得撤銷與效力未定區別，參見表八：

表八：無效、得撤銷與效力未定之區別

	法律行為無效	法律行為得撤銷	法律行為效力未定
主張	當然無效，毋待任何人主張	經有撤銷權人主張，始溯及無效，在撤銷前法律行為有效	經有承認權人承認，始發生效力；拒絕則無效；未承認或拒絕前效力狀態未定
成立	自始不生效力	撤銷前自始有效	承認或拒絕承認前效力未定

表八：無效、得撤銷與效力未定之區別（續）

	法律行為無效	法律行為得撤銷	法律行為效力未定
時間	絕對無效，不因時間經過發生變化	撤銷權除斥期間經過後，法律行為效力確定不歸於無效	不因時間經過而發生變化

第四章　代理制度論

第一節　代　理

一、意　義

代理人於代理權限內，以本人名義向他人所為之意思表示，或由他人受意思表示，而直接對本人發生效力之行為（§103）。代理之種類，參見圖十三：

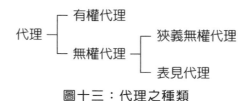

圖十三：代理之種類

二、種　類

（一）**法定代理**：因具備一定法定身分或因居於法定地位，基於法律上規定取得代理權當然成為代理人，如第 1086 條第 1 項規定：「父母為其未成年子女之法定代理人。」因無行為能力人及限制行為能力人不得自己為完全有效的法律行為，故為補充無行為能力人及限制行為能力人之能力，使其亦能具體的取得權利或負擔義務，故有法定代理人之設置。

（二）**意定代理**：基於本人之授權，通常基於委任契約或單獨授權行為而取得代理權之代理，如第 167 條規定：「代理權係以法律行為授與者，其授與應向代理人或向代理人對之為代理行為之第三人，以意思表示為之。」此乃因社會生活關係日益複雜，故由代理人代理本人以處理其複雜的社會生活關係。

三、有權代理

代理人於代理權限內，以本人名義所為之法律行為對本人發生效力（§103），其要件如下：

（一）**代理人**：除無行為能力人不得為代理人外，完全行為能力人及限制行為能力人均可為代理人，至代理人所為或所受意思表示之效力，不因其為限制行為能力人而受影響，因法律效果歸屬於本人（§104）。

（二）**代理人有代理權**

1. 代理權性質：得以本人名義向他人所為意思表示，或由他人受意思表示之資格或地位。

2. 代理權發生

   (1) 法定代理：基於法律之規定，如第 1003 條（夫妻日常家務代理人）、第 1086 條（父母為未成年子女之法定代理人）、第 1098 條（監護人為受監護人法定代理人）、第 1184 條（遺產管理人在繼承人承認繼承前所為之職務上行為，視為繼承人之代理人）、第 1215 條第 2 項（遺囑執行人有管理遺產，並為執行上必要行為之職務所為之行為，視為繼承人之代理人）。

   (2) 意定代理：代理權係以法律行為授與者，其授與應向代理人或向代理人對之為代理行為之第三人，以意思表示為之（§167）；且此之授權行為係不同於基礎法律關係之另一具獨立性的法律行為。

3. 代理權消滅

   (1) 全部消滅

      A. 授與法律關係終了：代理權之消滅，依其所由授與之法律關係定之，若所授與代理權之法律關係終了，代理權亦隨之消滅（§108Ⅰ）。

      B. 代理權撤回：代理權，得於其所由授與之法律關係存續中撤回之。但依該法律關係之性質不得撤回者，不在此限（§108Ⅱ）。

      C. 代理消滅：代理人或本人死亡或喪失行為能力。

   (2) 一部消滅

      A. 代理權之限制：本人對代理人為限制代理權之意思表示（§107）。按民法上所謂代理，係指本人以代理權授與他人，由他人代理本人為法律行為，該代理人之意思表示對本人發生效力而言。

    B.   自己代理及雙方代理之禁止（§106）：代理人非經本人之許諾，不得為本人與自己之法律行為，亦不得既為第三人之代理人，而為本人與第三人之法律行為。但其法律行為，係專履行債務者，不在此限。

(3) 授權書交還：代理權消滅或撤回時，代理人須將授權書交還於授權者，不得留置。

（三）代理人以本人名義為之：目的在確定法律關係之當事人及法律效果歸屬之權利主體。

（四）代理人代理本人為代理行為

1. 客體

(1) 財產行為包括債權行為及物權行為均得代理之。

(2) 身分行為不得代理：主要基於對當事人人格的尊重。如婚約應由男女當事人自行訂定，第 972 條定有明文，其由父母代為訂定者當然無效。

2. 瑕疵：代理行為之瑕疵，如代理意思表示有欠缺或被詐欺或脅迫，原則上此種瑕疵事實之有無，僅得就代理人決之（§105 本文），本人有無此種瑕疵事實在所不問，亦不論法定代理或意定代理，但在意定代理則例外於代理人之代理權係以法律行為授與者，或其意思表示係依照本人所指示之意思而為時，其瑕疵事實之有無，應就本人決之（§105 但），代理人是依本人指示而為法律行為，代理人的地位與使者並無不同，故此時瑕疵事實之有無，應就本人決定之。

第二節　無權代理

一、狹義無權代理

（一）意義：無代理權之人自命為本人之代理人而代理本人為法律行為。

（二）要件

1. 須有無權代理人。

2. 代理人無代理權：包括本人根本未授與代理權；授權行為不成立、無效、被撤銷；代理人所為代理行為逾越代理權限之範圍；代理權嗣後已消滅。

3. 須代理人以本人名義為之。

4. 須代理人代理本人為法律行為。

（三）效力

1. 本人與相對人間代理人所為法律行為，效力未定；無代理權人以代理人之名義所為之法律行為，非經本人承認，對於本人不生效力（§170 I）。

   (1) 法律行為確定不生效力

      A.　本人拒絕承認。

      B.　視為拒絕承認：前項情形，法律行為之相對人，得定相當期限，催告本人確答是否承認，如本人逾期未為確答者，視為拒絕承認（§170 II）。

      C.　相對人撤回：無代理權人所為之法律行為，其相對人於本人未承認前，得撤回之。但為法律行為時，明知其無代理權者，不在此限（§171）。

   (2) 法律行為確定生效：無代理權人以代理人之名義所為之法律行為，經本人承認，對於本人發生效力（§170 I 反面解釋）。

2. 代理人對相對人負無權代理人責任：無權代理之法律行為如前述如經本人承認，法律行為有效，但本人拒絕承認時，相對人將因此生不測之損害，故法律規定由無代理權人對於善意之相對人，負損害賠償責任（§110）；此種責任是基於法律規定而發生，是一種特別責任，類似契約之債務不履行的損害賠償責任，但不以故意、過失為要件，是一種無過失責任。

二、表見代理

（一）**意義**：代理人本無代理權，卻因本人之行為在外表上包裝了代理人有代理權之外衣（外觀），造成信賴相信這個外衣的第三人與代理人為法律行為，此時應由本人負授權人責任之制度。

（二）**要件**

1. 代理權外觀存在

   (1) 基於授權通知：由自己之行為表示以代理權授與他人，此即授權通知，對於第三人應負授權人之責任（§169 本文前段）；包括直接授權通知（對特定代理所預為法律行為之相對人通知）及間接授權通知（文件之交付與提示）如代理人持有本人簽名之收據，視為有受領權人（§309 II 本文）。

   (2) 基於容忍授權：得知他人表示為其代理人而不為反對之表示者，此即容忍授權，對於第三人應負授權人之責任（§169 本文後段）。

2. 可歸責本人：不管是由自己之行為表示或知他人表示為其代理人而不為反對之表示，都是本人之意思而引起代理人之外觀。

3. 相對人正當信賴：由自己之行為表示以代理權授與他人，或知他人表示為其代理人而不為反對之表示者，原則上對於第三人應負授權人之責任，但例外於第三人明知其無代理權或可得而知者，不在此限（§169但書）。

（三）效力

1. 本人對相對人負授權人責任（§169 本文）；如委任人於委任（所謂委任者，謂當事人約定，一方委託他方處理事務，他方允為處理之契約§528）關係存續中得撤回其代理權，而代理權之限制或撤回，不得對抗善意無過失之第三人（§107），此時受任人即代理人自代理權撤回之時起即無代理權，但因本人之前的委任行為創造了代理人有代理權之外觀，即構成表見代理，第三人善意信賴此代理權之外觀，而與代理人為法律行為，自得要求委任人負授權人責任。

2. 代理人對相對人負無權代理人責任；按法律行為相對人對於是否主張代理權之限制或撤回，有選擇之自由，其既得主張代理行為為有效（成為表見代理），亦得主張其為無權代理，要求代理人對相對人負無權代理人責任（§110）。

第五章 期間制度論

第一節 意 義

　　法律行為中對於權利的存續或行使產生限制或影響之時間，其存在的目地通常是為保護交易安全以及對權利變動後經過一段時間所產生新秩序的尊重，懲罰在權利上睡眠之人。

第二節 種 類

一、時效期間

（一）消滅時效

1. 意義：請求權因一定期間內不行使而發生請求權效力減損之制度。

2. 客體：請求權（§125）；但具有形成權性的請求權究非消滅時效之客體，如減少價金請求權。依第 359 條規定：「買賣因物有瑕疵，而出賣人依前五條之規定，應負擔保之責者，買受人得解除其契約或請求減少其價金。但依情形，解除契約顯失公平者，買受人僅得請求減少價金。」）；如共有物分割請求權（第 823 條第 1 項及第 2 項前段規定：「各共有人，除法令另有規定外，得隨時請求分割共有物。但因物之使用目的不能分割或契約訂有不分割之期限者，不在此限。前項契約所定不分割之期限，不得逾 5 年；逾 5 年者，縮短為 5 年。」

3. 期間

   (1) 原則：請求權一般因 15 年間不行使而消滅（§125 本文）。

   (2) 例外：但法律所定期間較短者，依其規定（§125 但）。

      A. 10 年：侵權行為損害賠償請求權（§197 I）、繼承權回復請求權，自開始時起算（§1146 II）。

      B. 5 年：利息、紅利、租金、贍養費、退職金及其他定期給付債權其各期給付請求權（§126）。

      C. 3 年：指示證券領取人或受讓人對於被指示人因承擔所生之請求權（§717）。

      D. 2 年：下列各款請求權(a)旅店、飲食店及娛樂場之住宿費、飲食費、座費、消費物之代價及其墊款。(b)運送費及運送人所墊之款。(c)以租賃動產為營業者之租價。(d)醫生、藥師、看護生之診費、藥費，報酬及其墊款。(e)律師、會計師、公證人之報酬及其墊款。(f)律師、會計師、公證人所收當事人物件之交還。(g)技師、承攬人之報酬及其墊款。(h)商人、製造人、手工業人所供給之商品及產物之代價（§127）、侵權行為損害賠償請求權（§197 I）、繼承權回復請求權，自知悉時起算（§1146 II）。

      E. 1 年：定作人之瑕疵修補請求權、修補費用償還請求權、減少報酬請求權、損害賠償請求權或契約解除權（§514）、商號對經理人或代辦商違反行為損害賠償請求權，自經過時起算（§563）、占有人物上請求權（§963）。

F. 6 月：貸與人對借用人賠償請求權、借用人賠償請求權、有益費用償還請求權及其工作物之取回權（§473 I）、依寄託規定所生損害賠償請求權（§611）。

G. 2 月：商號對經理人或代辦商違反行為損害賠償請求權，自知悉時起算（§563）。

(3) 起算時點（§128）

A. 積極請求權：消滅時效，自請求權可行使時起算。

B. 消極請求權：消滅時效，以不行為為目的之請求權，自為行為時起算。

4. 強制規定：時效期間，不得以法律行為加長或減短之。並不得預先拋棄時效之利益（§147）。

5. 時效中斷

(1) 意義：指時效期間進行中，因法律規定的中斷事由發生，致使已進行之時效期間歸於消滅，並自中斷事由終止時起，再行重新起算時效期間之制度。

(2) 事由（§129）

A. 請求：權利人向義務人要求實現權利內容之行為。惟時效因請求而中斷者，若於請求後 6 個月內不起訴，視為不中斷（§130）。

B. 承認：義務人向權利人表示權利確係存在之行為，其性質上屬於一種意思通知（準法律行為）。

C. 起訴：權利人在訴訟上要求義務人實現權利內容之行為，至於起訴中斷效力的時間點在於請求權人提出訴狀於法院時即發生中斷的效力（民訴§244）。惟時效因起訴而中斷者，若撤回其訴，或因不合法而受駁回之裁判，其裁判確定，視為不中斷（§131）。

D. 與起訴有同一效力：如依督促程序，聲請發支付命令（民訴§508）；聲請調解（民訴§405）或提付仲裁；申報和解債權或破產債權（破產§12）；惟時效因申報和解債權或破產債權而中斷者，若債權人撤回其申報時，視為不中斷（§134）；告知訴訟（民訴§65）；開始執行行為（強執§5）或聲請強制執行。

(3) 時效中斷之效力

A. 時效中斷關於人的效力：時效中斷，以當事人、繼承人、受讓人之間為限，始有效力（§138）。

B. 時效中斷關於時的效力

(a) 時效期間重行起算：時效中斷者，自中斷之事由終止時，重行起算（§137 I）。

(b) 時效期間延長：經確定判決或其他與確定判決有同一效力之執行名義所確定之請求權，其原有消滅時效期間不滿 5 年者，因中斷而重行起算之時效期間為 5 年（§137 III）。按前開規定之立法目的，除為保護債權人之合法利益外，係因請求權經法院判決確定，其實體權利義務關係業已確定，即無避免舉證困難而須適用短期消滅時效之必要（最高法院 93 台上 1509 號判決）。

6. 消滅時效之效力

(1) 時效不完成

A. 意義：時效期間即將完成時，請求權人因有不能或難於行使權利之障礙事由存在，使時效暫時不能完成，必須待障礙事由消滅後，經過一定期間，時效才能完成之制度。

B. 事由：時效不完成之事由，有不同原因，起算時點亦不同，參見表九：

C. 效力：已經過之時效期間仍屬有效，僅於障礙事由存續時，時效暫時停止進行，俟障礙事由消滅後再開始進行時效，並酌予延長時效期間。

表九：時效不完成之原因

原　因	起算點	期　間	依　據
時效之期間終止時，因天災或其他不可避之事變，致不能中斷時效	妨礙事由消滅時	1 個月	§139
屬於繼承財產之權利或對於繼承財產之權利，因繼承人或管理人不確定致不能中斷時效	自繼承人確定或管理人選定或破產之宣告時	6 個月	§140

表九：時效不完成之原因（續）

原　　因	起算點	期　間	依　據
無行為能力人或限制行為能力人之權利，於時效期間終止前 6 個月內，因無法定代理人致不能中斷時效	自其成為行為能力人或法定代理人就職時起	6 個月	§141
無行為能力人或限制行為能力人人對於其法定代理人之權利，於法定代理關係存續中，不能中斷時效	自法定代理關係消滅後	1 年	§142
夫對於妻或妻對於夫之權利，於婚姻關係存續中，不能中斷時效	自婚姻關係消滅後	1 年	§143

(2) 時效完成

A. 關於請求權時效完成之效力，民法採抗辯權發生主義，即時效完成後，權利人之權利仍然存在，僅義務人取得拒絕給付之抗辯權；第 144 條第 1 項規定，時效完成後，債務人得拒絕給付，但如債務人仍為履行之給付、以契約承認該債務或提出擔保者者，不得以不知時效為理由，請求返還（§144Ⅱ）。

B. 效力範圍

(a) 原則：主權利因時效消滅者，其效力及於從權利（§146 本文）。

(b) 例外：法律有特別規定者，不在此限（§146 但）；如以抵押權、質權或留置權擔保之請求權，雖其請求權罹於時效消滅，債權人仍得就其抵押物、質物或留置物取償（§145）。

有關時效中斷與不完成之目的、事由及效力各有不同，參見表十：

表十：時效中斷與不完成比較

	時效中斷	時效不完成
目　　地	保護因時效進行受不利益當事人。	時效期間因不可抗力致不能中斷
事　　由	8 種（§129）基於當事人之行為	5 種（§139~143），基於當事人行為以外之事實
效　　力	對特定人，僅具相對效力	對所有人，具絕對效力
已進行期間	無效，中斷事由終止後重行起算	有效，停止事由終止後，期間繼續進行

（二）**取得時效**：占有他人之物行使其權利，繼續一定期間而取得權利之制度。

1. 動產所有權取得時效：有 10 年和 5 年取得其所有權（§768、§768-1）。

2. 不動產所有權取得時效：有 20 年和 10 年得請求登記為所有人（§769、§770）。

3. 準用：所有權以外財產權之取得及已登記之不動產，準用第 768 條至第 771 條之規定，（§772）。

（三）**消滅時效與取得時效**：時效制度有消滅時效與取得時效兩種，分別在總則第 125 條至第 127 條及物權第 768 條至第 770 條，其區別參見表十一：

表十一：消滅時效與取得時效之區別

	消滅時效	取得時效
變動原因	權利效力減損	權利取得
標的客體	請求權	動產、不動產所有權及其他權利
期間長短	15 年、5 年、3 年、2 年、1 年、6 月、2 月	20 年、10 年、5 年
計算起點	自請求權可行使起或自行為時起	占有他人之物時起算
障礙事由	中斷或不完成	無
規　定	總則§125~§127	物權§768~§770

二、除斥期間

　　法律對某種權利所預定之行使期間，目地在維護繼續存在之原社會秩序，使法律關係不受當事人個人事故之影響能及早確定，故為不變期間，不因期間中斷及不完成而延長。

三、消滅時效與除斥期間

　　消滅時效和除斥期間均有關一定期間不行使，權利產生消滅之效力，消滅時效是請求權在一定期間不行使，發生抗辯權；除斥期間則是形成權在一定期間內應行使，其區別參見表十二：

表十二：消滅時效與除斥期間之區別

	消滅時效	除斥期間
標的客體	請求權	形成權
期間長短	15 年、5 年、3 年、2 年、1 年、6 月、2 月	10 年、1 年（§93）
計算起點	自請求權可行使起或自行為時起	權利成立時
障礙事由	中斷或不完成	無
期間期滿效力	權利存在僅抗辯權發生	權利消滅
期間利益拋棄	可以拋棄	權利當然消滅自無拋棄可言

第六章　權利行使論

第一節　權利行使原則

一、 **禁止違反公益原則**：權利之行使，不得違反公共利益（§148 I 前）。

二、 **禁止權利濫用原則**：權利之行使，不得以損害他人為主要目的（§148 I 後）。本條係規定行使權利，不得以損害他人為主要目的，若當事人行使權利，雖足使他人喪失利益，而苟非以損害他人為主要目的，即不在該條所定範圍之內。

三、 **誠實信用原則**：行使權利，履行義務，應依誠實及信用方法（§148 II）。

第二節　權利自力救濟

一、自衛行為

（一）**正當防衛**：對於現時不法之侵害，為防衛自己或他人之權利所為之行為，不負損害賠償之責。但已逾越必要程度者，仍應負相當賠償之責（§149）。

1. 要件

  （1）現時之侵害：指侵害的行為正在進行，如侵害行為已過去或尚在未來，皆非此之現在不法之侵害。

  （2）不法之侵害。

  （3）防衛自己或他人之權利（目的）。

2. 限制：不得逾越必要程度（手段）。

3. 效力：(1)原則：不負損害賠償之責；(2)例外：逾越必要程度者，仍應負相當賠償之責。

（二）**緊急避難**：因避免自己或他人生命、身體、自由或財產上急迫之危險所為之行為，不負損害賠償之責。但以避免危險所必要，並未逾越危險所能致之損害程度者為限。前項情形，其危險之發生，如行為人有責任者，應負損害賠償之責。

1. 要件

(1) 須有急迫之危險。

(2) 須有及於自己或他人生命、身體、自由或財產上等之危險。

(3) 須有避免危險之行為。

2. 限制：以避免危險所必要，並未逾越危險所能致之損害程度。

3. 效力：(1)原則：不負損害賠償之責；(2)例外：逾越危險所能致之損害程度及危險之發生，如行為人有責任者，仍應負相當賠償之責

二、自助行為

為保護自己權利，對於他人之自由或財產施以拘束、押收或毀損之行為。

1. 要件

(1) 為保護自己權利。

(2) 拘束他人之自由、押收或毀損他人財產之行為。

(3) 須即時向法院聲請處理：指將所拘束之人或所押收之財產，送交法院為適當之處置。

2. 限制：以不及受法院或其他有關機關援助，並非於其時為之，則請求權不得實行或其實行顯有困難者為限（§151但）。

3. 效力

(1) 原則：不負損害賠償之責。

(2) 例外：拘束他人自由或押收他人財產者，應即時向法院聲請處理，向法院聲請被駁回或其聲請遲延者，行為人應負損害賠償之責（§152）。

4. 其他具有自助行為性質之規定

(1) 出租人留置權：第 447 條規定：「出租人有提出異議權者，得不聲請法院，逕行阻止承租人取去其留置物；如承租人離去租賃之不動產者，並得占有其物。承租人乘出租人之不知或不顧出租人提出異議而取去其物者，出租人得終止契約。」

(2) 旅店主人留置權規定：第 612 條第 1 項規定：「主人就住宿、飲食、沐浴或其他服務及墊款所生之債權，於未受清償前，對於客人所攜帶之行李及其他物品，有留置權。」

(3) 土地所有人留置權規定：第 791 條規定：「土地所有人，遇他人之物品或動物偶至其地內者，應許該物品或動物之占有人或所有人入其地內，尋查取回。前項情形，土地所有人受有損害者，得請求賠償。於未受賠償前，得留置其物品或動物。」

第二篇　案例解析

一、人格權受侵害

案例

　　甲與乙兩男素有嫌隙，甲探悉乙與某女感情頗篤，某夜瞥見兩人相偕進入某旅店房間，竟將兩人之幽會情節，予以錄影後，頻對該女透露上情；該女不堪其擾，精神痛苦不已，請求甲賠償其非財產上損害賠償，有無理由？

解析

　　祕密權（隱私權）亦屬人格權之一種，旨在保護個人之私生活為其內容，侵害隱私權，固常伴隨名譽權併受侵害，惟前者重在私生活之不欲人知；後者重在社會評價之低落，兩者仍有區別。

　　本題甲之行為係故意以背於善良風俗之方法加損害於某女，該女得依第 184 條侵權行為的規定，請求甲賠償其非財產上損害賠償（司法院第一期司法業務研究會）。

二、法人侵權責任能力

案例

　　A 公司負責人甲，於 76 年間，在台中縣承造「霧峰別墅住宅」，因偷工減料導致房屋在 88 年發生的「921 地震」中倒塌，致乙受傷，檢方調查，甲是 A 公司實際負責人，76 年在霧峰鄉承造 19 戶連棟住宅，在施工時，樑柱箍筋嚴重不足，房屋樑柱接頭甚至沒有箍筋圍束，且混凝土強度不足，影響結構安全，導致 921 地震發生時，「霧峰別墅住宅」的樑柱、隔間牆變形倒塌，A 公司與其負責人甲應如何負責？

解析

　　法人之董事或職員，在執行職務之際，所加於他人之損害，法人和行為人均負賠償責任。因為法人有權利能力，為達此目的之手段，有不法行為。且為促使行為人執行職務時之特別注意，使行為人負連帶賠償之責任。

本案 A 公司為法人，負責人甲執行業務時偷工減料導致房屋地震倒塌，致乙受傷，乙得依第 184 條第 1 項侵權行為規定，請求負責人甲負損害賠償責任，至於 A 公司依第 28 條規定與負責人甲負連帶賠償責任。

三、天然孳息之收取

案例

　　甲無權占用乙的土地，加以種植樹木，丙擅予砍伐出售，甲是否得依侵權行為的規定，請求丙賠償其損害？

解析

　　在實務見解上，無權占有他人之土地使用收益者，僅該他人得予依法排除其侵害，第三人仍無權對其使用收益妄加干涉（最高法院 70 台上 83 判決），且依第 962 條規定，占有人，其占有被侵奪者，得請求返還其占有物；占有被妨害者，得請求除去其妨害；占有有被妨害之虞者，得請求防止其妨害，故占有亦受法律保護。

　　甲無權占用乙之土地種植樹木，僅乙得依「物上請求權」規定，依法排除甲之侵害，丙不得擅予砍伐，如擅予砍伐，甲自得依侵權行為之規定，訴請丙賠償其損害。

四、法律行為違反公序良俗

案例

　　甲男主張土地為其所有，乙女因同意與其同居，故將該地移轉登記與乙女，但同時約定如不與其同居時，應即將系爭土地歸還，後乙女因故與甲男不再同居，甲男得否向乙女請求返還系爭土地？

解析

　　甲男與乙女同居，而將系爭土地之所有權移轉登記與乙女，復約定一旦終止同居關係，仍須將地返還，其約定有背善良風俗，依第 72 條規定應屬無效，甲男依據約定，訴請乙女移轉系爭土地之所有權即非正當（65 台上字 2436 號判例）。

五、通謀虛偽意思表示

案例

甲以其債務人乙欲免其財產被強制執行，與第三人丙通謀而為虛偽意思表示，將其所有土地及房屋為丙設定抵押權，甲得否本於侵權行為請求主張，訴求法院判決塗銷丙該項抵押權設定登記？

又設乙如為避免其所有之房子被債權人甲查封，與丙通謀虛偽意思表示，將該房子以買賣方式過戶在丙之名義下，約 1 年後，丙將該房子出售予不知情之第三人丁，並已完成登記，乙可否向丁請求該房子之返還？

解析

（一）債務人乙欲免其財產被強制執行，與第三人丙通謀而為虛偽意思表示，將其所有土地及房屋為丙設定抵押權，債權人甲可依第 184 條侵權行為之規定，請求塗銷丙抵押權設定登記。除此之外，甲亦得以乙與丙間之抵押權設定契約係「虛偽意思表示」，得代位乙行使權利，請求丙塗銷抵押權設定登記，兩者方式任其選擇行使之（最高法院 67 年第 5 次民事庭庭長推總會議決議）。

（二）乙可否向丁請求該房子之返還，其請求權基礎為第 767 條物上請求權規定，所有人對於無權占有或侵奪其所有物者，得請求返還之，故請求權人乙需為房屋所有權人，及該屋為丁無權占有。本例乙為避免其屋被債權人查封，將其房屋所有權通謀虛偽意思表示移轉於丙，依第 87 條第 1 項規定，該移轉行為係屬「無效」，故乙仍為房屋所有權人，丙既非房屋所有權人，亦就房屋無處分權，其移轉該屋所有權於丁之行為，構成無權處分，依第 118 條規定，為「效力未定」的行為。但本案另涉土地法第 43 條規定：「依本法所為之登記，有絕對效力。」該條所規定之「絕對效力」，係就對於第三人之關係而言，故第三人信賴登記而取得土地權利時，不因登記之無效或撤銷而被追奪，此係為不動產信賴公示登記的規定，目的是在保護第三人因信賴土地公示登記而為交易行為時，優先保障動態交易安全。本案丁對乙、丙係通謀虛偽移轉所有權而言屬善意第三人，依土地法第 43 條規定，信賴登記取得該屋所有權，丁既取得該屋所有權，則其占有為「有權占有」，乙既非所有權人，自不得主張第 767 條物上請求權之規定。且本案中丁係善意，依第 87 條第 1 項但書規定，乙亦不得以其無效之通謀虛偽意思表示對抗丁。惟土地法和民法之間的法律適用，土地法屬於特別法，第 43 條規定應優先於民法第 87 條第 1 項但書規定之適用。

六、被詐欺之交易行為

案例

　　若甲受相對人乙「欺騙」，將所有汽車，以極低的價格售予相對人乙；或者甲是受第三人丙「欺騙」，將所有汽車，以極低的價格售予相對人乙，甲各應如何主張權利？若乙嗣後再將汽車賣給不知情的丁，應如何處理，甲能否要求丁返還？

解析

（一）受相對人乙的詐欺行為

　　甲受乙不法詐欺行為所騙，使甲陷於誤信，而與乙訂定第 345 條的「買賣契約」，並進而為交付所有汽車之「物權行為」，甲得依第 92 條第 1 項規定，撤銷債權契約及物權行為。至於其撤銷應以意思表示為之（§114），在未撤銷前，雖仍有效力，但一經撤銷，其效力為自始無效，故甲得為撤銷權之期間，應於發見詐欺後 1 年內，或自意思表示後未經過 10 年以前為之，逾期不為撤銷者，撤銷權即行消滅（§93）。

（二）受第三人丙的詐欺行為

1. 相對人乙惡意（明知第三人丙詐欺事實），或有過失（可得而知第三人丙詐欺事實）：甲得行使撤銷權，其情形同上述。

2. 相對人乙善意（非明知其事實），且無過失（無從可得而知）：甲不得行使撤銷權（§92 I 但），此時，甲所為汽車債權契約及物權行為之意思表示均屬「有效」，汽車為乙「有權占有」。

（三）汽車已賣給不知情丁

　　甲與乙間的債權契約及物權行為經撤銷後均無效，因此乙未取得汽車所有權，乙將汽車所有權移轉與丁雖為無權處分，但依第 92 條第 2 項規定，甲不得以其所有權移轉行為無效為理由對抗善意第三人丁，故丁取得汽車所有權。又依物權編第 801 條、第 948 條規定「善意受讓」制度，丁亦可據此取得汽車所有權，此為物權編特別規定優先總則編規定適用。

Q1 權利的分類,如何區分支配權、形成權、請求權與抗辯權?

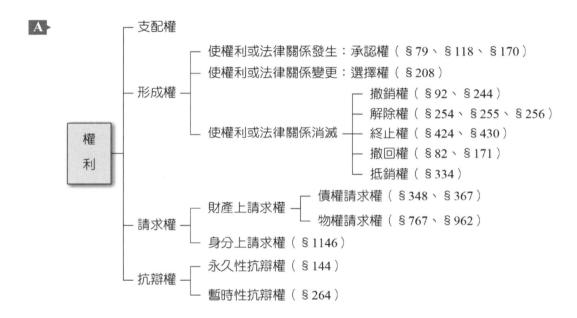

A

權利
- 支配權
- 形成權
  - 使權利或法律關係發生:承認權(§79、§118、§170)
  - 使權利或法律關係變更:選擇權(§208)
  - 使權利或法律關係消滅
    - 撤銷權(§92、§244)
    - 解除權(§254、§255、§256)
    - 終止權(§424、§430)
    - 撤回權(§82、§171)
    - 抵銷權(§334)
- 請求權
  - 財產上請求權
    - 債權請求權(§348、§367)
    - 物權請求權(§767、§962)
  - 身分上請求權(§1146)
- 抗辯權
  - 永久性抗辯權(§144)
  - 暫時性抗辯權(§264)

Q2 法律事實可分行為與非行為，其分類如何？

A

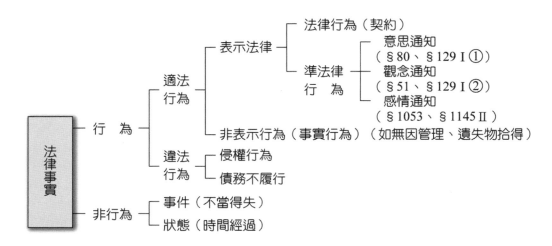

Q3 權利能力之始期與終期如何？

A 自然人的權利能力，始於出生，終於死亡；法人的權利能力，起於登記完成，終於清算終結。

權利能力	始期	終期
自然人	出生	死亡
法人	登記完成	清算終結

Q4 第 8 條第 3 項所謂「特別災難」，是否包括失蹤人於船上失足落海或於河裏游泳溺水等個人意外事件？

A 所謂遭遇特別災難，乃有別於一般災難而言，必其災難之發生係出於自然或外在之不可抗力，而對於失蹤人且屬無可避免者，始克相當。立法意旨原以失蹤人遇此特別災難者，其生存之可能性甚為渺茫，故法律特別縮短其失蹤期間，得為死亡之宣告。失蹤人於船上失足落海或於河裡游泳溺水，純屬個人之意外事件，若無風災、戰爭、海難等由自然或外在力量威脅生命之天災人禍之介入，自非所謂遭遇特別災難。

Q5 夫妻之一方以他方與人通姦為由，訴請他方與相姦者負非財產上損害賠償責任，其請求權之基礎為何？

A 人格權受侵害時，得請求法院除去其侵害；有受侵害之虞時，得請求防止之。前項情形，以法律有特別規定者為限，得請求損害賠償或慰撫金，第18條定有明文。配偶與他人通姦，非惟對婚姻關係之圓滿和諧、安全幸福有所妨害，更因此侵害他方配偶之名譽權（俗稱「帶綠帽」），行為人應負共同侵權行為責任，他方配偶得依第184條第1項前段、第185條第1項、第195條第1項前段，請求行為人連帶負非財產上之損害賠償責任。

Q6 有某筆田地挖有約 10 坪之貯水池乙座，其四壁及底面由水泥磚塊砌成，均約 20 公分，上面無蓋，因故被查封該筆土地時，其查封效力是否及於該貯水池？

A 所謂定著物，須為附著於土地之物，附著即尚未至與土地不能分離之程度，且應解為永久附著於土地，非絕對不能與其分離；該貯水池絕對與土地不能分離，一分離即不成其為貯水池，應認該貯水池為土地之非重要成分，為查封效力之所及。

Q7 對於因精神障礙或其他心智缺陷，致不能為意思表示或受意思表示，或不能辨識其意思表示之效果者，何人得向法院為監護宣告之聲請？

A 按 2019 年 5 月 24 日修正同年 6 月 19 日公布第 14 條第 1 項規定：「對於因精神障礙或其他心智缺陷，致不能為意思表示或受意思表示，或不能辨識其意思表示之效果者，法院得因本人、配偶、四親等內之親屬、最近一年有同居事實之其他親屬、檢察官、主管機關、社會福利機構、輔助人、意定監護受任人或其他利害關係人之聲請，為監護之宣告。」對於得向法院為監護宣告之聲請人增加：

1. 輔助人：因輔助人對於受輔助人之精神或心智狀況，知之最稔，故倘受輔助人已達因精神障礙或其他心智缺陷，致不能為意思表示或受意思表示，或不能辨識其意思表示效果之程度，而有依第十五條之一第三項規定受監護宣告之必要者，自宜許由輔助人向法院聲請對原受輔助人為監護宣告。

2. 意定監護受任人：配合親屬編第四章「監護」增訂第三節「成年人之意定監護」，本人得於意思能力尚健全時，與受任人約定，於本人受監護宣告時，受任人允為擔任監護人，是以，自亦應得由意定監護受任人於前開情形時，向法院聲請為本人之監護宣告。

3. 其他利害關係人：第 1094 條第 3 項有關選定監護人之規定，及第 1098 條第 2 項有關選任特別代理人之規定，均定有「其他利害關係人」得向法院聲請之規定，爰參考於第 14 條第 1 項亦增訂之。

Q8 限制行為能力人用詐術，使人信其為有行為能力人或已得法定代理人允許所之法律行為，相對人可否主張第 92 條第 1 項撤銷權？

A 第 83 條規定，限制行為能力人用詐術使人信其為有行為能力人或已得法定代理人之允許者，其法律行為為有效。其目地在於限制行為能力人既能施行詐術則無再加以保護之必要，故將該限制行為能力人所為法律行為視為完全行為能力人所為來處理，目的並非保護相對人，故相對人不得主張因被限制行為人詐欺或被脅迫而為意思表示，得撤銷其意思表示。蓋此時將法律行為視為有效已足保護法律行為相對人。

Q9 因受詐欺而訂立買賣契約並已交貨，未收到價金，此際出賣人能否依被詐欺受害為由，請求損害賠償？

A 因受詐欺而為之買賣，在經依法撤銷前，並非無效之法律行為，出賣人交付貨物而獲有請求給付價金之債權，如其財產總額並未因此減少，即無受損害之可言。即不能主張買受人成立侵權行為而對之請求損害賠償（最高法院 63 年度第 2 民庭庭推總會議決議）。

　　此乃因侵權行為以實際受有損害為其成立要件，當事人如已受有實際損害，在經依法撤銷前，方得依侵權行為法則請求損害賠償（最高法院 67 年度第 13 次民事庭庭推總會議決定）。

Q10 某女受僱農會之初，預立於任職中結婚即辭職之辭職書，其效力如何？

A 中華民國人民無分男女，在法律上一律平等，為憲法第 7 條所明定。又人民「工作權」及「結婚自由」均受憲法保障，觀之憲法第 15 條及第 22 條

之規定自明。農會要求女性受僱人於任職時預立結婚辭職書，顯然以性別為理由，而作無合理性之差別待遇，有違憲法男女平等之精神，亦無異限制女性「結婚自由」之基本人權。基此，應認結婚辭職之約定，有背於民法第 72 條之「公共秩序」，而為無效。

Q11 民法上法律行為之效果有所謂「絕對無效」、「相對無效」，性質有何不同？

A 法律行為無效，係指當然無效、自始無效及確定不發生法律行為上之效力而言。無效之效力得以對抗任何人者，包括對抗「善意之第三人」，因此稱之為「絕對無效」，如第 92 條第 1 項規定，被脅迫而為之意思表示，其撤銷得以之對抗善意第三人。

　　反之，如法律行為無效，不得對抗善意第三人者，即為「相對無效」，如第 92 條第 2 項規定：「被詐欺而為之意思表示，其撤銷不得以之對抗善意第三人。」

Q12 無權代理與無權處分，性質有何不同？

A 無權代理，指無代理權之人而自命為本人之代理人而代理本人為法律行為，其法律效果依第 170 條第 1 項規定：「無代理權人以代理人之名義所為之法律行為，非經本人承認，對於本人不生效力。」屬於「效力未定」行為，如嗣無本人承認，依第 110 條規定：「無代理權人，以他人之代理人名義所為之法律行為，對於善意之相對人，負損害賠償之責。」由無權代理人對於善意相對人，應負無過失損害賠償責任。

　　而無權處分，指無權利人，以自己名義，就權利標的物所為之處分行為。依第 118 條第 1 項規定：「無權利人就權利標的物所為之處分，經有權利人之承認始生效力。」無權處分效果為效力未定，此之處分係專指處分行為而言，包括物權行為及準物權行為，但不包括負擔行為，例如出賣他人之物。

兩者之區別，參見下表：

區　別	無　權　代　理	無　權　處　分
名義不同	以本人名義	以自己名義
法律行為範圍不同	包括處分行為及負擔行為	僅指處分行為
與相對人間效力	處分行為及負擔行為均效力未定	僅處分行為效力未定
對善意相對人保護	表見代理（§107、§169）	善意取得（§801、§948）

第 2 編

債

CIVIL
LAW

▌ 本編圖目錄

▌ 本編表目錄

第一篇

法律導覽

第一章　通　則

　　債在生活上的意義是「積欠他人的錢財」，廣義則泛指有所虧欠而有待償還；債權在法律上的定義為對於特定的人，依法要求其以金錢或勞力償還債務之權利。民法定義「債」，指特定人得請求特定人為一定行為的法律關係。第 199 條第 1 項規定，「債權人基於債之關係，得向債務人請求給付。」所謂「給付」，可包括有財產價格或不作為，都可作為債之標的；「債權」，指請求他方為一定行為的權利，包含請求權、抗辯權、抵銷權、終止權、撤銷權及代位權等與債權主張相關權利。

　　債編包括「總論」和「各論」，簡稱「債總」和「債各」。

　　第一章通則，即一般稱債總，規範債之關係的共通事項，以此為核心，分為債之發生、債之標的、債之效力、多數債務人與債權人、債之移轉及債之消滅等事項。

　　第二章各種之債，即債各，規定買賣（§345 以下）、贈與（§406 以下）、租賃（§421 以下）、借貸（§464 以下）、使用借貸（§464 以下）、消費借貸（§474 以下）、僱傭（§482 以下）、承攬（§490 以下）、旅遊（§514-1 以下）、委任（§528 以下）、合夥（§667 以下）、合會（§709-1 以下）、保證（§739 以下）、人事保證（§756-1 以下）等重要民事債之關係。

　　債編於 1929 年制定，1930 年施行，近年來因社會經濟發展迭有重大頻繁修正。

第一節　債之發生

　　債總規定自第 153 條至第 344 條，共分六節，包括債之發生、債之標的、債之效力、多數之債、債之移轉及債之消滅。債之發生又分為契約（§153 以下）、代理權之授與（§167 以下）、無因管理（§172 以下）、不當得利（§179 以下）、侵權行為（§184 以下）等五款。債之效力分給付（§219 以下）、遲延（§229 以下）、保全（§242 以下）、契約（§245-1 以下）等四款。債之消滅分通則（§307 以下）、清償（§309 以下）、提存（§326 以下）、抵銷（§334 以下）、免除（§343）、混同（§344）等六款。

　　2000 年修正債總，重點如下：

1. 增訂優等懸賞廣告（§165-1～§165-4）。

2. 增訂商品製造人責任（§191-1）。

3. 增訂一般危險責任的概括規定（§191-2）。

4. 增訂不法侵害他人致死者，其於被害人生前為之支出醫療費用以及增加生活上需要之費用之人，得直接向加害人請求損害賠償（§192）。

5. 人格權之保護由原本僅身體、健康、名譽、自由四種，擴大到信用、隱私、貞操、其他人格法益及基於父母或配偶關係之身分法益及非財產上之損害（§195）。

6. 增訂損益相抵（§216-1）。

7. 修正不完全給付規定（§227）。

8. 增訂情事變更原則（§227-2）。

9. 增訂債權人對債務人詐害債權之行為，聲請法院撤銷時，得聲請命受益人或轉得人回復原狀（§244Ⅳ）。

10. 增訂締約過失責任（§245-1）。

11. 增訂定型化契約（§247-1）。

12. 增訂當事人得就彼此債務為不得抵銷之特約（§334）。

　　由於債總的規定多屬原則性、共通性且抽象性，學說論及實務判例數量亦多，在學習上應掌握整個體系。

　　債之發生，指原始發生債權債務關係的一種法律現象，發生債的原因，參見圖一。實務上以契約、代理權授與及侵權行為最為常見。有將債之發生分為「契約」及「非契約」兩大類型。但債的發生原因，不以債編的規定為限，包括總則、物權、親屬、繼承等各編及民事特別法等，均可能涉及債之發生。

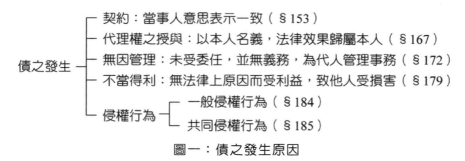

圖一：債之發生原因

一、契　約

　　契約為當事人以發生一定私法上法律效果為目的，所為相互對立之要約與承諾，在意思表示合致產生的法律行為。又分為財產契約和身分契約兩種。例如，買賣契約屬財產契約，婚姻屬身分契約。

　　其他契約的分類，說明如下：

1. 有名契約與無名契約。

2. 單務契約、雙務契約與不完全雙務契約。

3. 有償契約與無償契約。

4. 要物契約與不要物契約。

5. 要因契約與不要因契約。

6. 要式契約與不要式契約。

7. 主契約與從契約。

8. 預約與本約。

9. 暫時性契約與繼續性契約。

　　例如最重要的雙務契約，適用同時履行抗辯（§264）及危險負擔（§266、§267）等相關規定。私法自治下，強調契約自由原則，而且契約的成立應由當事人意思表示一致。

（一）契約自由原則

自由原則為現代契約之精神所在，亦是私法自治的最重要內容。契約當事人得經由意思之合致，自主決定彼此間私法上權利義務關係。通常以締約自由、選擇自由、內容自由、方式自由、變更或廢棄自由與否，加以審視契約是否符合自由原則。然在現代社會中，個人利益與社會利益如何調合，亦相當重要，實務上各種類型的「定型化契約」，有必要由法律加以介入，亦即限制私法自治的範圍。法律明定「要式契約」，則限制雙方簽訂契約的方式自由；法律採取「強制締約」，對於當事人產生限制締約及選擇自由之效果。此種立法方式，目的在於維護契約正義。

（二）契約之成立

當事人互相表示意思一致者，無論其為明示或默示，契約即為成立（§153 I）。所謂「意思一致」或「合致」，包括主觀和客觀上的合致，當事人一致，即為「主觀上合致」；意思表示內容一致，即為「客觀上合致」。所謂「默示」，指不是「明示」的方式，間接表示當事人意思。例如，將車輛停於收費停車格，即為同意付費之間接意思表示。但默示與「單純沈默」不同，單純沈默無法推知當事人主觀意思，並不發生任何法律效果。

依第 153 條第 2 項規定，「當事人對於必要之點，意思一致，而對於非必要之點，未經表示意思者，推定其契約為成立，關於該非必要之點，當事人意思不一致時，法院應依其事件之性質定之。」此乃契約推定成立之規定。

所謂「推定」，指由一定法律事實可推知其他法律事實，但須法律規定始有推定之效果，而且推定，通常得提出「反證」加以推翻。而是否為「必要之點」，則以該點是否為契約不可欠缺之要件來判斷。

契約成立有下列三種方法，另有特種契約，規定特殊的成立方法：

1. 要約與承諾

   (1) 意思合致與拘束力：所謂「要約」，以訂立契約為目的，而為喚起相對人承諾所為之意思表示；「承諾」，則是受領要約的相對人，向要約人表達接受要約之意思表示。契約於「要約」與「承諾」意思一致時成立，第 154 條第 1 項規定，「契約之要約人因要約而受拘束；但要約當時預先聲明不受拘束，或依其情形或事件之性質，可認為當事人無受其拘束之意思者，不在此限。」故要約一經生效，要約人即不得擅自擴張、限制、變更或撤銷要約，此即所謂的「形式拘束力」。

　　此外，相對人取得可以承諾而使契約成立的地位，為「承諾適格」，產生「實質拘束力」。惟通常相對人並無承諾的義務，且相對人如不承諾，亦無通知要約人的義務。該條但書規定，要約人於要約當時得預先聲明保留權利，於相對人承諾前，得隨時擴張、限制、變更或撤銷要約。

(2) 要約引誘：所謂「要約引誘」，是引誘他人向自己為要約的意思表示，引誘本身並無任何法律效果。例如，第 154 條第 2 項規定，「貨物標定賣價陳列者，視為要約。但價目表之寄送，不視為要約。」價目表之寄送為要約之引誘；便利商店內標定售價之陳列物，視為向顧客之要約，顧客選取後向店員結帳，則是承諾；在要約與承諾未合致之前，商品雖置於顧客購物籃內，但因顧客出店門前，仍可隨時將貨物取出，所以尚不能認為已為承諾；若顧客選取後向店員結帳，因契約之要約人，業因要約而受拘束（§154 I），不得變更，而此時便利商店之要約與顧客之承諾，因一致而成立契約。

(3) 相關條款：除了以上有關之契約成立的規定，下列條款應有適用，包括：要約拒絕（§155）、承諾期間經過（§156～§158）、承諾遲到之通知（§159）、承諾遲到與擴張（§160）、撤回要約或承諾通知之特殊遲到（§162、§163）等。

　　對話為要約者，依第 156 條規定，非立時承諾即失其拘束力，例如，甲以手機告知乙，願將中古哈雷機車以 5 萬元出售，乙表示尚須洽詢其好友丙，則此要約於甲、乙結束通話後，即失其拘束力。但是如何認定「立時承諾」的合理時間，或於通訊突然斷線後，乙立即回撥甲手機，其承諾之效力，常有爭議。

2. 要約與意思實現

　　契約因承諾之意思實現而成立，稱為「意思實現」，例外是承諾必須經過受領的表示。在承諾無須通知之情形下，要約受領人表示接受要約之意思表示。雖要約之承諾，原則上須通知要約人，契約才能成立，但依意思實現亦可認為承諾，依第 161 條規定，「依習慣或依其事件之性質，承諾無須通知者，在相當時期內，有可認為承諾之事實時，其契約為成立。前項規定，於要約人要約當時預先聲明承諾無須通知者，準用之。」

　　此一規定有三種例外：(1)依習慣承諾無須通知者；(2)依其事件之性質承諾無須通知者；(3)要約人要約當時預先聲明承諾無須通知者。這些情況均可不向要約人為承諾之意思表示，只要在要約效力存續的期間內，因有可認為承諾之事實時，契約即告成立。

例如，向電信公司申請裝設室內電話之要約，依習慣，電信公司得逕行前往申裝戶裝設線路及電話，不必另向申請人為承諾的意思表示。

3. 交錯要約

要約交錯，又稱要約吻合，為契約因當事人互相表示意思一致而成立的一種方法；當事人於短期間內互相為要約的意思表示，而雙方要約之內容卻湊巧的趨於一致。要約交錯並無法律明文規定，但通說肯定契約成立。例如，甲對乙為意思表示，願意以 5 萬元讓售哈雷機車，而乙亦恰好向甲為意思表示，願意以 5 萬元購買中古哈雷機車，此即屬要約交錯，契約因此而成立。

4. 特種契約

民法新規定特種契約，包括懸賞廣告與定型化契約，尤其在消費者保護法對定型化契約有更詳細的規定。

(1) 懸賞廣告：甲遺失愛犬後，登報聲明，若有人協助找回走失之愛犬，將贈送酬金的行為，即為懸賞廣告，第 164 規定，「以廣告聲明對完成一定行為之人給與報酬者，為懸賞廣告。廣告人對於完成該行為之人，負給付報酬之義務。」懸賞廣告的成立要件如下：

① 以廣告聲明。

② 須完成一定行為。

③ 給與不限為金錢之報酬。

另有一種優等懸賞廣告，依第 165-1 條規定，若以廣告聲明對完成一定行為，於一定期間內為通知，而經評定為優等之人給與報酬者，即屬之。其特點有三：

① 廣告中聲明完成一定行為者，須經評定為優等，始給與報酬。

② 訂有一定期間。

③ 有應徵之通知。

例如，某一運動場的建築採評圖法，在對外的公告明定僅錄取第一名，即屬優等懸賞廣告。

(2) 定型化契約：定型化契約常發生於日常生活中，例如，銀行為求行政效率，常預訂契約範本，包括支票存款約定書、信用卡契約、現金卡定型化契約、買入或託收外幣約定書、匯出匯款約定書、保管箱租用約定書、購屋貸款契約、購車貸款契約、消費性無擔保貸款契約等。依第 247-1 條規

定，「依照當事人一方預定用於同類契約之條款而訂定之契約，為下列各款之約定，按其情形顯失公平者，該部分約定無效：①免除或減輕預定契約條款之當事人之責任者。②加重他方當事人之責任者。③使他方當事人拋棄權利或限制其行使權利者。④其他於他方當事人有重大不利益者。」

「消費者保護法」亦規定定型化契約，其規定和民法的差別，在於消費者保護法目的於保護社會廣大不特定消費者之權益，而非規範商人間之交易活動。故如不屬消費行為，即無消費者保護法之適用。

定型化契約之條款，因違反誠信原則，顯失公平而無效者，應以契約當事人之一方於訂約當時，處於無從選擇締約對象或無拒絕締約餘地之情況，而簽訂顯然不利於己之約定者始足當之。例如，以發卡銀行與消費者地位相比，消費者對於契約條款多半無從討論其增、刪、變更，只能片面接受契約條款所規定的內容，如有爭議，在解釋上應注意調和締約雙方當事人的經濟實力。若違反誠信原則，對消費者顯失公平，定型化條款應屬無效。

為減少糾紛，行政院消費者保護委員會提供多種定型化契約範本，包括人壽保險、國內外旅遊、個人購車或購屋貸款、手術麻醉及住院、預售屋買賣、汽車買賣、電器買賣、有線電視系統、有線電視節目播送系統等項目。也公告多種消費類型之定型化契約「應記載」及「不得記載」事項，例如，汽車買賣、電器買賣、觀光遊樂園（場、區）遊樂服務、國內外旅遊、預售屋買賣、個人購車及房屋貸款、瘦身美容等。因應記載或不得記載事項的條款具有相當法律效力，如果消費者與業者所簽訂的定型化契約，有違反應記載或不得記載事項的條款，可視為無效。

二、代理權之授與

代理，指代理人基於代理權，以本人名義為意思表示或受意思表示，而法律效果歸屬於本人。原則上，代理權之授與，係與委任或僱傭關係不同。依第 108 條第 1 項規定，「代理權之消滅，依其所由授與之法律關係定之。」授權行為與其基本法律關係不可分離，如基本法律關係歸於無效、不生效力或被撤銷，則授權行為也因此而消滅。若採無因說，則認為代理權之授與，常有其處理事務之法律關係存在，本人與代理人間，其內部權義如何，受此法律關係約束。

（一）授與代理權

授與代理權，依「顯名主義」，以本人名義為之，原則上，代理對代理人不會有任何法律效果。依第 167 條規定，「代理權係以法律行為授與者，其授與應

向代理人或向代理人對之為代理行為之第三人，以意思表示為之。」有三種授與代理權的態樣：

1. 無基本法律關係，僅授與代理權。

2. 有基本法律關係，無代理權授與。

3. 有基本法律關係，且授與代理權。

　　但許可的代理行為，限於法律行為及類推適用之準法律行為，事實行為及侵權行為則不得適用。

（二）共同代理

　　第 168 條規定，代理人有數人者，其代理行為應共同為之，例如，合夥之事務約定由合夥人中數人執行者，應由該數人共同為代理行為，若僅由其中一人為之，即屬無權代理行為，非經該數人共同承認，對於合夥不生效力。

（三）表見代理

　　代理人無代理權，但本人卻由其自己之行為，表示授與代理權予他人，表面上如有足使第三人信為有代理權之事實時，為保護交易安全及保障善意第三人，對於該無權代理行為，亦賦與有權代理行為類似之效果，本人就他人以其名義與第三人所為之代理行為，應負授權人之責任。第 169 條規定，「由自己之行為表示以代理權授與他人，或知他人表示為其代理人而不為反對之表示者，對於第三人應負授權人之責任。」但若第三人明知其無代理權或可得而知者，則無表見代理之適用。

（四）無權代理

　　行為人無權代理，而以本人名義為代理行為，有二種類型：一為第 169 條表見代理；一為第 170 條狹義無權代理，即代理人無代理權，且不具備表見代理之要件。

　　發生無權代理的原因包括：未經授權行為、授權行為無效、逾越代理權範圍、代理權消滅後之代理等四種類型。若無代理權人以代理人之名義所為之法律行為，未經本人承認前，對於本人不生效力。而該行為人即屬無權代理。但依第170 條第 2 項，法律行為之相對人，得定相當期限，催告本人確答是否承認，如本人逾期未為確答者，視為拒絕承認。

三、無因管理

　　無因管理是債之發生原因之一，指未受委任，並無義務，為他人管理事務（§172）。因管理係屬於事實行為，管理人僅須具有意思能力，而不須有行為能力。無因管理人基於為他人管理事務之意思，將他人事務承擔下來管理時，即發生無因管理的債之關係。無因管理人之管理義務為其管理應依本人明示或可得推知之意思，以有利於本人之方法為之。無因管理管理人開始管理時，以能通知為限，應即通知本人。如無急迫之情事，應俟本人之指示，此為管理人之通知義務（§173I）。例如甲在遊樂園，途中見路人乙突然昏倒，甲好心開車送乙前往醫院，並繳付醫療費用 5000 元。本例甲對遊樂園中突然昏倒的路人乙，並無義務協助送醫，且未受委任，然甲依路人乙可得推知之意思，以有利於路人乙之方法將其送醫，此即為無因管理。拾獲無主物，將其送交警察局，亦為依本人可得推知之意思，為無因管理之一種型態。

　　無因管理人原則上不負損害賠償責任，在前例管理人甲為免除路人乙之生命上之急迫危險，而為事務之管理者，對於因其管理所生之損害，諸如忘記撿拾其隨身所帶背包，除有惡意或重大過失者外，不負賠償之責（§175）。除生命上之急迫危險外，身體或財產上之急迫危險，同樣免責。但若管理人違反本人明示或可得推知之意思，而為事務之管理者，對於因其管理所生之損害，雖無過失，亦應負賠償之責（§174）。惟其管理係為本人盡公益上之義務，或為其履行法定扶養義務，或本人之意思違反公共秩序善良風俗者，則免除管理人之無過失責任。至於管理事務，利於本人，並不違反本人明示或可得推知之意思者，管理人為本人支出必要或有益之費用，或負擔債務，或受損害時，得請求本人償還其費用及自支出時起之利息，或清償其所負擔之債務，或賠償其損害，此為適法管理時管理人之權利（§176）。若非適法管理，本人仍得享有因管理所得之利益，而本人對於管理人之義務，則以其所得之利益為限（§177）。

　　例如因被詐欺而訂立買賣契約，雙方分別履行價金給付及標的物之給付後，該買賣契約因被撤銷而溯及既往無效，此時買賣雙方得以不當得利還請求權分別請求與標的物。

四、不當得利

　　無法律上原因而受利益，致他人受損害者（§179），為不當得利，成立要件有四：一方受有利益、他方受有損害、受有利益與受有損害間存有因果關係、所受利益無法律上之原因。不當得利者應返還其所受利益；雖有法律上之原因，而其後已不存在者，亦同。例如因被詐欺而訂立買賣契約，雙方分別履行價金給付

及標的物之給付後，該買賣契約因被撤銷而溯及既往無效，此時買賣雙方得以不當得利返還請求權分別請求返還價金與標的物。不得請求返還不當得利（§180）之情形參見表一：

表一：不得主張不當得利

§180	條文	舉例
①	給付履行道德上義務。	扶養無扶養義務之親屬。
②	債務人於未到期之債務因清償而為給付者。	12月31日到期債務，提前在7月31日清償。
③	因清償債務而為給付，於給付時明知無給付之義務者。	債權免除債務後，債務人仍為清償。
④	因不法之原因而為給付者。	賭債
④但	不法之原因僅於受領人一方存在時，不在此限。	因被脅迫而為給付，只有受領人一方不法，仍得請求返還。

不當得利之受領人，除返還其所受之利益外，如本於該利益更有所取得者，並應返還。但依其利益之性質或其他情形不能返還者，應償還其價額（§181）。若不當得利之受領人，不知無法律上之原因，而其所受之利益已不存在者，免負返還或償還價額之責任。受領人於受領時，知無法律上之原因或其後知之者，應將受領時所得之利益，或知無法律上之原因時所現存之利益，附加利息，一併償還；如有損害，並應賠償（§182）。另若不當得利之受領人，以其所受者，無償讓與第三人，而受領人因此免返還義務者，第三人於其所免返還義務之限度內，負返還責任（§183）。

五、侵權行為

因故意或過失，不法侵害他人之權利即為侵權行為。侵權行為之歸責自採取過失責任起始，逐步發展推定過失責任、衡平責任、無過失責任等原則。

（一）一般侵權行為

故意或過失，不法侵害他人之權利（§184Ⅰ前）；故意以背於善良風俗之方法，加損害於他人（§184Ⅰ後）；違反保護他人之法律（§184Ⅱ）等皆屬一般侵權行為範疇。侵權行為之型態，參見表二：

表二：侵權行為之類型

條文	類型	侵害	責任
§184Ⅰ前	故意或過失不法侵害他人	權利	故意、過失
§184Ⅰ後	故意以背於善良風俗之方法，加損害於他人	利益	故意、過失
§184Ⅱ	違反保護他人之法律，致生損害於他人	利益	故意、過失

（二）特殊侵權行為

　　特殊侵權行為涵括共同侵權行為（§185）、公務員之侵權（§186）、法定代理人責任（§187）、受僱人侵權（§188）、定作人侵權（§189）、動物占有人（§190）、工作物所有人（§191）、商品製造人（§191-1）、機動車輛駕駛人（§191-2）、危險源製造人（§191-3）等責任。共同侵權行為舉例，參見表三：

表三：共同侵權行為及責任

條文	類型	責任
§185	共同侵權行為	甲乙兩車毀損丙車，不必意思聯絡
§186	公務員侵權行為	公務員未關閉堤防水門
§187	無行為能力人或限制行為能力人侵權	由法定代理人連帶負賠償責任
§188	受僱人侵權	醫師之過失致病患死亡，醫院連帶負賠償責任
§189	定作人之侵權	定作人對承攬人指示有過失
§190	動物侵權	占有人負損害賠償責任
§191	工作物侵權	工作物所有人負賠償責任
§191之1	商品製造人侵權	商品通常使用或消費致他人損害
§191之2	機動車輛駕駛人侵權	使用中加損害於他人
§191之3	危險源製造人侵權（推定過失責任）	工作或活動之性質或使用工具或方法生損害於他人之危險

（三）侵權行為之法律效果

　　人格權受侵害時，得請求法院除去其侵害；有受侵害之虞時，得請求防止之（§18Ⅰ）。惟其他侵權行為均無侵害排除與預防請求權，而僅有賠償請求權。損害賠償之債除依其一般規定之方法（§213~§215）及賠償範圍（§216~§218-

1）外，侵權行為另得依財產上之損害及非財產上之損害請求賠償（§192~§196）。

1. 財產上之損害

侵害生命權（§192）、侵害身體或健康（§193）、毀損他人之物（§196）均涉及財產上損害，諸如：支出醫療及增加生活上需要之費用、對第三人所負之法定扶養義務、因此喪失或減少勞動能力或增加生活上之需要、物因毀損所減少之價額等，均得請求財產上損害賠償。法院並得因當事人之聲請，定為支付定期金。但須命加害人提出擔保（§192Ⅲ、§193Ⅱ）。

2. 非財產上之損害

侵害生命權（§194）、侵害人格法益（§195Ⅰ）、侵害身分法益（§195Ⅲ）、侵害其他身分權（親屬編中§977Ⅱ、§979Ⅰ、§999Ⅱ、§1056Ⅰ）均涉及非財產上損害。

（四）損害賠償之債

1. 賠償方法

侵權行為之損害賠償，以回復原狀為原則，金錢賠償為例外（§213、§214、§215）。因回復原狀而應給付金錢者，自損害發生時起，加給利息。

2. 賠償範圍

侵權行為之損害賠償，除法律另有規定或契約另有訂定外，應以填補債權人所受損害及所失利益為限，可得預期之利益，視為所失利益（§216）。重大之損害原因，為債務人所不及知，而被害人不預促其注意或怠於避免或減少損害者，為與有過失；法院得減輕賠償金額，或免除之（§217）。因侵權行為所生之損害賠償請求權，自請求權人知有損害及賠償義務人時起，2 年間不行使而消滅。自有侵權行為時起，逾 10 年者亦同（§197）。若因侵權行為對於被害人取得債權者，被害人對該債權之廢止請求權，雖因時效而消滅，仍得拒絕履行（§198）。

第二節　債之標的

債之標的，即債權客體，亦是債務人的給付。第 199 條第 1 項規定，「債權人基於債之關係，得向債務人請求給付。」給付包括作為給付及不作為給付，並不以有財產價格者為限。民法規定債之標的，有下列五種：

一、種類之債

　　以物之種類中一定數量指示給付物之債，為種類之債。例如，張三向水果商買水蜜桃 30 公斤，即為種類之債。種類之債的種類需經確定，而品質、數量相同即可；若給付物僅以種類指示者，依法律行為之性質或當事人之意思不能定其品質時，債務人應給付以中等品質之物（§200Ⅰ）。因其非經特定，不能履行。而種類之債經特定後，即為特定之債；而其特定方法，需債務人交付其物之必要行為完結後，或經債權人之同意指定其應交付之物時，其物即為特定給付物（§200Ⅱ）。

二、貨幣之債

　　以給付一定數額的貨幣為標的之債，為貨幣之債。以特種通用貨幣之給付為債之標的者，如其貨幣至給付期失通用效力時，應給付以他種通用貨幣（§201）。而若以外國通用貨幣定給付額者，債務人得按給付時給付地之市價，以中華民國通用貨幣給付之，但訂明應以外國通用貨幣為給付者，則不在此限（§202）。

三、利息之債

　　以給付利息為標的之債，為利息之債。利息的種類分為約定利息及法定利息。當事人合意的利息，依第 203 條規定，「應付利息之債務，其利率未經約定，亦無法律可據者，週年利率為 5%。」但 110 年 1 月 20 日修正公布第 205 條（於 110 年 7 月 20 日施行）：「約定利率，超過週年 16%者，超過部分之約定，無效。且債權人不得以折扣或其他方法，巧取利益（§206）。

　　約定利率超過週年 16%者，其約定無效，縱債務人為任意給付，仍可請求不當得利返還。而依法律規定而發生的利息，一般則以法定利率 5%計算。第 207 條第 1 項規定，「利息不得滾入原本再生利息。但當事人以書面約定，利息遲付逾 1 年後，經催告而不償還時，債權人得將遲付之利息滾入原本者，依其約定。」所謂不得滾入原本再生利息，即為單利。而將已生之利息，滾入原本再生利息計算，為複利。法律原則上禁止複利，但如商業上另有習慣者，可約定複利。原則上允許期前清償，第 204 條設有強制規定，「約定利率逾週年 12%者，經 1 年後，債務人得隨時清償原本。但須於 1 個月前預告債權人。前項清償之權利，不得以契約除去或限制之。」但須注意，約定利率與約定違約金，兩者合計若超過法定利率，其違約金並非無效，僅過高時，得請求法院酌減之。

四、選擇之債

在數宗給付中得選定其一為給付標的之債，為選擇之債。選擇之債特定之履行方法，除法律另有規定或契約另有訂定外，其選擇權屬於債務人（§208）。而債權人、債務人或第三人有選擇權者，應向他方當事人以意思表示為之（§209）。且選擇權定有行使期間者，如於該期間內不行使時，其選擇權移屬於他方當事人。若選擇權未定有行使期間，債權至清償期時，無選擇權之當事人，得定相當期限催告他方當事人行使其選擇權，如他方當事人不於所定期限內行使選擇權者，其選擇權移屬於為催告之當事人。但由第三人為選擇時，如第三人不能或不欲選擇，選擇權歸屬於債務人（§210）。選擇之債一經「特定」，即變成單純之債，選擇之效力，溯及於債之發生時（§212）。若數宗給付中，有自始不能或嗣後不能給付者，除應由無選擇權之當事人負責者，債之關係僅存在於餘存之給付（§211）。

債之確定方法，參見圖二：

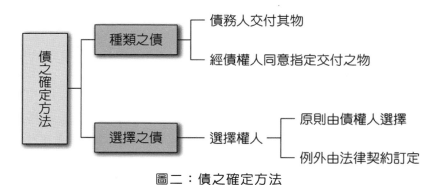

圖二：債之確定方法

五、損害賠償之債

以損害賠償為標的之債，為損害賠償之債。損害賠償之債，除須有損害發生外，原則上賠償義務人須有故意或過失，且其間須有相當因果關係。損害賠償之債，參見圖三：

損害賠償方法，以回復原來應有的狀態為原則，金錢賠償為例外（§213）。但因回復原狀而應給付金錢者，須自損害發生時起，加給利息。債權人亦得請求支付回復原狀所必要之費用，以代替回復原狀。而法定之例外情形，有二種規定：一、如應回復原狀者，經債權人定相當期限催告後，逾期不為回復時，債權人得請求以金錢賠償其損害（§214）。二、不能回復原狀或回復顯有重大困難者，應以金錢賠償其損害（§215）。

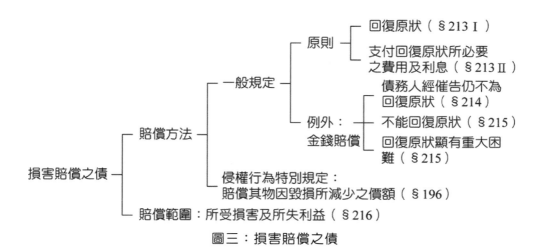

圖三：損害賠償之債

　　損害賠償的範圍依第 216 條第 1 項規定，「損害賠償，除法律另有規定或契約另有訂定外，應以填補債權人所受損害及所失利益為限。」依通常情形，或依已定之計劃、設備或其他特別情事，可得預期之利益，視為所失利益。若損害之發生或擴大，被害人與有過失者，法院亦得減輕賠償金額，或免除之（§217 I）。此規定即為「過失相抵」，如公務車因急送外賓至機場，行走路肩，卻被因閃車而進入路肩之轎車撞及，因雙方均有過失，此時該轎車駕駛即可主張減免賠償金額。若重大之損害原因，為債務人所不及知，而被害人不預促其注意或怠於避免或減少損害者，為與有過失（§217 II）。而被害人之代理人或使用人與有過失者，亦準用前兩項規定。但損害非因故意或重大過失所致者，如其賠償致賠償義務人之生計有重大影響時，法院得減輕其賠償金額（§218）。

　　損益相抵，指因同一事實，債權人受有損害，同時受有利益時，應在所受的損害內，扣抵所受的利益，必其損益相抵的結果，尚有損害，始應由債務人負賠償責任。依第 216-1 條規定，「基於同一原因事實受有損害並受有利益者，其請求之賠償金額，應扣除所受之利益。」例如：張三向租車公司長期租賃 Wish 乙輛，預付租金一個月。惟於租車隔日，即於駕駛該車前往客戶公司拜訪途中不慎毀損。雖張三應賠償租車公司該車市價，但租車公司因預收該車輛租金，就尚未使用之租賃期間租金，本於損益相抵原則，應於張三賠償金額中扣除。「賠償代位」依第 218-1 條第 1 項規定，「關於物或權利之喪失或損害，負賠償責任之人，得向損害賠償請求權人，請求讓與基於其物之所有權或基於其權利對於第三人之請求權。」而第 264 條「同時履行抗辯權」之相關規定，於前項情形準用之。例如：因施作工程造成淹水，保險公司理賠保戶後，得依第 218-1 條第 1 項規定，請求賠償代位，保險公司可轉向施工廠商代為求償。

第三節　債之效力

　　債之效力指債之履行，方式包括給付、遲延、保全、契約，而債務不履行，係指債務人未依債之本旨而為給付，致債權之內容未能實現。至於債務人之注意義務，以「過失責任原則」，債務人就其故意或過失之行為，應負責任（§220）；且故意或重大過失之責任，不得預先免除（§222）。過失之責任，依事件之特性而有輕重，如其事件非予債務人以利益者，應從輕酌定。過失責任之抽象型態，一般分為怠於普通注意義務之「重大過失」、怠於處理自己事務之注意義務之「具體輕過失」、怠於善良管理人注意義務之「抽象輕過失」。而應與處理自己事務為同一注意者，如有重大過失，仍應負責（§223）。若債務人為無行為能力人或限制行為能力人者，其責任依第 187 條法定代理人之責任定之（§221）。除當事人另有訂定外，債務人之代理人或使用人，關於債之履行有故意或過失時，債務人應與自己之故意或過失負同一責任（§224），此為「履行輔助人」之責任，其與受僱人侵權責任之區別，參見附表四；相關歸責事由之輕重，參見附圖四：

表四：履行輔助人與受僱人侵權責任之區別

履行輔助人	受僱人
§224	§188 I
適用於契約責任	適用於侵權責任
債務人的僱用人或使用人的過失，就是歸責事由，債務人無從舉證免責	僱用人可證明自己對受僱人的選任監督已經盡相當注意，而免負侵權行為責任

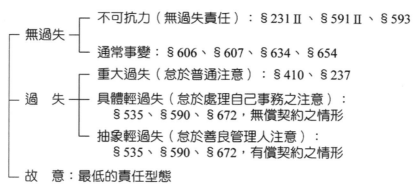

圖四：歸責事由之輕重

一、給　付

　　債之發生因給付而履行債權債務關係，因遲延而產生債務不履行之法律責任，因保全而預防債權受損害，因契約而產生各種之效力。

（一）給付不能

　　債務人已依誠信原則與交易習慣，盡其準備給付之努力後，仍然不能依債之本旨給付，稱「給付不能」。惟是否陷於給付不能，則應依社會通念判斷。給付不能之體系，參見圖五：

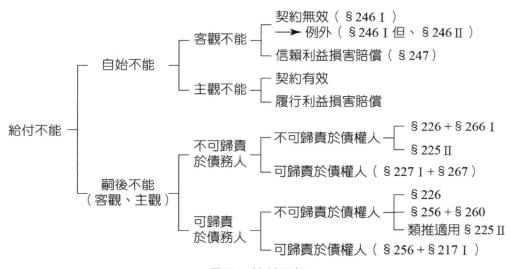

圖五：給付不能

1. 自始客觀不能

　　本節「第四款契約」規定契約標的給付不能之效力及契約標的給付不能之賠償等。以不能之給付為契約標的者，其契約為無效（§246 I）；契約因以不能之給付為標的而無效者，當事人於訂約時知其不能或可得而知者，對於非因過失而信契約為有效致受損害之他方當事人，負賠償責任（§247 I）。例如，張三向李四表示，將為其設計一款不需用任何燃料之賽車，然依現時科技能力，此即為自始客觀不能。

2. 嗣後不能

　　若不可歸責於雙方而給付不能者，稱嗣後給付不能，債務人免給付義務；但債權人得依代償請求權，請求損害賠償。

(1) 不可歸責於債務人：若因不可歸責於債務人之事由，致給付不能者，債務人免給付義務（§225 I）。債務人對第三人有損害賠償請求權者，債權人得向債務人請求讓與其損害賠償請求權，或交付其所受領之賠償物。至於是否不可歸責須視其應負之責任標準為何，若已達法律所要求之責任標準，就算有過失亦不負過失之責；其歸責之標準係依據第 220 條，如債務人僅就故意或重大過失負責時，而給付不能係因未盡與處理自己事物之同一注意或未盡善良管理人之注意義務，但未有重大過失，屬不可歸責債務人之事由；若債務人僅應負具體輕過失責任，債務人已盡與處理自己事物之同一注意，雖未盡善良管理人之注意義務，仍為不可歸責債務人之事由。例如，當事人約定運輸國際間之買賣標的物，因訂約後輸入國之法令變更，其物禁止輸入時，即屬因不可歸責於雙方當事人之事由，致給付不能。

(2) 可歸責於債務人：若因可歸責於債務人之事由，致給付不能者，債權人得請求賠償損害。給付一部不能者，若其他部分之履行，於債權人無利益時，債權人得拒絕該部之給付，請求全部不履行之損害賠償（§226）。給付一部不能，即債務人之給付，其中有一部分不能給付，惟須給付須係可分或除去該部分仍可為一部之給付者。如當事人約定運輸國際間之買賣標的物，訂約後因製作方法錯誤，造成爆炸滅失時，即屬因可歸責於債務人之事由，致給付不能。

（二）不完全給付

不完全給付，係因可歸責於債務人之事由，致已提出的給付不符合債之本旨。構成要件包括下列三項：

1. 已為給付。

2. 可歸責於債務人之事由。

3. 給付不符合債之本旨。例如，某機械公司替一營造廠製造多組起重機，惟因溝通不良，致完工交付之起重機不符合需求，此時即成立不完成給付。

因可歸責於債務人之事由，致為不完全給付者，債權人得依關於給付遲延或給付不能之規定行使其權利。債權人並得請求，因不完全給付而生前項以外之損害者賠償（§227）。債務人因債務不履行，致債權人之人格權受侵害者，準用第 192 條至第 195 條及第 197 條，有關侵害生命權及身體健康之財產賠

償、侵害生命權被害人親屬之非財產賠償、侵害人格權及重大身分法益之財產賠償及限制、損害賠償請求權之消滅時效與不當得利之返還等規定，負損害賠償責任（§227-1）。

所謂情事變更，為衡平法則之適用，指法律行為成立當時，為其行為之環境或基礎之情況有所變動而言，例如，物價、幣值之漲貶等（88 台上 2693 判決）。契約成立後，情事變更，非當時所得預料，而依其原有效果顯失公平者，「當事人」得聲請「法院」增、減其給付或變更其他原有之效果。情勢變更規定，於非因契約所發生之債，亦得準用（§227-2）。

二、遲 延

（一）給付遲延

給付遲延，指債務人有給付可能，但於債務屆期時，因可歸責於債務人之事由，致未為給付之債務不履行；給付如屬「不可能」，則屬給付不能，不是給付遲延。給付遲延為債務不履行類型之一，條文雖未明文規定「可歸責於債務人之事由」，但依第 230 條反面推論，仍應有可歸責債務人事由認定標準。例如營造廠替航空公司建造一座 12 米風洞實驗廠房，但因營造廠發包管理欠佳，致未能如期完工，此即為給付遲延。給付遲延之體系，參見圖六：

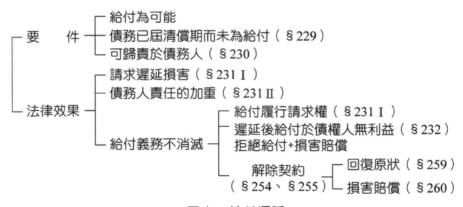

圖六：給付遲延

給付有確定期限者，債務人自期限屆滿時起，負遲延責任；若無確定期限者，債務人於債權人得請求給付時，經其催告而未為給付，自受催告時起，負遲延責任（§229）。

給付遲延若經債權人起訴而送達訴狀，或依督促程序送達支付命令，或為其他相類似之行為者，與催告有同一效力。若催告定有期限者，債務人自期限屆滿

時起負遲延責任。給付有確定期限者，債務人自期限屆滿時起，負遲延責任，其因不可歸責於債務人之事由，致未為給付者，債務人雖不負遲延責任，但不可歸責於債務人之事由，應由債務人負舉證之責（§230）。

債務人遲延者，債權人得請求其賠償因遲延而生之損害（§231）。而不可抗力責任乃債務不履行責任中最重的責任，係指縱使損害係因不可抗力而發生，債務人仍須負責。因於可歸責於債務人之事由導致給付遲延時，債權人得請求因遲延所生之損害；而此遲延既係可歸責於債務人之事由所致，則遲延中因不可抗力而生之損害，亦應由其負責。但債務人責任未免過重，債務人若能證明縱不遲延給付，而仍不免發生損害者，不在此限。

「替補賠償」指債權人得主張拒絕遲來之給付，而請求賠償因不履行而生之損害（§232）；但請求之同時，並不得請求遲延賠償。該條適用前提是「期限利益行為」，因為該項給付重視時間點，如逾期其給付即失其意義，亦即於債權人無利益。

遲延之債務，以支付金錢為標的者，債權人得請求依法定利率計算之遲延利息。但約定利率較高者，仍從其約定利率，然對於遲延債務之利息，無須支付遲延利息（§233）。例如，以身體被傷害而請求金錢賠償者，不得請求金錢加給利息，惟侵權行為人支付金錢遲延時，被害人得請求法定利息。另若依第233條前2項規定，債權人證明有其他損害者，並得請求賠償。

至於「違約金」，在性質上有屬懲罰性質者，有屬損害賠償約定性質者，如為懲罰性違約金，於債務人有履行遲延時，債權人除請求違約金外得請求給付遲延利息及賠償其他之損害，如為損害賠償約定之性質，則應視為就因遲延所生之損害，業已依契約預定其賠償，不得更請求遲延利息賠償損害（62台上1394判例）。

（二）受領遲延

債權人對於已提出之給付，拒絕受領或不能受領者，自提出時起，負遲延責任（§234）。受領遲延在性質上為債權人之權利不行使，惟僅生失權之效果，債權人並不負法律責任，故受領遲延並非債務不履行責任。但法律規定「受領」為債權人之義務時，如債權人受領遲延者，則不但屬受領遲延，亦屬給付遲延。例如第367條規定，「買受人對於出賣人，有交付約定價金及受領標的物之義務」即屬之。

債務人非依債務本旨，於適當之處所及時期實行提出給付者，不生提出之效力。但債權人預示拒絕受領之意思，或給付兼需債權人之行為者，債務人得以準

備給付之事情，通知債權人，以代提出（§235）。雙務契約之一方當事人受領遲延者，其原有之同時履行抗辯權，並未因而歸於消滅。故他方當事人於其受領遲延後，請求為對待給付者，仍非不得提出同時履行之抗辯。除他方當事人應為之給付，因不可歸責於己之事由致給付不能，依第 225 條第 1 項規定，免其給付義務者外，法院仍應予以斟酌，如認其抗辯為有理由，應命受領遲延之一方當事人，於他方履行債務之同時，為對待給付（75 台上 534 判決）。

給付無確定期限，或債務人於清償期前得為給付者，債權人就一時不能受領之情事，不負遲延責任。但其提出給付，由於債權人之催告，或債務人已於相當期間前預告債權人者，不在此限（§236）。

在債權人遲延中，債務人僅就故意或重大過失，負其責任（§237），無須支付利息（§238）；應返還由標的物所生之孳息或償還其價金者，以已收取之孳息為限，負返還責任（§239）。債務人並得請求債權人賠償提出及保管給付物之必要費用（§240），若有交付不動產之義務，除不能通知者外，則應預先通知債權人後，始得拋棄其占有（§241）。

三、保　全

債權人為確保其債權之獲償，所用以防止債務人減少其責任財產之權利，稱為「保全債權」，包括二種情況：1.債權人之代位權；2.債權人之撤銷權。前者為債務人消極的不行使其權利去保有其財產者，賦予債權人代為主張權利；後者為債務人積極減少其財產，賦予債權人防止之權利。因債權人行使保全債權時，須對債務人以外第三人為主張或請求，第三人之權利亦因此而受影響，故為債權之對外效力。

（一）代位權

債務人怠於行使其權利時，債權人因保全債權，除專屬於債務人本身者，得以自己之名義，行使其權利（§242）。債權人之代位權，係指債權人為保全其債權，得以自己之名義，行使債務人權利之權利，其成立要件為：債權債務關係須存在、債務人須怠於行使其權利、債務人須已負遲延責任、債權人須有保全債權之必要；但專為保存債務人權利之行為，債務人無須已負遲延責任（§243）。

保全債權之必要，不須債務人無資力，只須在特定物債權之實現發生障礙即可。而代位權之行使須以自己之名義為之，但其必須請求第三債務人向債務人為給付，不得請求第三債務人逕向自己給付。

（二） 撤銷權

債權人之撤銷權，其性質為形成權，一行使將使債務人與第三人間之法律行為被撤銷而消滅；其對象包括債權行為及物權行為。債權人對於債務人所為詐害債權之行為，得聲請法院撤銷；但債權人行使撤銷權，必須以「起訴」方式為之，又稱為「撤銷訴權」。

債務人所為之無償行為，有害及債權者，債權人得聲請法院撤銷之；債務人所為之有償行為，於行為時明知有損害於債權人之權利者，以受益人於受益時亦知其情事者為限，債權人得聲請法院撤銷之（§244）。但債務人之行為非以財產為標的，或僅有害於以給付特定物為標的之債權者，則不適用之；另除轉得人於轉得時不知有撤銷原因者外，債權人依規定聲請法院撤銷時，得併聲請命受益人或轉得人回復原狀。而債權人之撤銷權，自債權人知有撤銷原因時起，1 年間不行使，或自行為時起，經過 10 年而消滅（§245）；此 1 年及 10 年的期間為「除斥期間」。

四、契　約

（一） 意義

契約成立後，有關契約之標的、契約之確保、契約之解除及終止、雙務契約之效力及涉他契約之效力。如一方未誠實提供資訊、嚴重違反保密義務或進行締約時應遵守之誠信原則，致他方受損害，即屬契約責任。其既非侵權行為，亦非債務不履行之範圍，特設條文規範，依第 245-1 條規定締約過失責任，「契約未成立時，當事人為準備或商議訂立契約而有左列情形之一者，對於非因過失而信契約能成立致受損害之他方當事人，負賠償責任：1.就訂約有重要關係之事項，對他方之詢問，惡意隱匿或為不實之說明者。2.知悉或持有他方之秘密，經他方明示應予保密，而因故意或重大過失洩漏之者。3.其他顯然違反誠實及信用方法者。前項損害賠償請求權，因 2 年間不行使而消滅。」

定型化契約之規定，依第 247-1 條規定有若干限制，「依照當事人一方預定用於同類契約之條款而訂定之契約，為下列各款之約定，按其情形顯失公平者，該部分約定無效：1.免除或減輕預定契約條款之當事人之責任者。2.加重他方當事人之責任者。3.使他方當事人拋棄權利或限制其行使權利者。4.其他於他方當事人有重大不利益者。」

（二）契約之標的不能

契約標的不能之法律效果，原則上依第 246 條規定，以不能之給付為契約標的者，其契約為無效。例外情形有：1.不能情形可以除去，而當事人訂約時並預期於不能之情形除去後為給付者，其契約仍為有效。2.附停止條件或始期之契約，於條件成就或期限屆至前，不能之情形已除去者，其契約為有效。3.特別規定，如第 350 條之規定。

而其中之標的不能，係指債務人應為之給付，不能依債務本旨實現之意；通說認為本條所稱之標的不能係指自始客觀不能。

契約標的不能之損害賠償，即信賴利益賠償，信賴利益賠償乃相對於履行利益賠償，係為保障非因過失信其契約有效之當事人，法律保障而賦予其損害賠償請求權，惟因契約尚未生效，故賠償範圍須如同契約未發生情形。另外一種情形，在履行利益賠償，因屬於契約責任，必須賠償至如同契約已經被履行之情形。

不論信賴利益賠償或履行利益賠償，其賠償範圍皆包括所受損害與所失利益，第 247 條規定，「契約因以不能之給付為標的而無效者，當事人於訂約時知其不能或可得而知者，對於非因過失而信契約為有效致受損害之他方當事人，負賠償責任。於給付一部不能，而契約就其他部分仍為有效者，或依選擇而定之數宗給付中有一宗給付不能者，準用第 1 項之規定。而其損害賠償請求權，因 2 年間不行使而消滅。」

（三）契約之確保

1. 定金

定金，為要物的從契約，指以確保契約之履行為目的，由當事人一方交付於他方之金錢或其他代替物。訂約當事人之一方，由他方受有定金時，推定其契約成立（§248）。定金之效力，參見圖七：

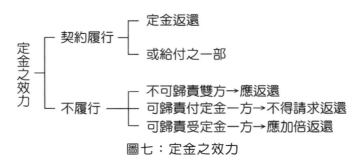

圖七：定金之效力

實際交易有所謂「解約定金」，係以定金為保留解除權之代價，定金付與人固得拋棄定金，以解除契約；定金收受人亦得加倍返還定金，以解除契約。惟此項解除須於相對人著手履行前為之，相對人已著手履行時，則不得再為此項解除權之行使（72台上85判例）。

2. 違約金

違約金，屬諾成的從契約，指為確保契約之履行為目的，當事人約定債務人於債務不履行時，應支付之金錢（§250）。違約金與定金在作用上，皆係為確保契約履行，但違約金性質上為諾成契約，且其標的物限於金錢，如約定違約應為金錢以外之給付者；則係「準違約金」。違約金除當事人另有訂定外，視為因不履行而生損害之賠償總額。其約定如債務人不於適當時期或不依適當方法履行債務時，即須支付違約金者，債權人除得請求履行債務外，違約金視為因不於適當時期或不依適當方法履行債務所生損害之賠償總額。但債務已為一部履行者，法院得比照債權人因一部履行所受之利益，減少違約金（§251）。

當約定之違約金額過高者，法院得減至相當之數額。另第250條至第252條規定，於約定違約時應為金錢以外之給付者亦得準用（§253）。

違約金可分二類：一為賠償性違約金，即以違約金作為債務不履行所生損害之賠償總額之意。故債權人所受損害，縱使超過約定違約金之數額，亦僅得請求違約金，不得更行請求賠償。一為懲罰性違約金，係當事人約定，債務人有不履行契約義務時，除支付違約金外，尚應負損害賠償責任。故除有違約金請求權外，尚得請求損害賠償。因對債權人之保障，更為有利，故須限於明示另有訂定之情形，始得認為係懲罰性違約金。違約金之種類，參見圖八：

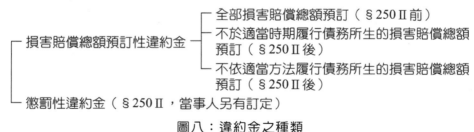

圖八：違約金之種類

（四）契約之解除

契約解除，指當事人之一方，因他方之契約不履行而行使解除權，使契約之效力溯及消滅，回復訂約前狀態之意思表示。

1. 給付遲延

第 255 條所稱依契約之性質或當事人之意思表示，非於一定時期為給付不能達其契約之目的之債，稱為期限利益之債。契約當事人之一方不按照時期給付者，他方當事人得不為催告，即可解除契約。而此條之非定期行為概念，與第 229 條第 2 項給付無確定期限相同；惟此仍須以可歸責於債務人之事由所致為限，且第 255 條係屬定期行為。

在非定期行為的情形，因契約未定期限，如當事人一方遲延給付者，他方欲解除契約者，必須先行催告，否則對他方當事人並不公平。第 254 條規定，「契約當事人之一方遲延給付者，他方當事人得定相當期限催告其履行，如於期限內不履行時，得解除其契約。」

2. 給付不能

債權人於有第 226 條因可歸責於債務人事由之給付情形時，得解除其契約（§256）。此為法定解除契約權，係因債務人可歸責於自己之事由而給付不能者，既已給付不能，縱使債權人催告亦不會變為給付可能，故債權人得解除契約。惟解除權之行使，不妨礙損害賠償之請求（§260）。

3. 解除權之行使

契約解除權為「形成權」，而消滅時效，僅以請求權為其客體，故就形成權所定之存續期間，並無時效之性質。解除權之行使，未定有期間者，他方當事人得定相當期限，催告解除權人於期限內確答是否解除；如逾期未受解除之通知，解除權即消滅（§257）。解除權之行使，應向他方當事人以意思表示為之；若契約當事人之一方有數人者，前項意思表示，應由其全體或向其全體為之。且解除契約之意思表示，不得撤銷（§258）。

4. 解除權之效力

依第 259 條規定，「契約解除時，當事人雙方回復原狀之義務，除法律另有規定或契約另有訂定外，依下列之規定：

(1) 由他方所受領之給付物，應返還之。

(2) 受領之給付為金錢者，應附加自受領時起之利息償還之。

(3) 受領之給付為勞務或為物之使用者，應照受領時之價額，以金錢償還之。

(4) 受領之給付物生有孳息者，應返還之。

(5) 就返還之物，已支出必要或有益之費用，得於他方受返還時所得利益之限度內，請求其返還。

(6) 應返還之物有毀損、滅失或因其他事由，致不能返還者，應償還其價額。」

解除權之行使，不妨礙損害賠償之請求（§260）。當事人因契約解除而生之相互義務，準用雙務契約效力（即第 264 條至第 267 條相關規定）。有解除權人，因可歸責於自己之事由，致其所受領之給付物有毀損、滅失或其他情形不能返還者，解除權消滅；因加工或改造，將所受領之給付物變其種類者亦同（§262）。

（五） 契約之終止

契約之終止，指繼續性契約當事人一方，因他方之契約不履行而行使終止權，使繼續性之契約關係向將來消滅之意思表示。終止權屬「形成權」，但其與解除權不同：

1. 契約解除使契約效力溯及消滅，第 259 條回復原狀為不當得利之特殊型態；而契約之終止並無溯及效力，其僅向將來消滅而已。

2. 解除權之行使有一般規定（§254~§262）；而契約之終止只有個別規定，例如於租賃、使用借貸、僱傭、承攬、委任、寄託等契約。

3. 時性契約無終止權之問題；繼續性契約原則上無解除權行使之問題，只有在其契約已成立生效，但尚未開始履行前，始有解除權行使之問題，開始履行後則僅有終止權之適用。

第 258 條及第 260 條有關解除權之行使及契約解除權之效力等規定，於當事人依法律之規定終止契約者準用之（§263）。

（六） 雙務契約之效力

雙務契約，指雙方當事人互負對價關係之債務契約。其當事人互為債權人及債務人，而對價係指債權債務間互為因果，互為報償，且彼此牽連。影響所及，衍生出「同時履行抗辯權」及「危險負擔」等法律關係。

同時履行抗辯權，指雙務契約當事人，於他方當事人未為對待給付前，得拒絕自己給付之謂。拒絕自己之給付，目的在迫使他方同時履行，確保自己債權之實現，並避免無謂之損失，較具有擔保債權實現之作用。例如，張三向李四購買土地一筆，李四得基於買賣契約之價金給付請求權，請求張三給付該地之價金。但因李四尚未使張三取得乙地之所有權，故於李四移轉乙地所有權予張三前，李四得主張同時履行抗辯權。

同時履行抗辯權的適用範圍，原則上限於雙務契約之對價債務，但為維護當事人之權益，通說將其適用範圍予以放寬，凡當事人互負債務，而其債務雖未立於對價關係上，但二者間具有履行上之牽連者，亦可類推適用民法同時履行抗辯權之規定（§264）。然他方當事人已為部分之給付時，依其情形，如拒絕自己之給付有違背誠實及信用方法者，不得拒絕自己之給付。

廣義同時履行抗辯權尚有一種特殊的「不安抗辯權」，指雙務契約之當事人有先為給付之義務者，固無同時履行抗辯權，惟他方之財產於訂約後顯形減少，有難為對待給付之虞時，如仍令一方給付，無異強制其接受損失之危險，故有此抗辯權之規定。如他方未為對待給付或提出擔保前，得拒絕自己之給付，而此不安抗辯權目的在補充同時履行抗辯權之不足（§265）。

因不可歸責於雙方當事人之事由，致一方之給付全部不能者，他方免為對待給付之義務；如僅一部不能者，應按其比例減少對待給付；若已為全部或一部之對待給付者，得依關於不當得利之規定，請求返還（§266）。另當事人之一方因可歸責於他方之事由，致不能給付者，得請求對待給付（§267）；但其因免給付義務所得之利益或應得之利益，均應由其所得請求之對待給付中扣除之。

（七）涉他契約

第三人負擔契約，係指以第三人之給付為標的之契約。例如：張三與旅行社約定，由第三人李四對旅行社給付旅行費用；若第三人李四不為給付時，張三即應負損害賠償責任，自行給付該旅遊行為之相關費用。第三人負擔契約係當事人約定由第三人對他方為給付，故其契約效力仍係存於契約當事人之間，第三人並不因此而受契約效力之影響，債權人亦不因此對第三人有給付請求權。惟債務人須擔保第三人為給付，如第三人不為給付時，不問債務人是否具有可歸責之事由，皆應負債務不履行責任。第 268 條規定，「契約當事人之一方，約定由第三人對於他方為給付者，於第三人不為給付時，應負損害賠償責任。」

涉他契約以是否對第三人有利與否，可再分出「利他契約」，或稱「第三人利益契約」，指當事人以契約約定，債務人向第三人為給付，其契約所生之債權直接歸屬於第三人之契約。此時第三人雖非契約當事人，但其因契約當事人之第三人利益約款而取得契約債權，故其得向債務人請求直接給付，惟其仍非契約當事人，故其不負任何給付義務。而第三人對於前項契約，未表示享受其利益之意思前，當事人得變更其契約或撤銷之。且第三人對於當事人之一方表示不欲享受其契約之利益者，視為自始未取得其權利（§269）。續行前例所述，若張三與李四約定，由李四對第三人旅行社給付旅遊所生之相關費用。故於張三出遊後，此

時除張三得請求李四向旅行社為該給付外；旅行社對李四，亦有直接請求給付旅遊行為所產生相關費用之權利。另債務人，亦得以由契約所生之一切抗辯，對抗受益之第三人（§270）。

第四節　多數債務人及債權人

一、可分之債

　　第271條規定，數人負同一債務或有同一債權，而其給付可分者，除法律另有規定或契約另有訂定外，應各平均分擔或分受之。可分之債，應於平均分擔後，各就其分擔之部分負清償之責，不能就他人於平均分擔後已清償之餘額，再主張平均分擔。其給付本不可分而變為可分者，亦同。

二、連帶之債

（一）連帶債務

　　連帶債務之成立，以法律有規定者為限。若數人負同一債務，明示對於債權人各負全部給付之責任者，為連帶債務（§272）。例如，張三、李四及王五對趙六共同負擔 10 萬元之連帶債務，因張三財產較多，故趙六向張三請求給付，張三對趙六清償後，得依連帶債務之本旨，轉向李四及王五求償。

1. 對外關係

　　連帶債務之債權人，得對於債務人中之一人或數人或其全體，同時或先後請求全部或一部之給付。連帶債務未全部履行前，全體債務人仍負連帶責任（§273）。

(1) 絕對效力事項：連帶債務人中之一人為清償、代物清償、提存、抵銷或混同而債務消滅者，他債務人亦同免其責任（§274）。其中之一人受確定判決，而其判決非基於該債務人之個人關係者，為他債務人之利益，亦生效力（§275）。債權人向連帶債務人中之一人免除債務，而無消滅全部債務之意思表示者，除該債務人應分擔之部分外，他債務人仍不免其責任；此規定，於連帶債務人中之一人消滅時效已完成者準用之（§276）。連帶債務人中之一人，對於債權人有債權者，他債務人以該債務人應分擔之部分為限，得主張抵銷（§277）。債權人對於連帶債務人中之一人有遲延時，為他債務人之利益，亦生效力（§278）。

(2) 相對效力事項：就連帶債務人中之一人所生之事項，除第 273 條至第 277 條規定或契約另有訂定者外，其利益或不利益，對他債務人不生效力（§279）。

2. 對內關係

連帶債務人相互間，除法律另有規定或契約另有訂定外，應平均分擔義務。但因債務人中之一人應單獨負責之事由所致之損害及支付之費用，由該債務人負擔（§280）。連帶債務人中之一人，因清償、代物清償、提存、抵銷或混同，致他債務人同免責任者，得向他債務人請求償還各自分擔之部分，並自免責時起之利息；且求償權人於求償範圍內，承受債權人之權利。但不得有害於債權人之利益（§281）。若其中之一人，不能償還其分擔額者，其不能償還之部分，由求償權人與他債務人按照比例分擔之（§282）。但其不能償還，係由求償權人之過失所致者，不得對於他債務人請求其分擔。數人負同一債務，而其給付不可分者，準用關於連帶債務之規定（§292）。

（二）連帶債權

數人依法律或法律行為，有同一債權，而各得向債務人為全部給付之請求者，為連帶債權（§283）。

1. 對外關係

連帶債權之債務人，得向債權人中之一人，為全部之給付（§284）。

(1) 絕對效力事項：連帶債權人中之一人為給付之請求者，為他債權人之利益，亦生效力（§285）。因連帶債權人中之一人，已受領清償、代物清償、或經提存、抵銷、混同而債權消滅者，他債權人之權利，亦同消滅（§286）。其中之一人，受有利益之確定判決者，為他債權人之利益，亦生效力；受不利益之確定判決者，如其判決非基於該債權人之個人關係時，對於他債權人，亦生效力（§287）。但連帶債權人中之一人，向債務人免除債務者，除該債權人應享有之部分外，他債權人之權利，仍不消滅；此規定，於連帶債權人中之一人消滅時效已完成者準用之（§288 II）。連帶債權人中之一人有遲延者，他債權人亦負其責任（§289）。

(2) 相對效力事項：就連帶債權人中之一人所生之事項，除第 285 條至第 289 條規定或契約另有訂定者外，其利益或不利益，對他債權人不生效力（§290）。

2. 對內關係

連帶債權人相互間，除法律另有規定或契約另有訂定外，應平均分受其利益（§291）。債權人中一人所生事項之效力，請參照連帶債權第 285 條至第 290 條之相關規定。

三、不可分之債

數人有同一債權，而其給付不可分者，各債權人僅得請求向債權人全體為給付，惟不必債權人全體共同請求給付，債務人亦僅得向債權人全體為給付。除前項規定外，債權人中之一人與債務人間所生之事項，其利益或不利益，對他債權人不生效力（§293）。債權人相互間，準用第 291 條之規定。

第五節　債之移轉

一、債權讓與

（一）意義

於「債之同一性」的前提之下，債權人與相對人合意將債權移轉於相對人之現象，稱債之讓與。讓與合意一致後，債權由讓與人移轉至受讓人，發生與物權處分相同的效力，債權讓與契約，學說上稱「準物權契約」，但須具處分權始得為債權讓與。

在契約自由原則及私有財產權制度下，原則上債權人得將債權讓與第三人，例外情況有三：1.依債權性質不得讓與；2.依當事人特約不得讓與；3.債權屬禁止扣押者，不得讓與。然不得讓與之特約，不得以之對抗善意第三人（§294）。而依債權性質不得讓與者，包括法律明文規定不得讓與、不作為債務之相對債權、以人格信賴為基礎之債權、從權利債權等。

（二）效力

1. 對內效力

讓與債權時，除與讓與人有不可分離之關係者，該債權之擔保及其他從屬之權利，隨同移轉於受讓人（§295）。所謂從屬之權利，係指從屬於主債權之權利，例如擔保物權、保證債權、利息債權、違約金債權及損害賠償債權等。如債權之擔保權利隨同移轉於受讓人，對於為擔保之保證債務人，祇須經讓與人或受讓人以此事由而為通知即生效力，不以債務人另立書據承認為其要件。至於未支付之利息，推定其隨同原本移轉於受讓人（§295Ⅱ）；惟得舉證推翻。第 296 條

規定，「讓與人應將證明債權之文件，交付受讓人，並應告以關於主張該債權所必要之一切情形。」

2. 對外效力

　　債權之讓與，原則上非經讓與人或受讓人通知債務人，對於債務人不生效力。若受讓人將讓與人所立之讓與字據提示於債務人者，則與通知有同一之效力（§297）。而於表見讓與情況下，讓與人已將債權之讓與通知債務人者，縱未為讓與或讓與無效，債務人仍得以其對抗受讓人之事由，對抗讓與人（§298）；但此前項通知，非經受讓人同意，不得撤銷。債務人於受通知時，所得對抗讓與人之事由，皆得以之對抗受讓人；對於讓與人有債權者，如其債權之清償期，先於所讓與之債權或同時屆至者，債務人得對於受讓人主張抵銷（§299）。

二、債務承擔

（一）意義

　　債之同一性前提下，以移轉債務之標的，所為之合意，稱為「債務承擔」。債務之承擔與保證債務不同，保證債務，為於他人不履行債務時代負履行責任之從債務，該他人仍為主債務人，原則上保證人於債權人未就主債務人之財產強制執行而無效果前，對於債權人得拒絕清償。債務之承擔，則係債務之移轉，原債務人已由債之關係脫退，僅由承擔人負擔債務。故承擔人縱令曾與原債務人約明將來清償債務之資金，仍由原債務人交付承擔人向債權人清償，亦不得以之對抗債權人。

（二）效力

1. 對內效力

　　第三人與債務人訂立契約承擔其債務者，非經債權人承認，對於債權人不生效力（§301）。第三人與債務人訂立債務承擔契約，如未經債權人承認，僅對債權人不生效力而已，非謂訂約之當事人不受其拘束，債務人或承擔人如欲撤銷此項承擔契約，必須踐行第302條定期催告債權人承認之程序，待債權人拒絕承認後，始得撤銷其承擔契約。

2. 對外效力

　　第三人與債權人訂立契約承擔債務人之債務者，其債務於契約成立時，移轉於該第三人（§300）。債務人因其法律關係所得對抗債權人之事由，承擔人亦得以之對抗債權人。但不得以屬於債務人之債權為抵銷。但承擔人因其承擔債務之

法律關係所得對抗債務人之事由，不得以之對抗債權人（§303）。除與債務人有不可分離之關係者，從屬於債權之權利，不因債務之承擔而妨礙其存在。而由第三人就債權所為之擔保，除該第三人對於債務之承擔已為承認外，因債務之承擔而消滅（§304）。

就他人之財產或營業，概括承受其資產及負債者，因對於債權人為承受之通知或公告，而生承擔債務之效力（§305）。於此情形，債務人關於到期之債權，自通知或公告時起，未到期之債權，自到期時起，2年以內，與承擔人連帶負其責任。營業與他營業合併，而互相承受其資產及負債者，則與概括承受同，其合併之新營業，對於各營業之債務，負其責任（§306）。

第六節　債之消滅

債之關係因某種原因，而客觀的失其存在，稱為債之消滅。而債總所規定之清償、提存、抵銷、免除、混同等，僅為共通之重要原因；於債各常另有特別規定。

一、通　則

債之關係消滅者，其債權之擔保及其他從屬之權利亦同時消滅（§307）。而債之全部消滅者，債務人得請求返還或塗銷負債之字據，其僅一部消滅或負債字據上載有債權人他項權利者，債務人得請求將消滅事由，記載列入字據（§308）。

二、清　償

「清償」、「給付」與「履行」的概念並不相同，債之清償，指債之存續關係因清償而消滅；債之給付，指債之標的因給付而滿足；債之履行，指債之效力因履行而發生。

清償人可包括債務人或第三人，依債務本旨實現債務內容，經受領後，債之關係因而消滅之行為，稱為債之清償。第309條第1項規定，「依債務本旨，向債權人或其他有受領權人為清償，經其受領者，債之關係消滅。」除債務人已知或因過失而不知其無權受領者外，持有債權人簽名之收據者，視為有受領權人。

債之清償，除當事人另有訂定或依債之性質不得由第三人清償者，得由第三人為之（§311）；但除第三人就債之履行有利害關係者，債權人不得拒絕外，第三人之清償，債務人有異議時，債權人得拒絕其清償。

　　向第三人為清償，經其受領者，除下列情形外，於債權人因而受利益之限度內，有清償之效力。1.經債權人承認或受領人於受領後取得其債權；2.受領人係債權之準占有人者，以債務人不知其非債權人者為限，有清償之效力（§310）。而就債之履行有利害關係之第三人為清償者，於其清償之限度內承受債權人之權利，但不得有害於債權人之利益（§312）。承受權利之第三人者，準用第297條有關讓與通知及第299條有關讓與通知時抗辯權及抵銷權之援用等規定。

三、提　存

　　清償人以消滅債務為目的，將其給付物為債權人寄託於提存所之行為，稱「提存」，須提存人與提存所具有提存合意為要件，性質上屬於「第三人利益契約」性質之寄託契約；而提存之主要目的在於補救受領遲延制度之不足。

　　債權人受領遲延，或不能確知孰為債權人而難為給付者，清償人得將其給付物，為債權人提存之（§326）。提存應於清償地之提存所為之（§327）；而提存標的物，以動產為限。但若給付物不適於提存，或有毀損滅失之虞，或提存需費過鉅者，清償人得聲請清償地之法院拍賣，而提存其價金之（§331）。給付物有市價者，該管法院得許可清償人照市價出賣，而提存其價金（§332）。惟提存拍賣及出賣之費用，由債權人負擔（§333）。

　　提存後，給付物毀損、滅失之危險，由債權人負擔，債務人亦無須支付利息，或賠償其孳息未收取之損害（§328）。債權人得隨時受取提存物，因不能確知孰為債權人而難為給付者，除有雙務契約債權人未為對待給付或提出相當擔保之情形外，不得限制債權人隨時受取提存物（§329）。但債權人關於提存物之權利，應於提存後10年內行使之，逾期其提存物歸屬國庫（§330）。

四、抵　銷

　　二人互負債務，而其給付種類相同，並均屆清償期者，各得使其債務，與他方債務於相等數額內同歸消滅之一方意思表示，稱之為「抵銷」。抵銷為有相對人之單獨行為，屬於形成權。債務之抵銷，以雙方當事人互負債務為必須具備之要件，若一方並未對他方負有債務，則根本上即無抵銷之可言。除須彼此互負債務，亦須其給付種類相同，並均屆清償期。而抵銷之意思表示，若附有條件或期限，無效（§335Ⅱ）。

　　第334條規定，「除依債之性質不能抵銷或依當事人之特約不得抵銷者外，二人互負債務，而其給付種類相同，並均屆清償期者，各得以其債務，與他方之債務，互為抵銷。但不得對抗善意第三人。」抵銷不以雙方之債權明確為要件，故損害賠償債權當事人間，雖於其成立或範圍有所爭執，亦非必俟判決確定後始

得抵銷。而抵銷固使雙方債務溯及最初得為抵銷時消滅，惟雙方互負得為抵銷之債務，並非當然發生抵銷之效力，必一方對於他方為抵銷之意思表示而後雙方之債務乃歸消滅（§335 I）。

縱使是清償地不同之債務，亦得為抵銷。但為抵銷之人，應賠償他方因抵銷而生之損害（§336）。若債之請求權雖經時效而消滅，如在時效未完成前，其債權已適於抵銷者，亦得為抵銷（§337）。

禁止扣押之債及因故意侵權行為而負擔之債，其債務人不得主張抵銷（§338、§339）。至於受債權扣押命令之第三債務人，於扣押後，始對其債權人取得債權者，不得以其所取得之債權與受扣押之債權為抵銷（§340）。另若約定應向第三人為給付之債務人，亦不得以其債務，與他方當事人對於自己之債務為抵銷（§341）。有關清償之指定抵充（§321）、法定抵充（§322）、抵充之順序（§323），於抵銷時亦得準用（§342）。

五、免 除

債權人向債務人表示免除其債務之意思者，債之關係消滅（§343）。債權人向債務人表示免除債權之全部或一部者，則其全部或一部債之關係即應消滅，債務人對於免除部分之債自得為消滅之抗辯。然債務之免除與否，屬於債權人之自由，債務人決不能以其片面之意思，強迫債權人免除。且當事人資力如何，係屬執行問題，與債權數額應否讓免，不生影響。法院亦不得反於債權人之意思，而為強制免除之判斷。

六、混 同

債權與其債務同歸一人時，債之關係消滅。但其債權為他人權利之標的或法律另有規定者，不在此限（§344）。例如債權債務雖歸於同一人，惟該債權已被設定權利質權，如今其消滅，將影響質權之存立，故例外認其不消滅。

第二章　各種之債

債編的立法體系，除了第一章「通則」外，第二章規定「各種之債」，共有27種「有名契約」，形成債各的法律關係，一般稱「契約的效力」，各種不同的契約，雙方當事人的權利義務規定均不同，債權人及債務人的主張包括請求權、支配權、形成權及抗辯權等。原則上債法的性質屬「任意性」法規，只要不違背法律強行規定，當事人在「契約自由原則」下，得自行約定各種類型的契約，稱為「無名契約」。債各在1999年修正時，重點如下：

1. 延展買受人因物之瑕疵而得解除契約或請求減少價金權利之消滅時效（§365）。

2. 在租賃部分，包括租用基地建築房屋之承租人得請求出租人為地上權登記（§422-1）、買賣不破租賃之除外規定（§425-1）、基地所有人有優先承買權（§426-2）、增設耕作地出租人出賣或出典耕作地時之承租人優先承買或承典權（§460-1）。

3. 僱用人對於受僱人負保護義務（§483-1）。

4. 居間營業者調查義務（§565）。

5. 「混藏寄託」之規定（§603-1）。

6. 縮短物品之運送，因喪失、毀損或遲到而生之賠償請求權時效（§623）。

7. 在保證部分，包括保證人之權利不得預先拋棄（§739-1）、保證人得以主債務人對於債權人之債權主張抵銷（§742-1）。

8. 增訂第八節之一旅遊，規定旅客與旅遊業者間之法律關係（§514-1~§514-12）。

9. 增訂第十九節之一合會，明確規定民間金融制度之權利義務（§709-1~§709-9）。

10. 增訂第二十四節之一人事保證（§756-1~§756-9）。

　　2009 年修正公布第 687 條及第 708 條，配合親屬編修法，將「禁治產」改為「監護」。2010 年修正公布第 746 條第 2 款，有關保證契約成立後，主債務人之住所、營業所或居所有變更，致向其請求清償發生困難者，保證人原即喪失先訴抗辯權，其結果對保證人保護造成嚴重影響，主債各人亦可透過變更往所等方式，退居第二線責任，實不公平。另亦增訂第 753-1 條：「因擔任法人董事、監察人或其他有代表權之人而為該法人擔任保證人者，僅就任職期間法人所生之債務負保證責任。」以處理企業董監事改選後免除保證責任的問題。

　　「各種之債」規定第一節至第二十四節，包括：買賣（§345~§397）、互易（§398、§399）、交互計算（§400~§405）、贈與（§406~§420）、租賃（§421~§463）、借貸（§464~§481）、僱傭（§482~§489）、承攬（§490~§513）、旅遊（§514-1~§514-12）、出版（§515~§527）、委任（§528~§552）、經理人及代辦商（§553~§564）、居間（§565~§575）、行紀（§576~§588）、寄託（§589~§612）、倉庫（§613~§621）、運送（§622~§659）、承攬

運送（§660~§665）、合夥（§667~§699）、隱名合夥（§700~§708）、合會
（§709-1~§709-9）、指示證券（§710~§718）、無記名證券（§719~§728）、
終身定期金（§729~§735）、和解（§736~§738）、保證（§739~§755）、人事
保證（§756-1~§756-9）等。分析「各種之債」各節規定，其中有二十五種屬
於契約法律關係，第二十節指示證券與第二十一節無記名證券，性質上為單獨行
為，並非契約，參見表五：債各契約之性質、圖九：債各契約之類型。本書說明
買賣、贈與、租賃、借貸、僱傭、承攬、旅遊、委任、合夥、合會、保證、人事
保證等重要債各內容。

表五：債各契約之性質

各種契約 性　　質	有　償	無　償	雙　務	單　務	諾　成	要　物	要　式	不要式
買賣	✓		✓		✓			✓
互易	✓		✓		✓			✓
交互計算	✓		✓		✓			✓
贈與		✓		✓	✓			✓
租賃	✓		✓		✓		⑥	✓
使用借貸		✓		✓		✓		✓
消費借貸	①			✓		✓		✓
僱傭	✓		✓		✓			✓
承攬	✓		✓		✓			✓
旅遊	✓		✓		✓			✓
出版	②		①~②		✓			✓
委任	③		①~③		✓			✓
經理人	✓		✓		✓			✓
代辦商	✓		✓		✓			✓
居間	✓		✓		✓			✓
行紀	✓		✓		✓			✓
寄託	④		①~④			✓		✓
倉庫	✓		✓			✓		✓
運送營業	✓		✓		✓			✓
承攬運送	✓		✓		✓			✓

表五：債各契約之性質（續）

各種契約 性　　質	有　償	無　償	雙　務	單　務	諾　成	要　物	要　式	不要式
合夥	✓		✓		✓		✓	✓
隱名合夥	✓		✓		✓		✓	✓
合會	✓		✓		✓		✓	✓
終身定期金	⑤		①～⑤		✓		✓	✓
和解	✓		✓		✓		✓	✓
保證		✓		✓	✓		✓	✓
人事保證		✓		✓	✓		✓	✓

說明：1.～5.依當事人間約定；6.例外須依一定方式。

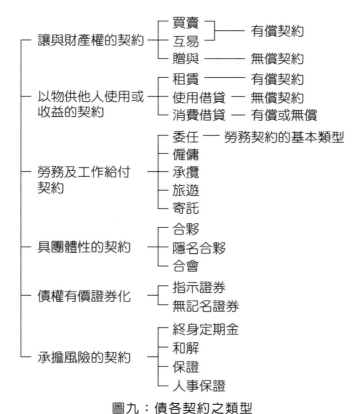

圖九：債各契約之類型

第一節　買　賣

買賣與委任是債各最重要的契約類型，可分金錢和勞務不同的給付，買賣是請求相對人作為或不作為之財產給付，委任是以勞務給付為主。若於 27 類有名契約內未規定，則應依其性質準用或適用「買賣」或「委任」契約。例如，互易準用買賣（§398）；行紀適用委任（§577）；消費寄託準用消費借貸（§602）；倉庫準用寄託（§614）；承攬運送準用行紀（§660Ⅱ）等。

買賣契約舉例而言，張三向電腦賣場之業務員李四購買 iPhone，張三同意支付價金給電腦賣場，而李四同意將交付 iPhone 給張三，張三與賣場間即成立買賣契約。

一、意　義

買賣，指當事人約定一方（出賣人）移轉財產權於他方（買受人），而他方支付價金之契約（§345Ⅰ）。當事人間就財產權標的及其價金互相同意時，買賣契約即告成立（§345Ⅱ）。所謂財產權，包括債權、物權及無體財產權。支付價金，指以一定之金錢為對待給付。價金約定依市價之買賣契約，以標的物清償時、清償地之市價為基準。若價金未具體約定，但依情形可得而定者，視為定有價金（§346）。

由於買賣為典型的有償契約，買賣所規定的條文，在買賣契約以外的有償契約都準用之，但為其契約性質所不許者，不在此限（§347）。

買賣契約有預約與本約之分別，而預約係約定將來訂立一定契約（本約）之契約，兩者性質及效力不同。預約權利人僅得請求對方履行訂立本約之義務，不得逕依預定之本約內容請求履行。買賣預約得就標的物及價金之範圍先為擬定，作為將來訂立本約之範本，但不能因此即認買賣本約業已成立。若將來係依所訂之買賣契約（預約）履行而無須另訂本約者，則為本約。

例如，兩造訂立「土地買賣預約書」，但除買賣坪數、價金、繳納價款、移轉登記期限等均經明確約定，非但並無將來訂立買賣本約之約定，且絕大多數條文均為雙方依所訂契約履行之約定，則屬本約而非買賣預約。

在強制執行程序的「拍賣」，亦為買賣方法之一種，關於出賣人所為允為出賣之意思表示（拍定），應由執行法院為之，如執行法院於拍賣時就應買之出價未為拍定之表示，雙方之意思表示自未合致，即不能認以拍賣為原因之買賣關係業已成立。

二、效　力

買賣並非單方的處分行為，其契約標的包括動產或權利，如物權、債權、準物權及無體財產權等，而出賣人及買受人的效力參見圖十：

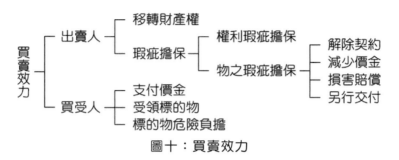

圖十：買賣效力

1. 出賣人效力

(1) 移轉財產權：買賣契約，以移轉財產權為目的，物之出賣人，負有物交付於買受人，並使其取得該物所有權之義務（§348 I）；權利之出賣人，負有使買受人取得其權利之義務（§348 II 前段）。

物之出賣人負有將標的物交付於買受人，並使其取得該物所有權之義務。而其交付，不論現實交付或觀念交付均可。買賣標的物為動產者，依第 761 條規定：「動產物權之讓與，非將動產交付，不生效力。但受讓人已占有動產者，於讓與合意時，即生效力。」包括讓與意思合致及物之交付。

對不動產而言，依第 946 條第 1 項規定，占有之移轉，因占有物之交付而生效力。且因占有為單純之事實，不得為確認之訴標的。故出賣人之主給付義務為交付標的物及移轉所有權。於不動產買賣中，違反登記義務亦可解除買賣契約。而權利之出賣人，負使買受人取得其權利之義務。所謂權利，指所有權以外之權利。權利為買賣標的，並沒有具體的有體物可以交付。

(2) 瑕疵擔保：瑕疵擔保，指出賣人應擔保買賣標的完整無缺，包括權利的瑕疵擔保及物的瑕疵擔保。說明如下：

① 權利瑕疵擔保：包括權利無缺及權利存在之擔保，前者指出賣人應擔保第三人就買賣之標的物，對於買受人不得主張任何權利（§349），後者，指債權或其他權利之出賣人，應擔保其權利確係存在。有價證券之出賣人，並應擔保其證券未因公示催告而宣示無效（§350）。

　　權利瑕疵需於買賣成立前即告存在，於買賣履行時尚未除去，並僅針對不知已有瑕疵之善意買受人。而權利瑕疵之擔保則需排除權利為他人所有、有債權之負擔、定限物權或使用限制等權利瑕疵。出賣人不履行瑕疵擔保之義務者，買受人得依關於債務不履行之規定，行使其權利（§353）。視權利瑕疵之內容，在權利無缺之擔保時，買受人得依給付不能之規定行使權利，即全部不能時請求損害賠償，一部不能時，如其他部分之給付，於買受人無利益時，買受人得拒絕該部分之給付，而請求全部不履行之損害賠償，或解除契約而請求損害賠償，如有違約金之約定，得請求違約金。

　　而在權利存在之擔保，如債權或其他權利不存在時，為自始不能，本應使契約歸為無效，因買賣契約之有償性，準用債務不履行之法律效果，於出賣人負權利瑕疵擔保之責任時，買受人得依給付不能之規定，請求損害賠償或解除契約並請求損害賠償；若有違約金約定，亦得請求違約金。另買賣契約亦設有加重責任（§351）及減免責任（§366）等相關規定。

② 物之瑕疵擔保：包括交換價值之瑕疵擔保及效用之瑕疵擔保，第 354 條規定：「物之出賣人對於買受人，應擔保其物依第 373 條之規定危險移轉於買受人時無滅失或減少其價值之瑕疵，亦無滅失或減少其通常效用或契約預定效用之瑕疵。但減少之程度，無關重要者，不得視為瑕疵。出賣人並應擔保其物於危險移轉時，具有其所保證之品質。」

　　出賣人負物之瑕疵擔保只需權利瑕疵於危險移轉時存在，不問其於契約成立時是否存在；但須買受人為善意並無重大過失（§355 I），而且買受人依通常程序從速檢查其所受領之物（§356 I）。但買受人怠於通知出賣人得即時發現之瑕疵，除依通常之檢查不能發見之瑕疵外，則視為承認其所受領之物。依第 358 條前 2 項規定，買受人對於送到之標的物，主張有瑕疵，而不願受領者，買受人有暫為保管之責；且若買受人不即依相當方法證明其瑕疵之存在者，則推定於受領時為無瑕疵。

　　出賣人應負買賣物瑕疵擔保責任時，買受人有下列四種選擇：

a. 解除契約：但為免出賣人損失過鉅，解約權設有限制，若解除契約，顯失公平時，買受人僅得請求減少價金，不得解除契約（§359）；而買賣之數物中，一物有瑕疵者，買受人僅得就瑕疵之物為解除；從物有瑕疵者，買受人僅得就從物之部分為解除（§362）。

　　b. 減少價金：買受人得請求減少價金，而不解除契約（§359）。

　　c. 損害賠償：買賣之物，缺少出賣人所保證之品質者，買受人得不解除契約或請求減少價金，而請求不履行之損害賠償；出賣人故意不告知物之瑕疵者亦同（§360）。

　　d. 另行交付：買賣之物，僅指定種類者，如其物有瑕疵，買受人得不解除契約或請求減少價金，而即時請求另行交付無瑕疵之物。但仍得就此契約不履行之損害賠償標的物負擔保之責（§364）。

2. 買受人之效力

(1) 支付價金：買受人對於出賣人，有交付約定價金及受領標的物之義務（§367）；但契約另有訂定者或買受人有正當理由，恐第三人主張權利，致失其因買賣契約所得權利之全部或一部者，除非出賣人已提出相當擔保，買受人得拒絕支付價金之全部或一部或請求買受人提存價金，以保全其利益。

　　價金之交付時期，原則上應與買賣標的物之交付，同時為之（§369）；而交付處所，視標的物與價金是否同時交付。同時交付者，其價金應於標的物之交付處所交付（§371）；非同時交付者，以給付特定物為標的者則於訂約時其物所在地；而其他之債則於債權人之住所地為之（§314）。

(2) 受領標的物：買受人對於出賣人，有受領標的物之義務（§367），經出賣人給付，而買受人拒絕受領標的物者，應負受領遲延責任。而買賣費用之負擔，依第378條規定，買賣契約之費用由當事人雙方平均負擔，移轉權利、運送標的物至清償地及交付之費用由出賣人負擔，受領標的物、登記及送交清償地以外處所之費用，則由買受人負擔。

(3) 標的物危險負擔：買賣標的物之利益及危險，自交付時起，均由買受人承受負擔（§373）。除因物之瑕疵由買受人暫為保管外，若送到之物易於敗壞，買受人經依相當方法之證明，得照市價變賣之；另如有必要，為出賣人之利益亦有變賣瑕疵物之義務。變賣係指一種買賣標的物之換價程序，其較拍賣簡便，為免損失之擴大，賦予買受人變賣權，以減輕當事人對標的物之危險負擔。

三、買　回

　　買回契約，或稱再買賣契約，指出賣人以將來買回其所出賣之標的物為目的，於買賣契約中「保留買回」標的物權利，本質上是一種「再買賣」的法律關係。出賣人於買賣契約保留買回之權利者，得返還其所受領之價金，而買回其標的物（§379）。

　　買回之性質通說採「再買賣說」，買回期限原則為 5 年（§380）。買回人（出賣人）有支付價金買回標的物之義務，至於原價金之利息，與買受人就標的物所得之利益，視為互相抵銷（§379）。買回人應償還買受人為增加標的物價值之改良行為所支出之費用及其他有益費用，但以現存之增價額為限（§382）。

四、特種買賣

　　特種買賣在債各規定四種，說明如下：

1. 試驗買賣

　　指買賣契約雖然成立，然須經買受人將標的物加以試驗，認為適當滿意予以承認後，才會產生效力之契約（§384）。試驗買賣以買受人之承認標的物為停止條件，試驗買賣之出賣人，有許買受人試驗其標的物之義務（§385）。如買受人承認，條件成就，買賣契約即生效，若標的物經試驗而未交付者，買受人於約定期限或無約定期限於出賣人所定之相當期限內，未就標的物為承認之表示，視為拒絕（§386、§387）。

2. 貨樣買賣

　　約定貨樣買賣，視為出賣人擔保其交付之標的物與貨樣有同一之品質，如標的物不具備貨樣之品質時，應負瑕疵擔保責任（§388），買受人得請求不履行之損害賠償（§360）。

3. 分期付價買賣

　　分期付價買賣，指買賣價金由當事人約定分為若干部分，而分季、月或年定期支付之買賣契約，如約定買受人有遲延時，出賣人得即請求支付全部價金者，需買受人遲付之價額已達全部價金五分之一（§389）。但如約定出賣人於解除契約時，得扣留其所受領之價金者，其扣留之數額，不得超過標的物合理使用下所得收益之代價，及標的物受有損害時之賠償額（§390）。

　　分期付價買賣之標的物所有權，於交付時即歸買受人所有，而附條件買賣契約則為當事人約定出賣人於全部價金受清償前，保留標的物所有權，以為價金債權之擔保之契約。

4. 拍賣

此謂之拍賣屬於任意契約的一種，與強制執行所規定的強制拍賣不同，其係由多數應買人公開出價競爭，而與出價最高者與之訂約之買賣契約，契約因拍賣人拍板、按鈴或依其他慣用之方法為賣定之表示而成立（§391）。拍賣人公告拍賣標的物及日期、處所等拍賣表示，係要約之引誘，應買人出價應買，始為買賣之要約。應買人所為應買之表示，自有出價較高之應買或拍賣物經撤回時，始失其拘束力（§395）。除拍賣之委任人有反對之意思表示外，拍賣人得將拍賣物拍歸出價最高之應買人（§393），拍賣人對於應買人所出最高之價，認為不足者，得不為賣定之表示而撤回其物（§394）。拍賣之買受人如不按時以現金支付價金者，拍賣人得解除契約，將其物再為拍賣。原買受人應負賠償再行拍賣所得價金少於原拍賣價金及再行拍賣費用之差額責任（§396、§397）。

第二節　贈　與

一、贈與成立

贈與契約，指當事人間約定，一方（贈與人）以自己之現在及將來之財產，無償給與他方（受贈人），經他方允受的契約（§406）。贈與發生時，僅贈與人對受贈人負無對價贈送給予財產之義務，受贈人並無義務，為無償契約及單務契約的典型。在雙方意思表示一致時，贈與成立生效。即使非經登記不得移轉之財產（例如船舶是動產，但採登記轉讓主義），成為贈與標的物，贈與人也應受限於贈與契約，而有移轉登記，促使贈與生效之義務。

二、給付義務

贈與契約成立後，贈與人應依法給付贈與物與受贈人。但於贈與物之權利未移轉前，贈與人得撤銷其贈與。若贈與人於贈與約定後，其經濟狀況顯有變更，亦得拒絕贈與之履行（§418）。至於受贈人則得依第409條，請求贈與人交付贈與物，若因可歸責於贈與人之事由致給付不能時，受贈人亦得請求賠償不含遲延利息或其他不履行之損害賠償在內之贈與物價額。

三、贈與人責任

贈與係無償契約，贈與人並未享有利益，應減輕其責任，當贈與標的物在未交付以前滅失毀損者，贈與人僅就故意或重大過失，負給付不能之責任（§410）。但贈與行為一經成立，如非附有限制，受贈人即有自由處分贈與物之權

利。另若贈與物或權利，如有瑕疵，贈與人原則上不負擔保責任。但贈與人故意不告知其瑕疵，或保證其無瑕疵者，對於受贈人因瑕疵所生之損害，應負賠償之義務（§411）。

四、撤　銷

贈與既為無償的單務契約，且為非要式契約，故在贈與物之權利未交付之前，贈與人得向受贈人以意思表示「撤銷」其贈與，其一部已交付者，得就其未交付部分撤銷，並得依關於不當得利之規定，請求返還贈與物。不過，依第 408 條第 2 項規定，經公證之贈與，或為履行道德上義務而為贈與者，原則上，不得撤銷，且撤銷權，因受贈人之死亡而消滅。不得撤銷的規定，在動產或不動產贈與，均適用之。

五、附負擔贈與

附有負擔之贈與，指贈與契約附有約款，使受贈人負擔應為一定給付之債務者。而受贈人若於贈與人已為給付後不履行其負擔時，贈與人得依第 412 條規定撤銷贈與。若負擔以公益為目的者，於贈與人死亡後，主管機關或檢察官得請求受贈人履行其負擔。但贈與不足償還其負擔者，受贈人僅於贈與之價值限度內，有履行其負擔之責任。

舉例而言，張三於答應其友李四之要求，立下字據，將自己所有價值 1 萬元之 3C 產品贈送給李四。張三為贈與人，李四為受贈人，贈與物為 3C 產品，而張三所立之字據即為贈與單務契約。

第三節　租　賃

一、意　義

租賃，是由當事人間約定，一方以物租與他方使用收益，他方支付租金，租金得以金錢或租賃物的孳息充之（§421）。而且權利租賃準用租賃（§463-1）。不動產租賃契約應以字據訂立，其他租賃為不要式契約（§422）。租賃契約法律關係，參見圖十一：

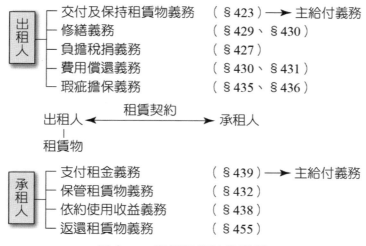

圖十一：租賃契約法律關係

　　租賃契約為負擔行為，不以出租人對其物有所有權或其他權利為必要；原則上當事人合意契約即成立。不過，當土地及其土地上之房屋同屬一人所有，而僅將土地或僅將房屋所有權讓與他人，或將土地及房屋同時或先後讓與相異之人時，土地受讓人或房屋受讓人與讓與人間或房屋受讓人與土地受讓人間，推定在房屋得使用期限內，有租賃關係。其期限不受意定租賃契約不得逾 20 年之限制。而當兩造對於租金數額不能協議時，則得請求法院定之（§425-1）。

　　舉例而言，張三向李四租屋作為辦公室，每月租金 5 萬元，並以 10 萬元為押租金，租期 2 年，期滿押租金無息退還，張三與李四所訂定者即為租賃契約。

二、效　力

1. 出租人效力

　　(1) 交付及保持租賃物：出租人應以合於所約定使用收益之租賃物，交付承租人，並應於租賃關係存續中，保持其合於約定使用、收益之狀態（§423）。

　　(2) 修繕義務：租賃物之修繕，除契約另有訂定或另有習慣外，由出租人負擔。出租人為保存租賃物所為之必要行為，承租人不得拒絕（§429）。

　　(3) 負擔稅捐義務：租賃物應納之一切稅捐，由出租人負擔（§427）。

　　(4) 費用償還義務：租賃物之修繕，除契約另有訂定或另有習慣外，由出租人負擔必要費用（§429）。另依第 431 條規定，承租人就租賃物支出有益費用，因有增加該物之價值者，如出租人知其情事而不為反對之表示，於租賃關係終止時，應償還其現存增價額為限之費用。

(5) 瑕疵擔保義務：出租人應擔保第三人就租賃物不得主張權利，且房屋或其他供居住之處所物之瑕疵（§436、§424）。

2. 承租人效力

(1) 支付租金義務：承租人應依約定日期，支付租金；無約定者，依習慣；無約定亦無習慣者，應於租賃期滿時支付之（§439）。租金支付有遲延者，出租人得定相當期限，催告承租人支付租金，如承租人於其期限內不為支付，出租人得終止契約。但租賃物為房屋者，遲付租金之總額，非達 2 個月之租額，出租人不得單方終止契約。另若為租用建築房屋基地，遲付租金之總額，達 2 年之租額時，始得終止契約（§440）。惟於租賃關係中，因不可歸責於承租人之事由，致租賃物之一部滅失者，承租人得按滅失之部分，請求減少租金。如承租人就其餘部分不能達租賃之目的者，承租人得終止租約（§435）。

(2) 保管租賃物義務：承租人應以善良管理人之注意，保管租賃物，租賃物有生產力者，並應保持其生產力。承租人或租人之同居人或因承租人允許為租賃物之使用、收益之第三人違反義務，致租賃物毀損、滅失者，承租人應負損害賠償責任（§432、§433）。租賃物為動物者，其飼養費由承租人負擔（§428）。另若租賃物有修繕之必要，應由出租人負擔者，或因防止危害有設備之必要，或第三人就租賃物主張權利者，承租人應即通知出租人或定相當期限，催告出租人修繕，如出租人於其期限內不為修繕者，承租人得終止契約或自行修繕而請求出租人償還其費用或於租金中扣除之（§430、§437）。

(3) 依約使用收益義務：承租人應依約定方法，為租賃物之使用、收益；無約定方法者，應以依租賃物之性質而定之方法為之。經出租人阻止而仍繼續為之者，出租人得終止契約（§438）。

(4) 返還租賃物義務：承租人於租賃關係終止後，應返還租賃物；合理使用租賃物而產生之附加價值，一般為天然孳息之生產力者，並應保持其生產狀態，返還出租人（§455）。

3. 租賃契約特別之效力

(1) 出租人主張留置權：不動產之出租人，就租賃契約所生之債權，對於承租人之物置於該不動產者，於已得請求之損害賠償及本期與以前未交之租金之限度內，得就留置物取償（§445）。

(2) 請求地上權之登記：租用基地建築房屋者，承租人於契約成立後，得請求出租人為地上權之登記（§422-1）；承租人房屋所有權移轉時，其基地租賃契約，對於房屋受讓人，仍繼續存在（§426-1）。

(3) 不得轉租：承租人非經出租人承諾，不得將租賃物轉租於他人。但租賃物為房屋者，除有反對之約定外，承租人得將其一部分轉租於他人。承租人違反規定，出租人得終止契約（§443）。次承租人應負責之事由所生之損害，承租人負賠償責任（§444Ⅱ）。有關轉租之規定，參見圖十二：

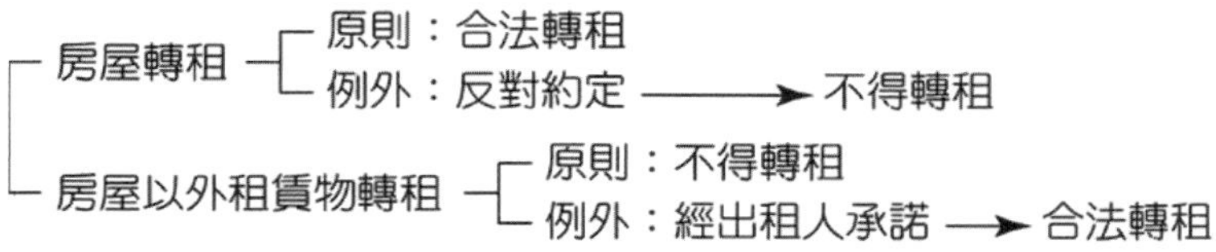

圖十二：轉租之規定

三、變　更

1. 出租人變更

　　為維持租賃契約之安定性及保障承租人之權益，出租人於租賃物交付後，即使將租賃物所有權讓與第三人或設定用益物權予他人，導致妨礙承租人之使用收益時，承租人仍得以原租賃契約對抗第三人。但不適用於未經公證，期限逾5年或未定期限之不動產租賃契約。此即租賃契約具有物權的效力，亦即「買賣不破租賃原則」（§425）。

2. 承租人變更

　　原則上經出租人承諾，承租人得將租賃物轉租於他人（443Ⅰ），而且承租人與出租人間之租賃關係，仍為繼續（§444）。承租人死亡，租賃契約雖定有期限，其繼承人仍得終止契約，但應先期通知（§450Ⅲ、§452）。

四、消　滅

1. 租期屆滿

　　租賃定有期限者，其租賃關係，於期限屆滿時消滅。未定期限者，各當事人得隨時終止契約。但有利於承租人之習慣者，從其習慣惟終止契約，應依習慣先期通知。但不動產之租金，以星期、半個月或一個月定其支付之期限者，出租人應以曆定星期、半個月或一個月之末日為契約終止期，並應至少於一星期、半個月或一個月前通知之。

依第 451 條規定：「租賃期限屆滿後，承租人仍為租賃物之使用收益，而出租人不即表示反對之意思者，視為以不定期限繼續契約。」出租人於租期屆滿後須即表示反對之意思，始生阻止續租之效力。用意在防止出租人於租期屆滿後，明知承租人就租賃物繼續使用收益而無反對之表示，過後又主張租賃關係消滅，使承租人陷於窘境而設，並非含有必須於租期屆滿時，始得表示反對之意義存在。於訂約之際，訂明期滿後絕不續租或續租應另訂契約者，亦得發生阻止續約之效力。所謂意思表示，不以明示為必要，但若如僅消極不作為，於租約期滿後未收租金，則屬單純的沈默，難以認定已有反對續租之意思表示。

2. 租約終止

依規定，租賃雙方有權終止租約（§424、§430、§435Ⅱ、§436、§438、§440、§443、§447Ⅱ、§452、§454；土地法§100），出租人不得收回房屋有下列情形：

(1) 出租人收回自住或重新建築時。

(2) 承租人違反第 443 條第 1 項之規定，轉租於他人時。

(3) 承租人積欠租金額，除以擔保金抵償外，達 2 個月以上時。

(4) 承租人以房屋供違反法令之使用時。

(5) 承租人違反契約時。

(6) 承租人損壞出租人之房屋或附著財物而不為相當賠償時。

本條的適用僅限於不定期之房屋租賃，遇此情形應優先適用。

3. 消滅時效

出租人就租賃物所受損害對於承租人之賠償請求權，承租人之償還費用請求權及工作物取回權，均因 2 年間不行使而消滅（§456）。

第四節　借　貸

一、使用借貸

使用借貸為無償、單務、要物及不要式之契約，由當事人一方（貸與人）以物（借用物）交付他方（借用人），而約定他方於無償使用後返還其物之契約（§464）。使用借貸之效力，參見圖十三：

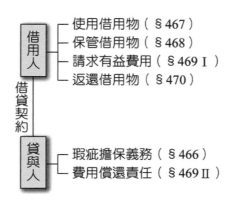

圖十三：使用借貸之效力

1. 對借用人之效力

   (1) 使用借用物：借用人應依約定方法，使用借用物；無約定方法者，應以依借用物之性質而定之方法使用之。另非經貸與人之同意，借用人不得允許第三人使用借用物（§467），否則貸與人得終止契約（§472 I ②）。

   (2) 保管借用物：借用人應以善良管理人之注意，保管借用物，否則應負損害賠償之責任（§468），且貸與人得終止契約（§472 I）。

   (3) 請求有益費用：借用物之通常保管費用，由借用人負擔。借用物為動物者，其飼養費亦同（§469）。

   (4) 返還借用物：借用人應於契約所定期限屆滿時，返還借用物；未定期限者，應於依借貸之目的使用完畢時返還。但經過相當時期，可推定借用人已使用完畢者，貸與人亦得為返還之請求（§470 I）。

2. 對貸與人之效力

   (1) 瑕疵擔保義務：貸與人故意不告知借用物之瑕疵，致借用人受損害者，負賠償責任（§466）。

   (2) 費用償還請求權：經過相當時期，可推定借用人已使用完畢者，貸與人亦得為返還之請求。借貸未定期限，亦不能依借貸之目的而定其期限者，貸與人得隨時請求返還借用物（§470）。

3. 終止

   有下列各款情形之一者，貸與人得終止契約（§472）：

   (1) 貸與人因不可預知之情事，自己需用借用物者。

   (2) 借用人違反約定或依物之性質而定之方法使用借用物，或未經貸與人同意允許第三人使用者。

(3) 因借用人怠於注意，致借用物毀損或有毀損之虞者。

(4) 借用人死亡者。

4. 撤銷

使用借貸預約成立後，預約貸與人得撤銷其約定。但預約借用人已請求履行預約而預約貸與人未即時撤銷者，不在此限（§465-1）。

5. 消滅時效

貸與人就借用物所受損害，對於借用人之賠償請求權、借用人之賠償請求權、有益費用償還請求權及其工作物之取回權，均因 6 個月間不行使而消滅（§473）。

依法院實務意見，公務員因任職關係獲准配住宿舍，其性質為「使用借貸」，目的在使任職者安心盡其職責，是倘借用人喪失其與所屬機關之任職關係，當然應認依借貸之目的，已使用完畢，配住機關自得請求返還。故公務員因任職關係配住宿舍，於任職中死亡時，既喪失其與所屬機關之任職關係，依借貸目的應認已使用完畢，使用借貸契約因而消滅，此與一般使用借貸契約，借用人死亡時，貸與人僅得終止契約之情形尚有不同（91 台上 1926 判決）。

二、消費借貸

消費借貸為單務、要物及不要式之契約，當事人一方（貸與人）移轉金錢或其他代替物之所有權於他方（借用人），而約定他方以種類、品質、數量相同之物返還之契約。若當事人之一方對他方負金錢或其他代替物之給付義務而約定以之作為消費借貸之標的者，亦成立消費借貸（§474）。關於消費借貸之效力，參見圖十四：

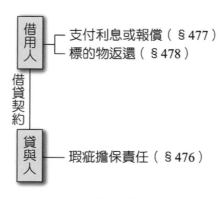

圖十四：消費借貸之效力

1. 對借用人之效力

   (1) 支付利息或報償：利息或其他報償，應於契約所定期限支付之；未定期限者，應於借貸關係終止時支付之。但其借貸期限逾一年者，應於每年終支付之（§477）。

   (2) 標的物返還：消費借貸契約之借用人除需依第 474 條規定，返還標的物外；另依第 478 條後段規定，未定返還期限者，借用人得隨時返還，貸與人亦得定一個月以上之相當期限，催告返還。若係金錢借貸或以貸物、有價證券折算金錢之借貸，則分依第 480 條及第 481 條規定返還標的物。

2. 對貸與人之效力

   貸與人之效力，最主要是瑕疵擔保責任，分有償和無償消費借貸有不同之效力（§476）：

   (1) 有償消費借貸：消費借貸，約定有利息或其他報償者，如借用物有瑕疵時，貸與人應另易以無瑕疵之物。但借用人仍得請求損害賠償（§476 I）。

   (2) 無償消費借貸：消費借貸為無報償者，如借用物有瑕疵時，借用人得照有瑕疵原物之價值，返還貸與人。若借用物有瑕疵時，貸與人如故意不告知其瑕疵者，借用人得請求損害賠償（§476 II、III）。

   消費借貸之預約，其約定之消費借貸有利息或其他報償，當事人之一方於預約成立後，成為無支付能力者，預約貸與人得撤銷其預約。其約定之消費借貸為無報償者，準用第 465-1 使用借貸預約效力之規定（§475-1），借貸預約成立後，除預約借用人已請求履行預約外，預約貸與人得撤銷其約定。

第五節　僱　傭

一、意　義

   僱傭契約，指當事人約定，一方（受僱人）於一定或不定之期限內為他方（僱用人）服勞務，他方給付報酬之契約（§482）。舉例而言，張三僱用李四前來辦公室打掃，一天工作 4 小時，每月待遇給 2 萬元，意思合致後，即成立僱傭契約。

二、效　力

1. 受僱人之效力

　(1) 供給勞務：受僱人非經僱用人同意，不得使第三人代服勞務（§484 I 後段）。且當受僱人明示或默示保證其有特種技能時，如無此種技能時，僱用人得終止契約（§485）。

　(2) 報酬與扣除請求權：原則上僱用人受領勞務遲延者，受僱人無庸補服勞務並得請求報酬，然受僱人因不服勞務所減省之費用或轉向他處服勞務所取得之利益，或另有服勞務之機會，而故意不為致未能取得報酬，僱用人均得請求由報酬額內扣除（§487）。

　(3) 賠償損害：受僱人服勞務，因非可歸責於自己之事由，致受損害者，得向僱用人請求賠償（§487-1 I）。

2. 對僱用人之效力

　(1) 給付報酬：如依情形，非受報酬即不服勞務者，視為允與報酬。未定報酬額者，按照價目表所定給付之；無價目表者，按照習慣給付（§483）。所謂按習慣給付，即按當地皆認同之慣行供給勞務之對價，定報酬給付標準。

　(2) 預防危害：受僱人服勞務，其生命、身體、健康有受危害之虞者，僱用人應按其情形為必要之預防（§483-1）。

　(3) 請求勞務：僱用人非經受僱人同意，不得將其勞務請求權讓與第三人（§484 I 前段）。

　(4) 代位求償：受僱人服勞務，因非可歸責於自己之事由，致受損害者，固得向僱用人請求賠償。但若損害之發生，別有應負責任之人時，僱用人對於該應負責者，有求償權（§487-1 II）。

三、消　滅

1. 期限屆滿

　　僱傭定有期限者，其僱傭關係，於期限屆滿時消滅（§488 I）。

2. 契約終止

　(1) 隨時終止：僱傭未定期限，亦不能依勞務之性質或目的定其期限者，各當事人得隨時終止契約（§488 II）。

(2) 重大事由終止：當事人之一方，遇有重大事由，其僱傭契約，縱定有期限，仍得於期限屆滿前終止之（§489 I）。

(3) 法定事由終止：當事人之一方違反不得讓與或代服勞務時，他方得終止契約。當受僱人明示或默示保證其有特種技能時，如無此種技能時，僱用人亦得終止契約（§484）。

第六節　承　攬

一、意　義

　　承攬，即當事人約定，一方（承攬人）為他方（定作人）完成一定之工作，他方俟工作完成，給付報酬之契約（§490）。承攬除當事人間有特約外，非必須承攬人自服其勞務，其使用他人，完成工作，亦無不可。依實務見解，當事人之一方，應他方之定作，專以或主要以自己材料製作物品供給他方。而由他方給付報酬之契約，為工作物供給契約，此種契約究係買賣抑為承攬，應探求當事人之真意，如當事人之意思重在財產權之移轉，則適用買賣之規定，當事人之意思如重在工作之完成，則適用承攬之規定（89 台上 831 判決）。

　　另，承攬與僱傭，都屬於勞務給付契約，但僱傭僅以給付勞務為目的，受僱人所服勞務，縱未生僱用人所預期之效果，仍得受領報酬；承攬則以完成一定工作為目的，承攬人除給付勞務外，須工作完成，始得受領報酬。而且受僱人應聽從僱用人指揮，具從屬性，承攬則未必有從屬性。舉例而言，張三請李四修繕住宅，李四承包房屋修繕工程後，將部分工程轉包給王五，此存在兩個承攬契約。

二、效　力

　　承攬契約之效力，參見圖十五：

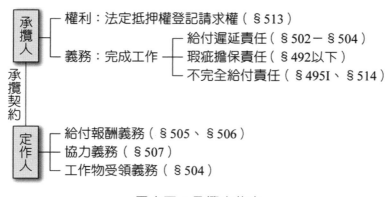

圖十五：承攬之效力

1. 承攬人之效力

(1) 完成工作：承攬人應如期完成工作，若工作逾約定期限或未定期限而逾相當時期始完成，定作人得請求減少報酬或請求賠償因遲延而生之損害。如果工作需於特定期限完成或交付，定作人得解除契約，並得請求賠償因不履行而生之損害（§502）。因承攬契約而完成之動產，如該動產係由定作人供給材料，而承攬人僅負有工作之義務時，則除有特約外，承攬人為履行承攬之工作，無論其為既成品之加工或為新品之製作，其所有權均歸屬於供給材料之定作人（54 年台上字 321 判例）。

(2) 瑕疵擔保：承攬人對工作物之品質、價值及效用負有瑕疵擔保責任（§492）；若有瑕疵，定作人得定相當期限，請求承攬人修補；若承攬人不於期限內修補，定作人得於相當費用內自行修補後，向承攬人請求償還修補必要費用（§493）。另承攬人有不完全給付責任，若重要瑕疵致不能達使用之目的，且該工作非建築物或其他土地上之工作物，而承攬人不於相當期限內修補或瑕疵不能修補者，定作人亦得解除契約或請求減少報酬外，並得請求損害賠償（§494、§495）。例如，海砂屋及輻射屋即前所述重大瑕疵。但如修補所需費用過鉅者，依規定，承攬人得拒絕修補。

承攬另有法定免除及意定免除承攬人擔保責任之適用，前者係瑕疵若因定作人所供給之材料性質或指示而發生，除承攬人明知其材料之性質或指示不適當，而不告知定作人外，不得請求（§496）。後者係承攬人非故意不告知瑕疵，而以特約免除或限制工作瑕疵擔保義務（§501-1）。

另就承攬人之過失，顯可預見工作有瑕疵或有其他違反契約之情事者，定作人得定相當期限，請求承攬人改善其工作或依約履行。承攬人不於前項期限內，依照改善或履行者，定作人得使第三人改善或繼續其工作，其危險及費用，均由承攬人負擔（§497）。

承攬人瑕疵擔保責任，自工作交付或無須交付，自工作完成後經過 1 年始發見者，不得請求（§498）。但若工作為建築物或其他土地上之工作物或為此等工作物之重大之修繕者，請求期限，延為 5 年（§499）。發現期間得以契約加長。但不得減短（§501）；若承攬人故意不告知其工作之瑕疵者，前者期限延為 5 年，後者延為 10 年（§500）。

(3) 法定抵押權：指承攬人就承攬關係所生之債權，對於其工作所附之定作人之不動產，或對於將來完成之定作人之不動產，於工作物因修繕所增加之價值限度內，有就其賣得價金優先受償之權。其抵押權登記，如承攬契約已經公證者，承攬人得單獨申請（§513）。

2. 定作人之效力

(1) 給付報酬義務：承攬報酬於工作完成或交付後給付（§505），若由承攬人供給材料者，材料價額推定為報酬之一（§490）；若非受報酬即不完成工作，視為允與報酬。工作係分部交付，而報酬係就各部分定者，應於每部分交付時，給付該部分之報酬（§505Ⅱ）。

(2) 協力義務：定作人不於承攬人定之相當期限內為協力行為者，承攬人得解除契約，並得請求賠償因契約解除而生之損害（§507）。例如，開工後仍未將工程用地點交承攬人施工。

(3) 工作受領義務：因可歸責於承攬人之事由致工作遲延者，定作人於受領工作時，若未聲明保留，依第 504 規定，定作人固不得再依第 502 條、第 503 條或一般遲延之規定，請求減少報酬、解除契約或損害賠償，惟雙方約定之違約金債權，倘係懲罰性之違約金、於約定之原因事實發生時，即已獨立存在，定作人於遲延後受領工作時，縱因未保留而推定為同意遲延之效果，仍應不影響於已獨立存在之違約金債權（89 台上 52 判決）。

3. 危險負擔

(1) 工作物受領前：定作人受領前，由承攬人負擔。

(2) 工作物受領後：定作人受領後或受領遲延，其危險由定作人負擔（§508）。

三、終止與消滅

1. 法定終止

　　承攬契約因技能為契約要素之承攬人死亡或非因其過失致不能完成其約定之工作時，契約終止（§512）。

2. 意定終止

　　工作未完成前，定作人得隨時終止契約（§511）。

3. 消滅時效

　　定作人之瑕疵修補請求權、修補費用償還請求權、減少報酬請求權、損害賠償請求權或契約解除權，均因瑕疵發見後 1 年間不行使而消滅。承攬人之損害賠償請求權或契約解除權，因其原因發生後，1 年間不行使而消滅（§514）。

第七節　旅　遊

一、意　義

　　旅遊契約，指當事人間約定，一方（旅遊營業人）提供他方（旅客）旅遊服務，而由他方支付費用之契約。旅遊契約，因當事人雙方意思表示合致即而成立。所謂旅遊營業人，係以提供旅客旅遊服務為營業而收取旅遊費用之人，而旅遊服務，係指安排旅程及提供交通、膳宿、導遊或其他有關之服務（§514-1）。舉例而言，張三參加旅行社所主辦之阿拉伯旅行團前往杜拜參觀，此即存在有償、雙務、不要式旅遊承攬契約。

二、效　力

　　旅遊契約之權利義務關係，參見圖十六：

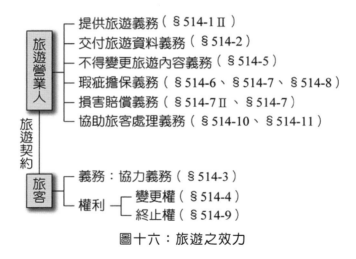

```
                    ┌─ 提供旅遊義務（§514-1 Ⅱ）
                    ├─ 交付旅遊資料義務（§514-2）
        旅遊營業人 ──┼─ 不得變更旅遊內容義務（§514-5）
                    ├─ 瑕疵擔保義務（§514-6、§514-7、§514-8）
旅遊契約             ├─ 損害賠償義務（§514-7Ⅱ、§514-7）
                    └─ 協助旅客處理義務（§514-10、§514-11）

                    ┌─ 義務：協力義務（§514-3）
        旅客 ───────┤          ┌─ 變更權（§514-4）
                    └─ 權利 ──┤
                               └─ 終止權（§514-9）
```

圖十六：旅遊之效力

1. 旅遊營業人之效力

　　(1) 提供旅遊義務（§514-1Ⅱ）：旅遊服務，係指安排旅程及提供交通、膳宿、導遊或其他有關之服務（§514-1Ⅱ）。

　　(2) 交付旅遊資料義務：旅遊營業人因旅客之請求，應以書面記載必要事項，交付旅客（§514-2）。

　　(3) 不得變更旅遊內容：旅遊營業人不得已變更旅遊內容時，應退還所減少之費用（§514-5）。

(4) 瑕疵擔保義務：旅遊服務應具備通常之價值及約定之品質（§514-6）。否則旅客除得請求減少費用或並終止契約外，並得請求損害賠償。終止契約時，應將旅客送回原出發地，費用由旅遊營業人負擔（§514-7）。若可歸責於旅遊營業人，旅客就時間之浪費，得按日請求賠償之金額，以不超過旅遊費用總額每日平均之數額為限（§514-8）。

(5) 損害賠償義務：旅遊服務不具備價值或品質者，不能改善，旅客得請求賠償（§514-7）。

(6) 協助旅客處理義務：旅遊中旅客發生事故或安排購物有瑕疵，旅遊營業人應為必要之協助及處理（§514-10、§514-11）。

2. 旅客之效力

(1) 協力義務：旅客不配合完成旅遊，旅遊營業人得終止契約，並請求賠償損害。旅客得請求旅遊營業人墊付費用送回原出發地，到達後由旅客附加利息償還（§514-3）。

(2) 變更權：旅遊開始前，旅客得變更由第三人參加旅遊，如增加費用，旅遊營業人得請求其給付（§514-4）。

(3) 終止權：旅遊未完成前，旅客得隨時終止契約。但應賠償損害及墊付費用之利息（§514-9）。

三、時　效

增加、減少或退還費用請求權，損害賠償請求權及墊付費用償還請求權，均自旅遊終了或應終了時起，1年間不行使而消滅（§514-12）。

第八節　委　任

一、意　義

委任契約為典型的勞務給付契約，關於勞務給付之契約，不屬於法律所定其他契約之種類者，皆適用關於委任之規定（§529）。所謂委任，係指當事人約定，一方（委任人）委託他方（受任人）處理事務，他方允為處理之契約（§528）。若有承受委託處理一定事務之公然表示者，如對於該事務之委託，不即為拒絕之通知時，視為允受委託。（§530）舉例而言，張三口頭委託李四代賣汽車一輛，並代收價款及交車。1週後，李四將車以30萬元賣給王五；張三及李四間，存在委任契約。

委任與代理、僱傭、承攬有所不同，委任為契約，還包括事實行為；而代理權授與為單獨行為，以法律行為為限。委任係以處理一定事務為目的，勞務之供給僅為手段，而僱傭則僅以供給勞務為目的。委任之受任人，僅負責處理事務，而不負完成一定工作之義務。反之，承攬之承攬人，則負完成一定工作之義務。

二、效　力

委任契約之權利義務關係，參見圖十七。

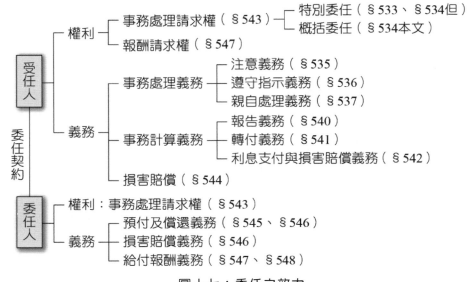

圖十七：委任之效力

1. 受任人之效力

　(1) 事務處理權：受任人之權限，依委任契約所訂（§532 前段）。委任事務之處理，須為法律行為，而該法律行為，依法應以文字為之者，其處理權之授與，亦應以文字為之。其授與代理權者，代理權之授與亦同（§531）。惟授權文字乃委任人與受任人間契約上應行具備之形式，並非受任人必須交付他造當事人之書證。委任人得指定一項或數項事務而為特別委任。或就一切事務，而為概括委任（§532 後段）。

　　　特別委任，指受任人就委任事務之處理，得為委任人為一切必要之行為（§533）。至於概括委任，指受任人得為委任人為一切行為。但就不動產之出賣或設定負擔、租賃期限逾 2 年者、贈與、和解、起訴、提付仲裁，須有特別之授權（§534）。

　(2) 報酬請求權：報酬縱未約定，如依習慣或依委任事務之性質，應給與報酬者，受任人得請求報酬（§547）。

(3) 事務處理義務：受任人處理委任事務，應依委任人之指示，並與處理自己事務為同一之注意，其受有報酬者，應以善良管理人之注意為之（§535）。非有急迫之情事，並可推定委任人若知有此情事亦允許變更其指示者，不得變更委任人之指示；且無委任人之同意或另有習慣或有不得已之事由者，應自己處理委任事務（§536）。否則應就第三人之行為，與就自己之行為，負同一責任。受任人若使第三人代為處理委任事務者，委任人對於該第三人關於委任事務之履行，有直接請求權（§538）。

(4) 事務計算義務：受任人應將委任事務進行之狀況，報告委任人，委任關係終止時，應明確報告其顛末（§540）。受任人因處理委任事務，所收取之金錢、物品及孳息，應交付於委任人；取得之權利，應移轉於委任人（§541）。否則，應依民法第542條規定，自使用之日起，支付利息。如有損害，並應賠償。

(5) 損害賠償：受任人因處理委任事務有過失，或因逾越權限之行為所生之損害，對於委任人應負賠償之責（§544）。

2. 委任人之效力

(1) 事務處理請求權：委任人非經受任人之同意，不得將處理委任事務之請求權，讓與第三人（§543）。

(2) 預付及償還費用義務：委任人因受任人之請求，應預付處理委任事務之必要費用（§545）。委任人應償還受任人支出之必要費用及利息。若受任人負擔未至清償期之必要債務者，得請求委任人提出相當擔保（§546）。

(3) 損害賠償義務：因非可歸責於受任人自己之事由，致受損害者，得向委任人請求賠償。但如別有應負責任之人時，委任人對於該應負責者，有求償權（§546）。

(4) 給付報酬義務：受任人應受報酬者，原則上非於委任關係終止及為明確報告顛末後，不得請求給付（§548）。

3. 意定終止

當事人之任何一方，得隨時終止委任契約，於不利於他方之時期終止契約者，應負損害賠償責任。但因非可歸責於該當事人之事由，致不得不終止契約者，不在此限（§549）。

4. 法定終止

原則上，委任關係因當事人一方死亡、破產或喪失行為能力而消滅（§550、§551）；但其委任關係消滅之事由，係由當事人之一方發生者，於他方知其事由或可得而知其事由前，委任關係視為存續（§552）。

第九節　合　夥

一、意　義

合夥為常見商業上常見之經營型態，2 人以上互約出資以經營共同事業之契約（§667）。舉例而言，張三、李四、王五為創業投資科技產品，決定合夥，共同打拼，3 人成立合夥契約。

二、效　力

1. 內部關係

(1) 出資義務：出次得為金錢、其他財產權、勞務、信用或其他利益。惟金錢以外之出資，應估定價額為其出資額。未經估定者，以他合夥人之平均出資額視為其出資額（§667）。合夥人原則上，無於約定出資之外增加出資之義務。因損失而致資本減少者，合夥人亦無補充之義務（§669）。但除轉讓於他合夥人外，非經他合夥人全體之同意，不得將自己之股分轉讓於第三人（§682）。

(2) 合夥財產：合夥財產為合夥人全體公同共有（§668），其為金錢出資，勞務出資，抑以他物出資，均無不同（包括動產或不動產）。又於合夥關係存續中，執行合夥事業之合夥人為他合夥之代表，其為合夥取得之物及權利，亦屬合夥人全體公同共有。另合夥人於合夥清算前，不得請求合夥財產之分析。對於合夥負有債務者，不得以其對於任何合夥人之債權與其所負之債務抵銷（§682）。合夥人之債權人，除利益分配請求權外，不得代位行使合夥之權利（§684）；但得聲請扣押該合夥人之股份。

(3) 合夥債權債務：原則上應於每屆事務年度終了，完成合夥之決算及按照各合夥人出資額之比例分配利益；而僅就利益或僅就損失所定之分配成數，視為損益共通之分配成數。然以勞務為出資之合夥人，原則上不受損失之分配（§676、677）。

(4) 合夥事務：合夥之決議，有表決權之合夥人無論其出資之多寡，推定每人僅有一表決權，並應以合夥人全體之同意或約定得由合夥人一部之過半數決定。但關於合夥契約或其事業種類之變更，須經合夥人全體三分之二以上同意（§670）。合夥之通常事務，得由有執行權之各合夥人單獨執行，亦得約定由合夥人中數人共同執行（§671）。但應與處理自己事務為同一注意，若約定受有報酬，應盡善良管理人之注意義務（§672）。因合夥事務所支出之費用，得請求償還（§678）。合夥人之執行合夥事務時，準用關於委任之規定（§680）。

契約不得訂定，無執行合夥事務權利之合夥人，不得隨時檢查合夥之事務及其財產狀況及查閱賬簿（§675）。合夥人或清算人依約定或決議執行合夥事務者，非有正當事由不得辭任。非經其他合夥人全體同意，不得將其解任（§674、§696）。

2. 外部關係

合夥人於執行合夥事務之範圍內，對於第三人，為他合夥人之代表（§679）。若合夥財產不足清償合夥之債務時，各合夥人連帶負責（§681）；即便合夥人退夥後，仍應對退夥前所負之債務負責（§690）。

3. 退夥及入夥

(1) 退夥：合夥人非經他合夥人全體之同意，除轉讓於他合夥人外，不得將自己之股分轉讓於第三人（§683）。合夥未定有存續期間，或經訂明以合夥人中一人之終身，為其存續期間者，各合夥人得於兩個月前通知他合夥人，聲明退夥；但不得於退夥有不利於合夥事務之時期為之。縱定有存續期間，如合夥人有非可歸責於自己之重大事由，仍得聲明退夥（§686）。

合夥人退夥事由包括下列事項（§687）：

① 合夥人死亡者。但得繼承者，不在此限。

② 受破產或監護之宣告。

③ 有正當理由且他合夥人全體同意後通知開除者（§688）。

合夥人之債權人聲請扣押合夥人之股份後兩個月內，如未清償或提供擔保，自扣押時起，該合夥人發生退夥之效力（§685）。合夥事務，於退夥時尚未了結者，於了結後，以退夥時合夥財產狀況之股分為準計算，以金錢分配其損益（§689）。

(2) 入夥：合夥成立後，非經合夥人全體之同意，不得允許他人加入為合夥人。加入為合夥人者，對於其加入前合夥所負之債務，與他合夥人負同一之責任（§691）。

4. 解散及清算

(1) 解散：合夥因下列事項之一解散（§692）：

① 合夥存續期限屆滿。

② 合夥人全體同意解散。

③ 合夥之目的事業已完成或不能完成。

若期限屆滿後仍繼續其事務者，視為以不定期限繼續合夥契約（§693）。

(2) 清算：合夥解散後，其清算由合夥人全體或由全體之過半數決所選任之清算人過半數決定為之（§694、§695）。先將未至清償期，或在訴訟中所必需之數額由財產劃出保留，並清償合夥之債務後，按比例返還各合夥人（§697~§699）。

第十節　合　會

一、意　義

　　合會，或稱互助會，是由會首邀集 2 人以上為會員，互約交付會款及標取合會金之契約。若僅由會首與會員為約定者，亦成立合會。合會金則指會首及會員應交付之全部會款，其中所指之會款得為金錢或其他代替物（§709-1）。

　　合會應訂立會單，記載下列事項（§709-3）：

1. 會首之姓名、住址及電話號碼。

2. 全體會員之姓名、住址及電話號碼。

3. 每一會份會款之種類及基本數額。

4. 起會日期。

5. 標會期日。

6. 標會方法。

7. 出標金額有約定其最高額或最低額之限制者，其約定。會單應由會首及全體會員簽名，記明年月日，由會首保存並製作繕本，簽名後交每一會員收執；若會員已交付首期會款者，合會契約視為已成立。舉例而言，合會契

約，俗稱互助會契約，會首張三召集每個月 1 萬元，24 期之互助會（合會），由李四及其他 22 位會員參加，李四於第 2 期以 2 千元標金得標，則李四就是所謂「死會會員」，自第 3 期迄滿期止，每期應繳納之會款為 1 萬元整，而第 2 期未得標其他活會會員則扣除 2 千元標金，僅繳納 8 千元會款即可。

　　坊間的互助會，這是「內標」的方式，即以會款減去各期得標標金之淨額為活會會員各期所應繳納之會款，活會會員所繳納之會款隨每期標金而變動；而會員得標後即成為死會會員，每期應按原定會款繳納，不得減除標金。

二、效　力

　　合會契約之權利義務關係，參見圖十八：

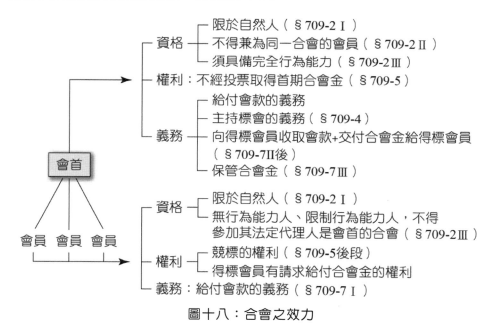

會首	資格	限於自然人（§709-2Ⅰ） 不得兼為同一合會的會員（§709-2Ⅱ） 須具備完全行為能力（§709-2Ⅲ）
	權利：不經投票取得首期合會金（§709-5）
	義務	給付會款的義務 主持標會的義務（§709-4） 向得標會員收取會款+交付合會金給得標會員（§709-7Ⅱ後） 保管合會金（§709-7Ⅲ）

會員 會員 會員	資格	限於自然人（§709-2Ⅰ） 無行為能力人、限制行為能力人，不得參加其法定代理人是會首的合會（§709-2Ⅲ）
	權利	競標的權利（§709-5後段） 得標會員有請求給付合會金的權利
	義務：給付會款的義務（§709-7Ⅰ）

圖十八：合會之效力

1. 會首之之效力

　(1) 資格：會首以有完全行為能力之自然人為限，並不得兼為同一合會之會員（§709-2）。

　(2) 權利：首期合會金不經投標，由會首取得，其餘各期由得標會員取得（§709-5）。

　(3) 義務：會首非經會員全體之同意，不得將其權利及義務移轉於他人（§709-8Ⅰ）。標會場所由會首決定，並應先期通知會員；標會依約定之期日及方法由會首主持為之，其因故不能主持時，則由會首指定或到場會員推

選之會員主持（§709-4）。會首應於每期標會後 3 日內，代收連同自己之會款，於期滿之翌日前交付得標會員，並負責在會款未交付前之喪失、毀損。另逾期未收取之會款，應代為給付後，請求未給付之會員附加利息償還（§709-7）。

2. 會員之效力

(1) 資格：會員以有完全行為能力之自然人為限；會首不得兼為同一合會之會員（§709-2）。

(2) 權利：除首期合會金由會首取得外，其餘各期由得標會員取得（§709-5後段）。

(3) 義務：會員非經會首及會員全體之同意，不得退會，亦不得將自己之會份轉讓於他人（§709-8 II）。會員並應於每期標會後 3 日內交付會款，否則應附加利息償還會首（§709-7）。

三、消滅時效

一般民間合會，係會首與會員間之債權、債務契約。會員除向會首領取得標金外，在得標前須按期繳納活會會款，得標後須按期繳納死會會款。會員將其會份讓與第三人，如為活會轉讓，則係債權、債務之轉讓，並非單純之債權讓與。如係死會轉讓，則純係債務之承擔。故依第 709-8 條規定，無論為活會、死會之轉讓，均非得會首之同意，不生效力。

因會首破產、逃匿或有其他事由致合會不能繼續進行時，除另有約定外，會首及已得標會員應給付之各期會款，應於每屆標會期日平均交付於未得標之會員；其遲付之數額已達兩期之總額時，該未得標會員得請求其給付全部會款。另倒會後，會首就已得標會員應給付之各期會款，負連帶責任（§709-9）。

第十一節　保　證

一、意　義

民法上所謂保證，為債權人與保證人間之契約。保證契約係基於保證人與主債務人間之信任，若主債務人有所變更，除已得保證人同意外，尚難謂其仍負保證之責。而所謂保證，係當事人約定，一方（保證人）於他方（債權人）之債務人不履行債務時，由其代負履行責任之契約（§739）。舉例而言，張三向李四購買房屋 1 棟，並請王五擔任保證人，標的物買賣價金為 3 千萬元，約定於 96 年 8 月 1 日付清。此間即存在一單務、無償保證契約。

二、效　力

1. 對債權人

    (1) 保證責任範圍：保證債務通常包含主債務之利息、違約金、損害賠償及其他從屬於主債務之負擔（§740）。若保證人之負擔，較主債務人為重者，應縮減至主債務之限度（§741）。

    (2) 保證人之抗辯權：主債務人所有之抗辯，無論主債務人拋棄與否，保證人均得主張（§742）。保證人之權利，除法律另有規定外，不得預先拋棄（§739-1）。

    　　主債務人就其債之發生原因之法律行為有撤銷權者，保證人對於債權人，得拒絕清償（§744）；保證人並得主張抵銷主債務人對於債權人之債權（§742-1）；惟對於因行為能力之欠缺而無效之債務，如知其情事而為保證者，其保證仍為有效（§743）。另於債權人未就主債務人之財產強制執行而無效果前，除有下列各款情形外，得對債權人拒絕清償（§745、§746）：

    ① 保證人拋棄權利。

    ② 主債務人受破產宣告。

    ③ 主債務人財產不足清償等各款情形。

2. 對保證人

    (1) 代位請求權：保證人向債權人為清償後，於不得有害於債權人之利益及其清償之限度內，承受債權人對於主債務人之債權（§749）。

    (2) 除去責任請求權：保證人受主債務人之委任而為保證者，有下列各款情形之一時，得向主債務人請求除去其保證責任（§750）：

    ① 主債務人之財產顯形減少者。

    ② 保證契約成立後，主債務人之住所、營業所或居所有變更，致向其請求清償發生困難者。

    ③ 主債務人履行債務遲延者。

    ④ 債權人依確定判決得令保證人清償者。主債務未屆清償期者，主債務人得提出相當擔保於保證人，以代保證責任之除去。

三、消　滅

　　債權人拋棄為其債權擔保之物權者，保證人就債權人所拋棄權利之限度內，免其責任（§751）；約定保證人僅於一定期間內為保證者，如債權人於其期間內，對於保證人不為審判上之請求，亦同（§752）；若未定期間，保證人於主債務清償期屆滿後，得定一個月以上之相當期限，催告債權人於其期限內，向主債務人為審判上之請求。債權人不於前項期限內向主債務人為審判上之請求者，保證人免責（§753）。因擔任法人董事、監察人或其他有代表權之人而為該法人擔任保證人者，僅就「任職期間」法人所生之債務負保證責任（§753-1），原規定欠缺對已卸任企業董監事擔保連帶保證人解除條件之規範，於 99 年增訂此一條文。

　　就連續發生之債務為保證而未定有期間者，保證人得隨時通知債權人終止保證契約，於通知到達債權人後所發生主債務人之債務，不負保證責任（§754）；就定有期限之債務為保證者，如債權人允許主債務人延期清償時，除保證人同意外，不負保證責任（§755）。

四、特種保證

1. 共同保證

　　數人保證同一債務者，除契約另有訂定外，應連帶負保證責任（§748）。

2. 連帶保證

　　連帶保證係保證人與主債務人負連帶給付責任之保證。此種責任無先後之分，債權人得逕向保證人或向主債務人求償，不同於普通保證中主債務人之責任先於保證人之先訴抗辯權。

3. 信用委任

　　信用委任係委任他人以該他人之名義及其計算，供給信用於第三人者，就該第三人因受領信用所負之債務，對於受任人，負保證責任（§756）。通說認係委任與保證之混合契約，應分別適用委任與保證之規定。

第十二節　人事保證

一、意　義

　　人事保證在我國社會行之有年，自民初以來，實務上迭見相關案例（如民國 5 年大理院上 1032 判決），為使當事人法律關係臻於明確，並減輕保證人之責任，債各修正增設本節。

　　人事保證，指當事人書面約定，一方（保證人）於他方（僱用人）之受僱人將來因職務上之行為而應對他方為損害賠償時，由其代負賠償責任之契約（§756-1）。舉例而言，張三同意僱用李四於其所有之便利商店服務，但要求李四需提供人保或店保，故李四請求其友王五為其保證人。而此間即存在一單務、無償要式保證契約。

二、效　力

　　本節未有規定者外，準用關於保證之規定（§756-9）。

1. 對保證人

　　人事保證之保證人，以僱用人不能依他項方法受賠償者為限，負其責任；除另有規定外，賠償金額以賠償事故發生時，受僱人當年可得報酬之總額為限（§756-2）。若有下列情形之一，法院得減輕保證人之賠償金額或免除之（§756-6）：

　　(1) 有第 756-5 條第 1 項各款之情形而僱用人不即通知保證人者。

　　(2) 僱用人對受僱人之選任或監督有疏懈者。

2. 對僱用人

　　若有下列情形之一者，僱用人應即通知保證人，保證人受通知或知悉者，得終止契約（§756-5）：

　　(1) 僱用人依法得終止僱傭契約，而其終止事由有發生保證人責任之虞者。

　　(2) 受僱人因職務上之行為而應對僱用人負損害賠償責任，並經僱用人向受僱人行使權利者。

　　(3) 僱用人變更受僱人之職務或任職時間、地點，致加重保證人責任或使其難於注意者。

三、消　滅

人事保證關係因下列事由而消滅（§756-7）：

1. 保證之期間屆滿。

2. 保證人死亡、破產或喪失行為能力。

3. 受僱人死亡、破產或喪失行為能力。

4. 受僱人之僱傭關係消滅。

四、時　效

人事保證未定期間者，保證人於 3 個月或約定之較短期間前通知僱用人後，得隨時終止契約（§756-4）。而人事保證約定之期間，逾 3 年者，縮短為 3 年，但得更新之。未定期間者，自成立之日起有效期間為 3 年（§756-3）。僱用人對保證人之請求權，因 2 年間不行使而消滅（§756-8）。

第二篇　案例解析

一、侵權行為之相當因果關係

案例

　　乙營造廠承包甲機關工程，在施工過程中，未依原設計規劃，將鄰近堤防之涵管封密，以致於在工程進行中，涵管封口因無法承受水壓後破裂，堤防外河水經由涵管灌入堤內施工區域，漫淹鄰近低窪地區，造成丙所有汽車拋錨、丁工廠停工、戊屋主地下室受損，問甲、丙、丁、戊各得向乙主張何種權利？

解析

　　本案不論因乙營造廠之主觀故意或過失，該廠商未將涵管封密之作為疏失或不作為行為，皆已造成水患，致侵害甲、丙、丁、戊之財產權。符合侵權行為之主觀及客觀要件，依第 184 條第 1 項前段規定：「因故意或過失，不法侵害他人之權利者，負損害賠償責任。」乙應承當損害賠償責任。

　　不過，侵權行為仍需存在侵權行為人與所造成損害間之「因果關係」，依法院實務上見解：「所謂相當因果關係，係指無此事實，雖不必生此結果，但有此事實，按諸一般情形，通常均可能發生此結果者而言」，故本案之侵權行為之成立及其範圍，於適用實務所採之「相當因果關係說」，損害賠償責任應由乙營造廠負責。因而甲機關（業主）、丙車主（動產所有權人）、丁工廠、戊屋主（不動產所有權人）的所有財物，均因乙承商之侵權行為而遭受損害，可依「侵權行為」規定向乙承商請求損害賠償。

　　然甲機關（業主）除另可依契約向乙承商求償外，得否就乙之侵權行為主張所有權遭受侵害之損害賠償；另丁工廠停工之營業損失是否能受償？

　　依法院實務見解：「民法第 184 條第 1 項前段之規定，固係以權利之侵害為侵權行為要件之一，非侵害既存法律體系所明認之權利，不構成侵權行為。惟同法條後段規定故意以背於善良風俗之方法加害於他人者，亦同。則侵權行為係指違法以及不當加損害於他人之行為而言，至於侵害係何權利，要非所問。所謂違法以及不當，不僅限於侵害法律明定之權利，即違反保護個人法益之法規，或廣泛悖反規律社會生活之公序良俗者，亦同。故同法第 184 條第 2 項之所謂法律，

係指一切以保護他人為目的之法律規範而言。建築改良物為高價值之不動產，其興建、使用應依法管理（參見土地法 161、建築法 1、28），倘於興建時有設計缺失、未按規定施工，或偷工減料情事，即足以影響建築改良物本身之使用及其價值。關於建築改良物之興建，建築法就起造人、承造人、設計人、監造人所為規範（參見建築法 13、39、60、70），自均為保護他人為目的之法律，彼等應負誠實履行義務，不得違反，如有違反而造成建築改良物之損害，對建築改良物所有人，難謂毋庸負損害賠償責任。且此之所謂損害，不以人身之損害為限，亦包括建築改良物應有價值之財產損害在內」，因乙承商於興建涵管封口時，疏失未按設計圖說施工，或因其偷工減料，而違反保護個人法益之法規，或屬廣泛悖反規律社會生活之公序良俗，應負損害賠償責任。而此之所謂損害，不以人身之損害為限，亦應涵蓋現有財產減少之「積極損害」及現有財產應增未增之「消極損害」，包括建築改良物應有價值之財產損害在內。故甲機關（業主）除另可依契約向乙承商求償外，仍得就乙之侵權行為，請求依第 184 條第 2 項，包括建築改良物應有價值之財產損害賠償。

而本件丁工廠停工之營業損失是否能受償？通說認為，第 184 條第 1 項涵蓋「營業權」。實務上亦對營業車輛之營業損失，依職業公會訂出之標準賠償。但有關電力公司挖斷電纜造成電力用戶之損害，學說及實務多認為，因電力公司用戶眾多，基於不使加害人負不可預估責任之前提及因債權之不公開特性，挖斷電纜停電等類型事件所產生之債權，不屬於第 184 條第 1 項前段之權利範圍內。本案丁工廠停工之營業損失或可比照營業車輛之營業損失，依公會或公正第三者所訂出之合理賠償標準理賠，以減低丁工廠因舉證不易而無法得到合理之補償，而遭受重大損失。

（最高法院 95 台上 1723 國家賠償判決，載最高法院民事裁判書彙編第 53 期，77-82 頁。最高法院 95 台上 395 民事損害賠償判決，載最高法院民事裁判書彙編第 52 期，71~80 頁）

二、同時履行抗辯

案例

　　A 透過網拍購物，向 B 購買最新手機一只，價金一萬元，雙方約定在某市火車站前交付，但 A 屆期只能給付一半價金 5 千元，B 不願交付手機。請回答下列問題：

1. B 所主張者為何種權利？
2. 若 A 只帶 9 千 9 百元，少了 1 百元，A 應向 B 為何種權利之主張？
3. 若 AB 協議，約定由 B 先交付手機試用，B 亦同意，但 A 隨後淪為「卡奴」負債，財產和薪水都被銀行向法院聲請強制執行，凍結不能使用，請問 B 可否主張不依原約定交付手機給 A 試用？

解析

　　依第 264 條，B 可行使同時履行抗辯權，所謂同時履行抗辯權係指因為雙務契約而互負有債務的當事人，在他方當事人未為對待給付前，可以拒絕自己的給付，行使同時履行抗辯權，只能暫時拒絕自己的給付，而不能永久拒絕給付。此乃雙務契約履行之牽連關係，不僅符合當事人訂約之本意，亦符合公平原則。

1. 要行使同時履行抗辯權，必須符合以下三個要件：

   (1) 雙方因為同一個雙務契約而互負有債務：

   　　A 和 B 雙方因意思表示合致，成立賣賣契約而互相負有債務，B 負有交付手機予 A 的義務，而 A 負有支付價金予 B 的義務。

   (2) 雙方當事人均無「先為給付」的義務：

   　　A 與 B 之義務，無論是依據法律或依據雙方規定，A 與 B 都沒有「先為給付」的義務。

   (3) 他方尚未依債務本旨為給付：

   　　B 並未依照買賣契約交付手機予 A，而 A 亦只交付了一半的價金，雙方均未依債務本旨為給付。

   　　B 行使同時履行抗辯權，可拒絕交付手機予 A。

2. 依第 264 條第 2 項規定：「他方當事人已為部分之給付時，依其情形，如拒絕自己之給付，有違背誠實及信用方法者，不得拒絕自己之給付。」雙務契約當事人之一方，雖得因他方當事人不履行其債務，而拒絕債務之履行，然若他方當事人已經為一部分債務之履行，並且所餘甚為微不足道，而仍藉口拒絕債務之履行，顯有違背誠實及信用之方法，故此時，應使其不得拒絕自己債務之履行。A 雖然尚未依照債務本質而為給付，但是 A 已

經給付的價金,與契約約定的價金,相差只有 1 百元,如果容許 B 在此時仍可主張同時履行抗辯權,對於 A 而言,並不公平。因此,B 不得行使同時履行抗辯權。

3. 依第 265 條:「當事人之一方,應向他方先為給付者,如他方之財產,於訂約後顯形減少,有難為對待給付之虞時,如他方未為對待給付或提出擔保前,得拒絕自己之給付。」雙務契約,有約定當事人之一方先向相對人為給付,推此契約之意,乃就相對人所應為之對待給付,乃信任相對人之故。若契約成立後,相對人之財產顯然減少,有不能對待給付之虞,是相對人不足信任,故於受對待給付或提出擔保以前,應使其得拒絕自己債務之履行,以保護其利益。

A 和 B 經過協議,B 先交付手機予 A 適用,B 由於信任 A 亦允諾,嗣後,A 隨後淪為「卡奴」負債,財產和薪水都被銀行向法院聲請強制執行,凍結不能使用,A 之財產顯然減少,有不能為對待給付之虞,假如仍要求 B 應依照契約先交付手機予 A,對 B 之利益顯有不公平,故 B 可以拒絕自己債務之履行,拒絕交付手機予 A 試用。

三、買賣不破租賃

案例

A 公司向 B 租賃一層大樓,作為營運總部,租期 6 年,每月租金 50 萬元,另給付 1 萬元為押租金。因房價持續看漲,B 見良機不可失,將該樓層出售予 C,C 決定自行經營大數之套房分租業務,請問:
1. C 可否請求 A 遷離該大樓?
2. A 可否向 C 請求返還押租金?
3. 若 B 為 A 公司之董事,基於公司營運成本考量,當時是 B 自願出借給 A 公司使用,有無「買賣不破借貸」之適用呢?

解析

1. 當 B 將大樓的所有權移轉給 C 後,C 就成為大樓的的所有權人,應可以依照第 767 條的規定,行使所有物返還請求權,請求 A 返還大樓,原因在於,當 B 仍為大樓所有權人時,A 是基於租賃契約而有權占有,但是當 C 成為大樓所有權人時,因為契約具有「相對性」,A 不能援用 A 和 B 之間的租賃契約來對抗 C,所以對 C 而言,A 是「無權占有人」,C 可以本於所有權人的地位,請求 A 遷離大樓。

但是，這樣法律適用的結果，對於弱勢的承租人相當不利，因此，第425 條設有「買賣不破租賃」的規定，使租賃契約對於大樓的受讓人 C，也繼續存在，以保護承租人的利益，此乃契約相對性的突破，也就是所謂一般所說的「債權物權化」，這時候會發生「法定的契約承擔」，C 必須承擔A 的租賃契約，繼續作為出租人，將大樓出租於 A。因此在租期屆滿前，C 不可以請求 A 遷離大樓。

2. 就第 425 條對押租金效力：押租金是以擔保承租人之租金債務為目的，由承租人交付於出租人之金錢或其他代替物，在民法並無規定，數額原則上由當事人自由約定。坊間租賃契約均有押租金的約定，一般住家租賃，押租金約為 2 個月的月租金。

　　學說上認為，押租金是從屬於租賃契約之「從契約」，且必須現實交付，始生效力，為「要物契約」，在租賃期間不須返還。

　　A 可否向 C 請求返還押租金，視 B 是否有將該押租金交付給 C。法院實務見解，若出租人未將押租金交付受讓人時，受讓人既未受押租金權之移轉，對承租人自不負返還押租金義務。但承租人依租賃契約所為之租金預付，得以對抗受讓人，故租賃契約如訂明承租人得於押租金已足夠抵充租金之時間內，不再支付租金，而將押租金視為預付之租金者，雖受讓人未收到押租金，承租人亦得以之對抗受讓人。

　　總之，若出租人 B 並未將押租金交付予 C 時，則 C 對於承租人 A 不負返還押租金之義務。

3. 依第 425 條之立法理由觀之，出租人於租賃物交付後，若又將其所有權讓與第三人，對於通常處於弱勢的承租人來說，確有不公平之處，故應保障承租人之利益，而有買賣不破租賃之規定，但是假如 B 為 A 公司的董事，而自願將該大樓借予 A 來作為營運之用，無論是依照條文之文義解釋，或者立法目的而言，A 若營運不佳對 B 來說，亦屬不利，而 A 之利益之損害並不如與出租人毫無關係之承租人來的嚴重。另外，會承租房子的承租人大多為經濟較為困難之人，若不對於承租人之權益加以保障，不甚符合公平正義。而 A 並非完全處於弱勢之承租人，應無買賣不破租賃的適用。

四、承攬契約

> **案例**
>
> 　　A 想要興建一棟媲美杜拜的帆船飯店，由 B 承包，原本預估，將在 94 年 1 月完工，但因 B 技術不良，導致工程一再拖延，由於工程拖延，預估要在 95 年底才能完工，請回答下列問題：
> 1. 若此舉已造成 A 資金調度困難，因而喪失許多投資機會，A 可主張何種權利？
> 2. A 預計該飯店外型應類似帆船，甚至比杜拜的帆船飯店豪華，但由於 B 施工錯誤，導致該飯店外型和帆船不像，A 可主張何種權利？
> 3. 若帆船飯店完工後，發生超強地震，導致飯店因而傾倒，A 可主張何權利？
> 4. B 承包工程，為了避免完工後，無法得到報酬，B 應如何保障自己的權利？

解析

1. 依第 502 條：「因可歸責於承攬人之事由，致工作逾約定期限始完成，或未定期限而逾相當時期始完成者，定作人得請求減少報酬或請求賠償因遲延而生之損害。前項情形，如以工作於特定期限完成或交付為契約之要素者，定作人得解除契約，並得請求賠償因不履行而生之損害。」B 應該要如期完成工作，但是工程直至 94 年 1 月仍未完工，B 已陷於給付遲延，A 可以請求減少報酬，或者是可以在舉證證明，因為遲延而喪失投資獲利的機會後，請求 B 賠償因為遲延而發生的損害。

2. A 與 B 預定要將飯店蓋成類似杜拜的帆船飯店，但是因為 B 的施工錯誤，使得原本契約中預期的目的無法達成，B 依第 492 條規定，應負瑕疵擔保責任。而 A 可以先請求 B 修補瑕疵，但是本案例，瑕疵無法修補，A 可以主張減少報酬；並且依照第 495 條第 1 項規定，請求損害賠償。

　　至於 A 究竟可否解除契約？因為 B 所承攬的工作是建築物，雖然瑕疵是因為可歸責 B 的事由而發生，但是必須要瑕疵重大，並且無法達成使用之目的，才可以解除契約，此乃因為承攬人興建此建築物，已耗費龐大人力及物力，若允許可以解除契約對承攬人影響非常巨大。然而本案例中，雖然飯店外型不似帆船，但是仍然可以達到使用之目的，因此 A 不可以行使解除契約。

3. 第 508 條規定，「工作毀損、滅失之危險，於定作人受領前，由承攬人負擔，如定作人受領遲延者，其危險由定作人負擔。定作人所供給之材料，因不可抗力而毀損、滅失者，承攬人不負其責。」不論是給付危險或價金

危險，在定作人受領工作前，都由承攬人負擔，在定作人受領工作後，都由定作人負擔，但是，如果，定作人受領遲延的話，則危險由定作人負擔。

　　本案例，首先要看究竟該飯店是否 A 已經受領？在受領前，飯店的滅失危險由 B 負擔，A 不必支付報酬給 B。但在受領後，發生飯店傾倒，則由 A 負擔危險，因此 A 仍要支付承攬報酬給 B，又如果 A 有受領遲延的情形，則危險也由 A 來負擔。

4. 依第 505 條規定，原則上，直到 B 的建築工作完成時，A 才有支付報酬的義務，但是，為了平衡保護定作人及承攬人的利益，民法規定，B 可以就該工作物設定抵押權，以擔保自己的承攬報酬債權。

　　依第 513 條第 1 項規定，承攬人為定作人於不動產上施工者，就其承攬關係所生之債權，對於其工作物所付之定作人之不動產，應與以法定之抵押權，以保護其利益。B 可以對於將完成的帆船飯店，請求 A 預為抵押權的登記，並且，縱然是在建築工作開始之前，B 也可以單獨為抵押權的登記。

五、保　證

案例

　　A 向 B 銀行借款 1 千萬元，由 C 提供房屋設定抵押，並由 D 為連帶保證人。屆清償期，請回答下列問題：
1. 若 A 無法清償，B 銀行應如何向 C、D 主張？
2. B 銀行可否直接對 D 起訴請求履行保證責任？
3. 若 C 和 D 是共同保證人，其情形有無不同？

解析

1. 在物保及人保同時並存之情形下，實務及學說見解有不同之看法，有認為物上保證人應負優先責任，故不致發生物上保證人向保證人求償之問題；亦有認為物上保證人與保證人應立於平等地位對債權負擔保責任，因此物上保證人及保證人內部間應比例分擔，亦即對他方有一定之求償權。

　(1) 物保責任優先說：當同一債權同時有人保及物保時，債權人原則上應先向物上保證人取償，於實行擔保物權仍有不足時，始向保證人主張權利。另外，實務上亦認為物之擔保，擔保物之提供人僅以擔保額為限，負物之有限責任（最高法院 80 台上 2508 民事判決）。而人之保證，保證人係以其

全部財產，負無限責任，其所負責任較重，基於公平起見，使物之擔保責任優先，以保護保證人。

故在物保及人保同時並存時，B 銀行應先向物上保證人 C 主張權利，假如 C 所提供之房子擔保物權仍有不足時，B 才可以向 D 主張權利。

(2) 物保人保地位平等說：物上保證人與保證人二者之間，於民法並無任何相關規範，因此應無任何順位關係，二者均係為了擔保債權而存在，無論是人保或物保，二者均是係以自己之財產為主債務人清償債務，僅是所負責任不同（即前者為無限責任，後者為物之有限責任），基於公平原則，二者應負相同責任，因而當主債務人不履行債務時，債權人應可擇一行使。實務上有判例即採如此見解（最高法院 69 台上 1924 判例）。而由此種見解似亦可推知物上保證人與保證人於法律上的地位應為相同。

故物保及人保並存時，主債務人 A 無法清償其債務時，B 銀行可以就 C 或 D 擇一來行使權利，以清償 A 之債務。

2. 依第 745 條規定：「保證人於債權人未就主債務人之財產強制執行而無效果前，對於債權人，得拒絕清償。」此即為「先訴抗辯權」，如主債務人不履行債務時，債權人應先就主債務人之財產而為強制執行，必須強制執行無效果，始得請求保證人清償，否則保證人對於債權人有拒絕清償之權利。故，B 必須先就 A 的財產為強制執行，而無法獲得清償，才可以向保證人 D 請求履行保證責任，否則保證人 D 可以拒絕清償。

3. 依第 748 條規定：「數人保證同一債務者，除契約另有訂定外，應連帶負保證責任。」本條乃為鞏固保證之效力，保證人有數人時，均使其為連帶債務人而復其責，排除分別利益之抗辯，以保護債權人之利益。

本案例中，C、D 共同保證 A 對 B 的債務，是一種連帶責任，依照第 273 條第 1 項規定，B 可以對連帶保證人中的一人、數人或全體，同時或先後請求全部或一部的給付。所以，B 可以請求 D 為全部金額的給付。但是，在 B 尚未對 A 的財產強制執行前，D 仍可以主張先訴抗辯權。

CIVIL
LAW

第三篇 實用 Q&A

Q1 何謂懸賞廣告？優等懸賞廣告？

A 懸賞廣告，依第 164 條規定，廣告人以廣告之方法，聲明對完成一定行為的人，負擔給與報酬的義務。例如 A 登報聲明，若有人尋回其走失之愛女，將贈送酬金 50 萬元的行為。

　　優等懸賞廣告，依第 165 條之 1 以下規定乃指完成廣告所指定的行為人有數人時，就其中經評定為優等者，方給與報酬之廣告。

其特點有三：

1. 廣告中聲名完成一定行為者，須經評定為優等，始給與報酬。

2. 訂有一定期間。

3. 有應徵之通知。

例如電視節目舉辦歌唱大賽，在比賽規則明定僅錄取前 6 名。

Q2 何謂表見代理？

A 指代理人雖無代理權，而本人由自己之行為，表示以代理權授與他人，表面上如有足使第三人信為有代理權之事實時，為了保護交易安全以及保障善意第三人，對於該無權代理行為，亦賦與有權代理行為類似之效果，故本人就他人以其名義與第三人所為之代理行為，應負授權人之責任（§169）。

Q3 何謂無權代理？

A 指行為人無權代理而以本人名義為代理行為，其類型有二：一為表現代理，一為狹義無權代理。第 170 條即指狹義無權代理，代理人無代理權，且不具備表現代理要件。其發生原因有四：未經授權行為、授權行為無效、逾越代理權範圍、代理權消滅後之代理。

Q4 何謂無因管理？何謂不適法之無因管理？

A 指未受委任，並無義務，而為他人管理事務者（§172）。至於不適法之無因管理，即管理行為違反本人明示或可得推知之意思，而為事務之管理。有三種情形：

1. 合意而不利之管理。

2. 不合意而有利之管理。

3. 不合意且不利之管理。

Q5 何謂不當得利？為何法律要規定不當得利的制度？

A 指無法法律上原因而受利益，致他人受損害者（§179），不當得利非屬法律行為，亦非屬事實行為，而是自然事實中的一種「事件」。

　　法律上規定不當得利的制度，規範目的乃衍生自衡平思想，主要在處理財產價值不正當的移動。惟有認為乃於物權無因性理論作用下，調整債權行為和物權行為間效力不一致所產生的不公平結果。

Q6 在侵權行為如何認定「行為」與「損害」間之因果關係？

A 因果關係，指侵害行為與所發生之損害間有「相當因果關係」，相當因果關係乃指侵害行為在一般情形下，依社會通念，皆能發生該等損害結果之連鎖關係，如無相當因果關係，侵權行為則無由成立。其功能有二：1.判斷侵權行為之成立（責任成立因果關係）2.判斷損害賠償之範圍（責任範圍因果關係）。

　　因果關係的認定，在適用時，可區分為兩階段，例如：A 因不滿 B 而心生怨恨，而開車衝撞 B，致 B 受重傷。

1. 條件關係：採「若無，則不」之檢驗方法，如果沒有 A 之行為，則 B 便不會受傷，故 A 的行為與 B 的受傷有條件關係。

2. 相當性：判斷是否在一般情形下，有此加害行為，依客觀之審查，皆能發生此種損害結果。A 開車衝撞 B，的確使 B 陷入危險，有發生損害的可能，故 A 的行為和 B 的受傷有相當的因果關係。

Q7　民法侵權行為之故意過失如何認定？

A　行為人主觀上故意、過失，其判斷參照刑法第 13 條及第 14 條之規定。故意，指行為人對於構成侵權行為之事實，明知並有意使其發生（確定故意）；行為人對於構成侵權行為之事實，預見其發生，而其發生並不違背其本意，以故意論（不確定故意）。第 222 條明定，「故意」責任不得預先免除。

　　過失，行為人雖非故意，但按其情節，應注意並能注意而不注意（無認識的過失）；行為人對於構成侵權行為之事實，雖預見其能發生而確信其不發生，以過失論（有認識的過失）。至於是否已盡注意能事，應以善良管理人之注意能力為標準，否則即為有過失存在。第 222 條亦明定，「重大過失」責任不得預先免除。

Q8　一般侵權行為之三種類型中，「故意以背於善良風俗之方法加損害於他人」認定要件為何比較嚴格？「違反保護他人之法律」係指哪些法律？

A　第 184 條共規定有三種「一般侵權行為」的請求權基礎，構成要件各有不同：

1. 故意或過失，不法侵害他人權利（§184I 前段）。

2. 故意以背於善良風俗之方法加損害於他人（§184I 後段）。
   善良風俗，謂國民的一般道德觀念，指正常公平合理思考者之正當感受；以違背善良風俗之方法加害他人，須有故意始具違法性。如以誇大之廣告，誘使他人與其訂立契約，致受損害。

3. 違反保護他人之法律（§184II）。
   保護他人之法律指一般防止危害權益，或禁止侵害他人權利之法律。凡直接或間接以保護個人之權益為目的者，均屬之。如工廠法第 24 條、道路交通管理處罰條例第 23 條等。

Q9　何謂共同侵權行為？有哪三種類型？

A　數人共同不法侵害他人之權利（§185）致生損害之情形，此數人不以親自實施加害為必要，利用他人之行為亦屬之，同時，此數人均應具備侵權

行為之要件；損害之造成，需係多數人造成同一之損害，通稱「損害共同關聯性」，此共同關聯性是否須各行為人主觀上有意思聯絡？

學說上有「犯罪共同說」與「行為共同說」，前者為早期實務所採，認為行為人主觀上需有意思聯絡，後者則為學者及現行實務所採，認為只需客觀上多數人過失競合而造成同一損害者，即可成立之，不須行為人主觀上有意思聯絡（67 台上 1737，司法院 66 變更判例 1 號）。

共同侵權行為，一般可分為三種類型：

1. 共同加害行為：共同加害行為的數個加害人之間，並不一定要有「意思上的聯絡」。如果數加害人的不法行為，都是被害人損害的原因，就可以成立共同侵權行為。

2. 共同危險行為：數個人共同為侵害他人權利的行為，但是無法確切得知，其中何人是加害人時，為了保護被害人，解決因果關係難以認定的困境，規定使數加害人必須一起對被害人負連帶賠償責任。

3. 造意及幫助：造意人，就是唆使他人實行侵權行為的人；幫助人，就是便利他人實行侵權行為的人。

Q10 民法上規定利率有哪兩種？何謂複利？

A 利率是計算利息的標準：

1. 法定利率：經由法律規定而定的利率。應付利息之債務，其利率未經約定，亦無法律可據者，週年利率為百分之五（§203）。

2. 約定利率：指利息數額由當事人約定者。當事人原則上可以自由約定利率的高低。

所謂複利，係重複計算各期利息，將利息滾入原本再生利息之利息的計算方式。與單利係計算各期利息，不將利息滾入原本再生利息之利息計算方式，有所不同。原則上民法禁止複利，如有違反，其複利計算方式，不生拘束債務人之效力。但是民法仍設有二個例外，一、當事人以書面約定，利息遲付 1 年後，經催告而不償還，債權人得將遲付之利息滾入原本。二、商業上另有習慣。

Q11 何謂回復原狀？

A 損害賠償，目的在回復或填補他人所受之損害，使被害人在法律評價上，回復至未受損害之原狀（§213）。而此一評價之手段，若依事實修復，為

回復原狀；若依金錢補償，則為金錢賠償。損害賠償之方法，係以回復原狀為原則，金錢賠償為例外，但國家賠償法則採金錢賠償為原則，回復原狀為例外（國賠 7）。

Q12 如何認定損害賠償中之「所受損害」與「所失利益」？

A 所受損害，又稱為積極損害，指既存財產因損害事實之發生，以致減少之情形。例如權利之喪失、物之毀損、醫療費用之支出、勞動能力之減少或喪失，生活上需要之增加均屬之。積極損害得按其實際所受損害請求損害賠償。而第 216 條即為完全賠償原則，除法律另有規定或契約另有訂定外，應就其所有損害負賠償責任。而此完全賠償原則，仍須受相當因果關係之限制。須「賠償其損害至如同契約未發生之情形」，亦即契約成立而未生效之損害賠償。

所失利益，又稱消極損害，指本應增加之利益，因損害事實之發生以致不能取得之情形是。所失利益與信賴利益賠償係不同層次之概念，信賴利益賠償之相對概念為履行利益賠償。須「賠償其損害至如同契約上被履行之情形」。

不論信賴利益賠償，抑或履行利益賠償，其損害賠償之範圍皆於所受損害及所失利益；即積極損害與消極損害二部分（§213）。

Q13 何謂履行輔助人？

A 依第 224 條規定：「債務人之代理人或使用人，關於債之履行有故意或過失時，債務人應與自己之故意或過失負同一責任。但當事人另有約定者，不在此限。」所謂履行輔助人，包括代理人及使用人，係輔助債務人履行債務之人，在債之履行上並無地位。惟其故意過失即為債務人之故意過失（§224）。

Q14 不可歸責債務人之事由與可歸責債務人之事由有何區別？

A 不可歸責債務人之事由，即不可以將責任歸由債務人負責，雖債務人有過失，但若已達到注意義務之標準，仍可不負責任（§225），易言之，是否不可歸責須視其應負之責任標準為何，若已達法律所要求之責任標準，就

算有過失亦不負過失之責，亦即不具可歸責之事由；其歸責之標準係以第 220 條為依據，如債務人僅就故意或重大過失負責時，如給付不能係因未盡與處理自己事務之同一注意或未盡善良管理人之注意義務，雖未有重大過失，仍屬不可歸責債務人之事由；若債務人僅應負具體輕過失責任，債務人已盡與處理自己事物之同一注意，雖未盡善良管理人之注意義務，仍為不可歸責債務人之事由。

可歸責債務人之事由，即可將責任歸由債務人負責之意，債務人有過失，未達到注意義務之標準，則須負責（§226），易言之，是否具可歸責性須視其應負之責任標準為何，若未達法律所要求之責任標準，即應負過失之責，亦即具可歸責債務人之事由；其歸責之標準亦係以第 220 條為依據，如債務人應負具體輕過失責任，債務人未盡與處理自己事物之同一注意，即屬有可歸責之事由。

債務人	效果	債權人	效果
不可歸責債務人	免給付義務	不可歸責債權人	免為對符給付
不可歸責債務人	免給付義務	可歸責債權人	債務人得請求對待給付
可歸責債務人	債權人得請求損害賠償一部分利益，債務人得拒絕	不可歸責債權人	得解附契約

Q15 何謂給付不能？

A 因債之關係而負有給付之義務，該義務不能履行之給付不能；給付不能，於給付特定物之債始有適用，種類之債尚無給付不能之觀念；同時，此不能不問主觀或客觀不能，惟限於嗣後不能，如係自始不能則為第 246 條標的不能契約無效之問題。須注意者，自始主觀不能，係屬此之不能之範圍；再者，給付不能不限永久不能、亦不限於事實不能，法律上之不能如非自耕農買賣農地禁止移轉者，亦屬之；所以，有認依社會一般人之通念，認為不能者即屬不能（§227）。

Q16 何謂給付一部不能？

A 給付一部不能，指債務人之給付，其中有一部分不能給付，惟須給付須係可分或除去該部分仍可為一部之給付者。舉例來該，買受人買受房屋三棟

後，出賣人將中一棟又出賣予第三人，且已辦理所有權移轉登記，則就其餘二棟房屋，出賣人仍有給付之義務。就出賣人已出賣之部分謂「給付一部不能」。

Q17 瑕疵給付與加害給付有何不同？

A 瑕疵給付，指該給付侵害履行利益而言，如攤商給付病雞。加害給付，指該給付侵害固有利益而言，如在狗飼料中有黴菌，致狗致生腎衰竭。

Q18 何謂情事變更原則？工程之物價調漲如何適用情事變更原則？法院實務上有何前例？

A 依第 227-2 規定：「契約成立後，情事變更，非當時所得預料，而依其原有效果顯失公平者，當事人得聲請法院增、減其給付或變更其他原有之效果。前項規定，於非因契約所發生之債，準用之。」法律行為成立當時為其行為之環境或基礎之情況有所變動而言，如物價、幣值無法預期之漲貶，在工程實務上常有物調之案例。

　　例如，A 工程公司和 B 縣政府簽訂「建造新辦公大樓」的契約，約定 B 支付 1 億元，A 必須在 2 年內完成興建，在契約訂定後 5 個月，因鋼鐵價格飆升，A 購買鋼筋的成本由原來的 1 千萬增加到 4 千萬元。若 A 能證明主要材料如鋼料等價格飛漲，於訂約時實無從預料，且鋼筋價格上漲造成公共工程承包商成本上升、無力承擔，契約業已顯失公平，則得準用情事變更原則，主動向 B 縣政府工程發包單位請求依市場行情調整契約鋼料單價，補貼物價指數超過 5% 差額之工程款。

　　但如果是土地的買賣交易，買賣雙方未於約定期限辦理所有權移轉登記，致嗣後辦理時，所繳納之土地增值稅較原應納之數額增加，僅生該稅款差額應由何人負擔之問題，非屬情勢變更，無該條規定之適用。

Q19 何謂給付遲延？催告之法律性質如何？

A 債務人有給付之可能，但於債務屆至期時因可歸責於債務人之事由，致未為給付的債務不履行之事由（§229）。蓋如無給付可能，即屬給付不能，與給付遲延無關。給付遲延為債務不履行的類型之一，其必須加上「可歸

責於債務人之事由」之要件，債務人始須就給付遲延負責，本條雖未明文，但可由第 230 條相比較可得而知。

催告的性質為意思通知，屬於準法律行為之一種，其效力準用意思表示（§94、§95）。催告並未具法效意思，其效果係法律規定而生的，例如本條即係發生給付遲延責任，其本身並無法效意思。

Q20 何謂不可抗力責任，什麼樣的情形可以主張不可抗力？

A 不可抗力責任，是債務不履行責任中最重的責任，縱使損害係因不可抗力而發生，債務人仍需負責，此責任如此重，故必須由法律明文規定始可。於可歸責於債務人之事由導致給付延遲時，債權人得請求延遲所生之損害。而此延遲既係可歸責債權人之事由所致，則延遲中因不可抗力而生之損害，亦應由其負責，始為公平。但如此一來，責任實在太重，因此第 231 條第 2 項但書又規定，債務人能證明縱不延遲給付，而仍不免發生損害者，不在此限。

例如 A 向 B 借 BMW 一輛，約定 95 年 10 月 1 日還車，期限屆至，A 因需用車而故意不還車，此時 A 應負給付延遲責任，在此段期間因強烈颱風侵襲，導致 B 住家附近淹水，該車受損，此時車之毀損係因颱風而生，固屬不可抗力。但如 A 依約還車，或許該車即不會泡水，所以民法就此因不可抗力所生之損害亦應負責。但如 A 證明縱使 A 如期還車，A 之住家亦淹水，該車仍會泡水者，則 A 就車泡水之損害即可免責，但仍應負遲延責任。

Q21 何謂受領遲延？

A 債務人或第三人所為之債務履行，債權人拒絕受領，或不能受領，不問債權人有 無過失，自債務人提出給付之時起，應使債權人付遲延之責，以保護債務人之利益（§234）。受領遲延性質上為債權人之權利不行使，故僅生失權之效果，債權人並不負法律責任，故受領遲延並非債務不履行責任。但是法律規定「受領」為債權人之義務（如民§367），如債權人受領遲延，則不但陷於受領遲延，亦陷於給付遲延。

Q22 何謂債之本旨？

A 債務本旨，依當事人契約、無因管理、不當得利及侵權行為等債之發生原因而履行其債務，並非僅限於契約始有本條之適用。例如 A 打破 B 房屋之玻璃，A 依市價賠償 B 而拿出現金，即係依債務之本旨提出給付（§235）。

Q23 何謂孳息？

A 可分為天然孳息與法定孳息，前者係指果實、動物之產物及其他依物之用法所收穫之出產物。後者則指利息、租金及其他因法律關係所得之收益（§239）。

Q24 有償行為與無償行為在撤銷權之行使有何不同？

A 債務人之法律行為，有害於債權人之權利時，債權人得聲請法院撤銷其行為，以保護其權利，然而此種撤銷權之行使，應視法律行為之性質而有區別。

如係無償行為，債務人對第三人之法律行為係無償，依其給付並無對價之行為。不問單獨行為或契約行為，只要是無償行為，不問債務人知其損害債權人之利益與否，債權人均得撤銷之（§244I）。

若係有償行為，債務人對第三人之法律行為係有償，依其給付係有對價之行為。此時第三人之利益亦應予以保障，故必須限於「於行為時，債務人明知有損害債權人之權利者，以受益人於受益時亦知其情事」，債權人始得撤銷，藉以保障第三人（受益人）之權益。

Q25 買賣物品給付定金之性質為何，其要件如何？

A 定金之性質，可區分為證約、成約、立約、違約、解約等定金，第 248 條乃指證約定金，第 249 條乃指為成約定金。而成約定金於債編修正後已不存在，立約定金乃確保契約將來之有效訂定而支付者，通說認可類推第 249 條處理。

定金，係為確保契約履行之目的，由當事人一方交付於他方之金錢或其他代替物，其要件有三：

1. 定金之客體為金錢或其他代替物。

2. 須由契約當事人一方交付他方。

3. 定金係以確保契約履行之目的。訂定金係為確保契約履行之目的，故須有被擔保之契約存在，故為從契約。再者，締約的當事人，一方交付定金，一方收受定金，定金契約始為成立，故性質上為要物契約。

Q26 何謂違約金？可否約定非金錢為給付？可否約定懲罰性違約金？

A 為確保契約履行之目的，當事人約定債務人不履行債務時，應支付之金錢。違約金與定皆為確保契約履行之目的，但違約金性質上為諾成契約，且其標的物限於金錢，如約定為約應為金錢以為之給付者；則係準違約金。民法第 253 條乃規定準用前三條違約金之規定。

至於懲罰性違約金，乃指當事人約定，債務人有不履行契約義務時，除支付違約金外，尚應負損害賠償責任，則其違約金為懲罰性違約金。既為懲罰性違約金，故除有違約金請求權外，尚得請求損害賠償，故對債權人之保障，更為優厚；故必限於明示之情形，始得認為係懲罰性違約金（如§250II 規定「除當事人另有訂定外」）。

Q27 何謂雙務契約？

A 指雙方當事人互負對價關係之債務契約。當事人互為債務人與債權人，而對價係指債權債務間互為因果，互為報償，且彼此牽連。影響所及，衍生出同時履行抗辯權及危險負擔之法律關係（§264）。

Q28 何謂同時履行抗辯權？

A 行使同時履行抗辯權，就是主張「一手交錢，一手交貨」。因為雙務契約而互相負有債務的當事人，在他方當事人未為對待給付前，可以拒絕自己的給付。行使同時履行抗辯權，只能暫時拒絕自己的給付，而不能永久拒絕給付。

其目的在迫使他方同時履行，確保自己債權之實現，並避免無謂之損失，較具有擔保債權實現之作用。為當對方已為債務之履行者，則其亦必須履行債務，故其性質為一時抗辯權。

同時履行抗辯權之適用範圍原則上陷於雙務契約之對價債務，但為維護當事人之權益，通說將其適用範圍予以放寬，凡當事人互負債務，而其債務雖未立於對價關係上，但二者之間具有履行上之牽連者，亦可類推適用第 264 條同時履行抗辯權之規定。

Q29 何謂對待給付？

A 雙方當事人之債務互為對價，二者立於相對之地位。如買賣契約，標的物所有權之移轉義務，其目的即在取得對價之金錢給付義務。反之，金錢給付義務之目的亦在取得標的物之所有權。故次二者即為對待給付，有同時履行抗辯權之適用。

Q30 何謂涉他契約？其中利他契約之效力如何？

A 契約的效力，原則上只在當事人雙方之間發生，與他人無關。但如果事實上有需要，當事人約定「由第三人給付」或者是「向第三人給付」（§269），基於契約自由原則，並無不可，此種契約內容涉及第三人的契約，屬「涉他契約」。

至於利他契約，指當事人以契約約定，債務人向第三人為給付，其契約所生之債權直接歸屬第三人之契約，是為第三人利益契約。此時第三人雖非契約當事人，但其因契約當事人之第三人利益約款而取得契約債權，故其得向債務人請求給付，惟其仍非契約當事人，故其不負任何給付義務。例如甲和乙成立買賣契約，甲需支付價金予乙，而其約定將房屋之所有權應轉移登記予第三人丙，且需移轉占有予丙。此時丙得請求乙移轉登記與占有，但價金支付義務人仍屬於甲。

直接請求給付之權，係第三人利益契約之特色。其中債務人、債權人及第三人的法律關係，參見下圖：

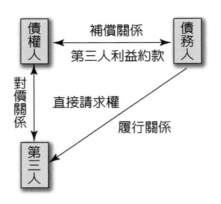

Q31 何謂代位清償？

A 利害關係人於清償時，即生債權移轉之效力（法定移轉、當然代位），利害關係人得代位債權人行使權利，故稱為代位清償。此時債務人對原債權人之抗辯權，仍得據以對抗利害關係人，乃有民法第 313 條準用債權讓與之規定。但代位清償如有特別規定者（如§749、§879），即不必再適用本條。

Q32 何謂代物清償？舉例說明之。

A 依第 319 條規定：「債權人受領他種給付以代原定給付者，其債之關係消滅。」在代物清償的情形，債權人與債務人間，必須要有以他種給付代替原定給付的合意，因此會在雙方之間成立代物清償的契約。因為必須現實為他種給付，所以是要物契約。

　　如 A 欠 B 5 百萬元，因無力償還，向 B 表示願意以名畫抵債，B 知道該名畫為大師所繪，市價可能超過 5 百萬元，故 B 同意。B 接受 A 以名畫抵債，雙方之間具備代物清償的合意，在 A 交付名畫之後，代物清償契約也具備了成立要件，契約成立。因此在 B 受領 A 的名畫後，A 的債務就歸於消滅。

Q33 何謂間接給付？舉例說明之。

A 依第 320 條規定：「因清償債務而對於債權人負擔新債務者，除當事人另有意思表示外，若新債務不履行時，其舊債務仍不消滅。」債務人因清償

舊債務,而與債權人成立負擔新債務契約,此時舊債務不當然因此而消滅,而係於債務人履行新債務時,舊債務隨同消滅。此規定目的在保障債權人之權益,於新債務履行時始消滅舊債務。

例如,A 向 B 借款 2 百萬元,以面額 2 百萬元的支票來償還借款。因 A 是以支票清償債務,因而對 B 父擔新的票據債務,以支票支付貸款,則支票未兌現前,其貸款債務亦不因而消滅。依照誠信原則,債權人 B 應先就新的票據債務請求履行,如果支票無法獲得兌現,B 才可以依借貸契約,請求 A 返還借款。

Q34　何謂典型契約與非典型契約?

A 典型契約,又稱有名契約,指法律上依其類型賦予一定名稱之契約,民法上所規定的契約類型都屬於典型契約。

非典型契約,又稱無名契約,指法律上未賦予一定名稱之契約,即典型契約以外之契約是也,其可分為「純粹無名契約」及有名契約與有名契約或無名契約之「混合契約」。

Q35　權利之買賣有何瑕疵擔保責任?

A 依第 349 條規定:「出賣人應擔保第三人就買賣之標的物,對於買受人不得主張任何權利。」稱「權利瑕疵擔保義務」,是出賣人在所移轉的財產權不完全時,應該負擔的義務。即出賣人出賣之物的權利,不可以有任何負擔,或屬於他人之物。出賣人就買賣標的之權利之瑕疵,應負擔保責任。

例如,A 向 B 購買土地,事後發現該土地上設有 C 的抵押權。B 應擔保沒有任何人可以就該土地向 A 主張權利。但是,B 移轉給 A 之土地上設定有抵押權,C 可以向 A 主張抵押權,拍賣土地,因此,B 移轉給 A 的所有權並非完整無缺,B 必須負權利瑕疵擔保責任。

Q36　物之買賣在那些情況下,出賣人應負瑕疵擔保責任?

A 依第 354、355 條規定,出賣人應負物之瑕疵擔保責任有下列情況:

1. 物的價值滅失或減少。

2. 物的通常效用滅失或減少。

3. 物的契約預定效用滅失或減少。

4. 物不具有所保證的品質。

但在例外的情況，出賣人可免責，包括：

1. 減少的程度無關重要。

2. 買受人於契約成立時明知有瑕疵。

3. 買受人因過失不知瑕疵以及出賣人未保證無瑕疵。

Q37　何謂附買回條款，其性質如何？

A 出賣人以將來買回其所出賣之標的物為目的，於買賣契約中保留買回此標的物權利之再買賣契約（§379）。其性質，通說採「再買賣說」，其他學說，尚有附解除條件之買賣說、解除權保留說及再買賣與附解除條件買賣之折衷說等。

Q38　何謂試驗買賣？分期付價之買賣？附條件之買賣？

A 買賣契約雖然成立，然而必須經買受人將標的物加以試驗後，認為適當滿意予以承認後，方生效力之契約（§384），為試驗買賣。買賣價金由當事人約定分為若干部分，而分月或分年定期支付之買賣契約（§389），為分期付款買賣。當事人約定出賣人於全部價金受清償前，保留標的物所有權，以作為價金債權之擔保之契約，為附條件之買賣。

Q39　何謂贈與？附負擔之贈與之效力如何？

A 依 406 條規定：「稱贈與者，謂當事人約定，一方以自己之財產無償給與他方，他方允受之契約。」即贈與人將自己財產，無償給與受證人，經過受贈人允諾接受的契約，就是贈與契約。「贈與」其實就是送，送東西給別人的人，就是贈與人；接受餽贈的人，就是受贈人。附負擔之贈與，依第 412 條：「贈與附有負擔者，如贈與人已為給付而受贈人不履行其負擔時，贈與人得請求受贈人履行其負擔，或撤銷贈與。負擔以公益為目的者，於贈與人死亡後，主管機關或檢察官得請求受贈人履行其負擔。」此乃指贈與契約之受贈人負一定給付義務，如教育部公費留學獎學金，約定公費生回國後須服務一定年限等。

Q40 何謂租賃？不定期租賃有何風險？

A 第 421 條規定租賃契約，就是當事人間約定，出租人以物租給承租人，供承租人使用收益，而由承租人支付租金的契約。不定期租賃契約乃指未定有租賃存續期間之契約（§422），租賃契約締約時若未約定期限，或因租約到期，出租人仍容許承租人繼續使用房屋，依照第 451 條規定，即發生默示更新租賃契約之效力，而成為不定期租賃契約。屆時效力若欲終止租賃契約就須受限於土地法第 100 條第 6 款規定。

Q41 何謂買賣不破租賃，立法目的何在？

A 依第 425 條規定：「出租人於租賃物交付後，承租人占有中，縱將其所有權讓與第三人，其租賃契約，對於受讓人仍繼續存在。前項規定，於未經公證之不動產租賃契約，其期限逾五年或未定期限者，不適用之。」基於維持租賃契約之安定性及保障承租之權益，出租人於租賃物交付後，縱將租賃物所有權讓與第三人或設定用益物權予他人導致妨礙承租人之使用收益時，承租人仍得以原租賃契約對抗第三人，亦即租賃契約具有物權的效力。

Q42 何謂租賃關係中之善良管理人之注意義務？

A 因租賃契約係有償契約，雙方互負對價關係，故承租人對於租賃物之使用、管領時，必須負有較一般人注意義務更為慎重之「善良管理人」之注意義務（§432）。

Q43 何謂借貸，分為哪二種類型？

A 1. 消費借貸契約：當事人之一方移轉金錢或其他代替物之所有權於他方，而他方以種類品 質數量相同之物返還之契約（§474）。

2. 有償消費借貸契約、無償消費借貸契約：以消費借貸契約是否附有利息或其他報償為標準，前者附有報償，後者未附有報償（§476）。

Q44 何謂法定抵押權？

A 依第 513 條規定：「承攬之工作為建築物或其他土地上之工作物，或為此等工作物之重大修繕者，承攬人得就承攬關係報酬額，對於其工作所附之定作人之不動產，請求定作人為抵押權之登記；或對於將來完成之定作人之不動產，請求預為抵押權之登記。前項請求，承攬人於開始工作前亦得為之。前二項之抵押權登記，如承攬契約已經公證者，承攬人得單獨申請之。第一項及第二項就修繕報酬所登記之抵押權，於工作物因修繕所增加之價值限度內，優先於成立在先之抵押權。」

　　法定抵押權係為擔保特定法律關係所生之債權，依法律規定而當然發生之一種抵押權。此種抵押權不須當事人合意設定，亦不以登記為生效要件，其權義關係準用民法物權編「抵押權」有關規定。而承攬之工作為建築物或共他土地之工作物，或為此持物之重大修繕者，承攬人就承攬關係所生之債權，對於其工作所附之定作人之不動產有抵押權，是民法對承攬人就承攬關係所生債權所設之法定抵押權。

Q45 民法債各增訂第八節之一「旅遊」之理由？

A 當事人約定，旅遊營業人提供旅客旅遊服務，而由旅客支付費用的契約，就是旅遊契約（§514-1）。所謂「旅遊營業人」，指的是以提供旅客旅遊服務為營業，收取旅遊費用的人。這裡所稱的旅遊服務，係指安排旅程及提供交通、膳宿、導遊或其他有關的服務。增訂重點包括：

1. 第一項規定旅遊營業人之意義。

2. 旅遊營業人所提供之旅遊服務，至少應包括 2 個以上同等重要之給付，其中安排旅為必要之服務，另外尚須具備提供交通、膳宿、導遊或其他有關之服務始得稱為「旅遊服務」。

Q46 何謂委任？一般委託律師訴訟為何為特別委任？

A 委任契約，指當事人約定，委任人委託受任人處理事務，受任人允諾處理的契約（§528）。且受任人受特別委任者，就委任事務之處理，得為委任人為一切必要之行為，故受任人受特別委任時，受任人就該委任之事務得

為一切必要之行為，無論法律行為或非法律行為均得為之，但以必要者為限（§533）。

Q47 合夥財產之性質如何？

A 合夥財產為合夥人所共有，只具有存在潛在應有部分，共同共有財產之處分須得全體合夥人之同意。

Q48 何謂隱名合夥？何謂表見出名營業人？

A 隱名合夥契約指當事人約定，一方（隱名合夥人）對於他方（出名營業人）所經營之事業出資，而分受其營業所生之利益及分擔其所生之損失之契約（§700）。

　　表見出名營業人，指隱名合夥人以自己之行為表示參與合夥事業之執行或知他人表示其參與執行而不否認者，形式上得使第三人相信其為出名營業人，對該第三人需負出名營業人之責任，其保障第三人之信賴利益也。

Q49 債各第 19 節之 1 增訂「合會」，有何規定可糾正過去民間習慣上法律關係不明確之處？

A 合會，原本是一種民間習慣，為了使當事人間的權利義務明確，民法納入合會的規定，成為典型契約的一種。

　　「合會金」與「會款」意義應有不同，惟民間習慣上，概以會錢或會款稱之。為澄清觀念，避免混淆，第 709 之 1 條第 2 項明定合會金之定義。至於民間合會金訂立會單記載事項多不一致，至易引起糾紛，為其合會之正常運作，§709 之 3 條規定合會應訂立會單，並明定記載之事項。

Q50 何謂保證與共同保證？

A 第 739 條規定：「稱保證者，謂當事人約定，一方於他方之債務人不履行債務時，由其代負履行責任之契約。」即保證人與債權人約定，在債權人的債務人不履行債務時，由保證人代付履行責任的契約。

共同保證依第 748 條規定：「數人保證同一債務者，除契約另有訂定外，應連帶負保證責任」。為數保證人保證同一債務之特殊保證。

Q51 何謂保證人之代位權？

A 保證人向債權人為清償或為其他消滅債務之行為後，得取代原債權人之地位而向債務人行使原債權之權利。

Q52 何謂人事保證？債各第 24 節之 1 增訂之理由如何？

A 「保」這個中文字的寫法，即「人呆」或「呆人」也，過去社會上常有為他人作保而傾家蕩產的情形，為避免人事保證之「保證人」負過重的責任，債各明定其責任範圍。第 756 之 1 條所稱受僱人者，與第 188 條所稱之受僱人同其意義，凡客觀上被他人使用為之服勞務而受其監督者均屬之。人事保證契約係以將來內容不確定之損害賠償債務為保證對象，對於保證對象，對於保證人極為不利，不可不設期間之限制。第 756 之 3 條增定人事保證約定之間，及逾期縮短之規定。

第 3 編

物 權

第一篇　法律導覽

第二篇　案例解析

第三篇　實用 Q&A

CIVIL
LAW

▍本編圖目錄

▍本編表目錄

第一篇　法律導覽

第一章　物權法概說

第一節　物權法的意義及特性

　　物權法是規定「物權關係」的法律，屬於民法第三編，一般對物權最多的理解是「財產權」，所以憲法第 15 條明文規定，人民的財產權應予保障，物權法就是保障人民財產權的具體實現。整部民法制定施行於 1930 年代，當時的社會環境與經濟條件和今日大有不同，跨世紀之後的工商交易環境，因為科技工具的發達，各種新興的交易型態越趨複雜，其中最為挑戰在農業時代的「物權」理念。

　　民法在台灣施行的經驗，以自由經濟為原則，遵循市場機能，保障「私有財產權」，以創新和誘因推動經濟發展，落實「人性尊嚴」的普世價值。

　　司法院大法官有關「公用地役權」的宣示，在 1996 年即作出 400 號解釋，提出了擲地有聲的財產權保障原則：「憲法第 15 條關於人民財產權應予保障之規定，旨在確保個人財產之存續狀態行使其自由使用、收益及處分之權能，並免於遭受公權力或第三人之侵害，俾能實現個人自由、發展人格及維護尊嚴。」

　　所謂「物權」，是「對物的權利」，可直接支配其標的物，而對任何人主張的一種「財產權」。例如，動產或不動產所有權，為典型的物權，其物的所有人於法令限制的範圍內，得自由使用、收益、處分其所有物，並排除他人的干涉。

　　物權為財產權，債權也是財產權，民法第二編所規定的「債」，其性質上是一種「請求權」，債權人可以向債務人請求，但必須透過債務人的行為，債權人才能夠支配標的物。物權卻可以「直接支配」標的物，也可以逕行「排除他人干涉」。

　　至於物權法性質，兼具「私法性質與公法規定」；「強行規定與任意規定」。原則上物權在規範私人間財產的權利義務，但基於公共秩序、善良風俗及社會資源的有效利用，私有財產權亦受一定的限制，國家法律特予介入，例如，所有權必須在法令限制之範圍內（§765）、私有建地為空地之依法使用或加徵空地稅（土地法§87Ⅰ、§89、§173）等，均屬於物權法具有公法的性質。

　　其次，因物權具排他性，涉及第三人交易安全，物權法的規定多屬強行規定，原則上不容許當事人以合意加以排除，例如，物權法定主義（§757）、典權約定期限（§912）等。但為顧及當事人權利義務平衡，物權法亦有任意的規定，大多在法律明文表示出來，亦即，可經「當事人特約」而改變物權法律關係，如共有物管理的約定（§820Ⅰ）、地上權不得讓與的約定（§838），以彰顯私法自治的精神。

　　分析物權行為的特性如下：

一、獨立性

　　物權行為與債權行為相互分離，獨立於債權之外，此謂物權行為獨立性。例如，A和B於82年2月3日訂立土地買賣契約，約定同年月23日移轉所有權登記。2月3日已成立買賣之債權行為。嗣A於2月23日將土地所有權移轉登記給B，B將價金交給A，A和B間分別發生兩個物權行為：一是土地所有權移轉之物權行為意思表示（書面＋登記）；一是金錢動產所有權之交付占有的物權行為意思表示。

二、無因性

　　採物權行為與債權行為分離原則的規範模式，即發生債權行為不成立，物權行為效力是否受影響？此乃物權有因、無因的問題。本法採無因性，即物權行為之效力，不受其原因行為（即債權行為）所左右，縱使債權行為有不成立、不生效、被撤銷或無效的情形，物權行為不因此而受影響。例如，A將機車賣予B並交付後，A發現意思表示有錯誤，而撤銷A和B間之買賣契約（債權契約）。若採無因性理論，A和B間之物權行為（移轉機車所有權）不受影響，換言之，B仍為該機車之所有權人，A僅得向B主張不當得利。

　　B若更進一步出賣並交付C，則A不能主張B和C間為無權處分行為；或若B因欠債，被債權人D查封拍賣該機車時，A非所有權人，不得排除D之查封拍賣。

三、用益與擔保之不同特性

　　物權又分為用益物權及擔保物權，其特性不同，用益物權以所有權為代表典型，特性如下：

1. 民法上所規定的用益物權，以不動產為限，在動產上不成立用益物權。

2. 用益物權以物的利用為內容，原則上於同一標的物不得同時設立多數用益物權。但用益內容不排斥者，得併存之，如於同一土地上設定有地下街內容的地上權，和有空中走廊使用的地上權。

3. 用益物權的設定可為有償或無償，若為有償者，無論法定或約定，均準用出賣人瑕疵擔保責任（§347）。

4.地上權及典權具有處分性，得為讓與或設定抵押，有助於土地使用的效率。

　　擔保物權以抵押權為代表，其特性如下：

1. 從屬性：從屬於債權。

2. 不可分性：債權未獲全部清償前，得就擔保物之全部行使其權利。且不論債權有無一部分割、清償，擔保標的物不因此而分割或減縮；反之，縱擔保標的物經分割或減縮，仍擔保全部債權。

3. 物上代位性：擔保標的物滅失、毀損，因而得受賠償者，該賠償為擔保物權標的物之代替品，權利人得就該賠償行使其權利。例如，以房子向銀行抵押貸款，銀行一定會要求將房子投火險，以防萬一房子失火，銀行可以取得保險金，抵押品從原本的房子變成金錢（保險金），此即為物上代位性（§881）。

　　兩者之區別說明如下：

（一）性質上不同

　　「用益物權」的性質為「用益權性」，係支配標的物的用益價值；「擔保物權」的性質為「價值權性」，係支配標的物的交換價值。

（二）目的不同

「用益物權」係支配標的物的用益價值，故著重對於標的物為實體的支配；然「擔保物權」僅係支配標的物的交換價值，並不著重對於標的物為實體的支配。

（三）目的實現時間不同

「用益物權」係支配標的物的用益價值，故目的實現的時間為「現在」；然「擔保物權」僅係支配標的物的交換價值，故目的實現的時間為「未來」（即債權屆期未獲清償時）。

（四）與債權結合必然性的不同

「用益物權」僅係支配標的物的用益價值，故無與債權結合之必然性；然「擔保物權」係支配標的物的交換價值，故具有與債權結合之必然性（此即「擔保物權」之從屬性）。

（五）標的物滅失影響不同

「用益物權」係支配標的物的用益價值，標的物滅失時，即無可供其支配之客體，「用益物權」即歸於消滅；然「擔保物權」僅係支配標的物的交換價值，標的物滅失時，卻有轉化為其他之經濟價值時，「擔保物權」自應移存於轉化後之經濟價值上而存在（此即「擔保物權」之物上代位性）。

第二節　物權法的基本原則

物權的基本原則包括物權法定主義、排他性原則與一物一權主義等。

第 757 條規定：「物權除依法律或習慣外，不得創設。」修正理由謂：為確保交易安全及以所有權之完全性為基礎所建立的物權體系及特性，物權法定主義仍有維持必要，然為免過於僵化，若新物權秩序法律未及補充時，利用習慣予以填補。所謂「法律」，指民法以及其特別法，所謂「習慣」，指具備慣行之事實及法的確信，即具有法律上效力之習慣法。所謂「不得創設」，指不得創設法律所不承認的物權，也不得創設與物權法定內容相異的內容。

其次，物權尚有一重要概念，是一物一權原則，有稱「物權標的物特定原則」。一個物權的客體（標的物），應以一物為原則，一個物權不能存在於兩個物之上。

物權是以「物」為客體。但物權也有以「財產權利」為客體，如抵押權的「標的物」可以為地上權、農育權或典權，即在地上權、農育權或典權的權利上設定抵押，稱「權利抵押權」（§882）。債權或無體財產權等可以作為質權的標的物，稱「權利質權」（§900）。

故何種權利可以作為物權的客體，須有法律依據，並準用「物」權的規定，如其他抵押權準用不動產抵押權（§883）、權利質權準用動產質權（§901）。例如，單一物（如土地）和合成物（如汽車包括車體和零配件、汽油）在法律上均為獨立之物，為一個單獨所有權的客體。集合物（如圖書館內有數量眾多的圖書資料）是由數個獨立的物集合在一起，但是，集合物本身不能作為物權的標的物，所有權僅存在於各個獨立物之上（如圖書館不能為物權標的物，而是每一本書或每一件視聽資料的所有權）。基於物權標的物特定原則，物權變動應就個別的「物」作成。

依民法大師王澤鑑教授的見解，物權法的結構，就物權性質言，為物權絕對性；就物權種類言，為物權法定原則；就物權客體言，為特定客體原則；就物權效力言，為物權優先效力；就物權變動言，為物權行為獨立性、無因性和公示原則。

其中，物權的絕對性是物權的基本性格，物權法的規定，是私有財產制度（社會政治原則）的具體化，把握這些原則，有助於了解個別規定的內容，並作合理的解釋適用，有關物權法的結構原則，參見圖一：

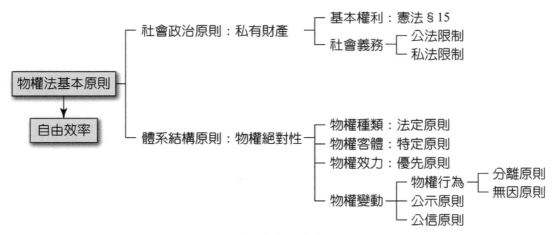

圖一：物權法的結構原則

現行物權編所規定的物權，包括下列八種：

1. 所有權（§765以下），又分為不動產所有權與動產所有權兩類。

2. 地上權（§832 以下），又分為普通地上權與區分地上權。

3. 農育權（§850-1 以下）。

4. 不動產役權（§851 以下）。

5. 抵押權（§860 以下），又分為普通抵押權、最高限額抵押權及其他抵押權。

6. 質權（§884 以下），又分為動產質權與權利質權兩類。

7. 典權（§911 以下）。

8. 留置權（§928 以下）。

　　此外，尚有「占有」之事實（§940）。至於其他法律所定之物權，如動產擔保交易法上之「動產抵押」（動產擔保法§15 以下）。

　　觀察物權編的立法技術，是由「抽象到具體」、「一般到特殊」，在第一章「通則」，宣示物權法定原則，明定物權得喪變更的基本原則，作為以下各章共同適用的規定。第二章「所有權」，亦設有第一節「通則」，可普通適用於不動產和動產所有權。民法大師王澤鑑教授稱「此種通則化的立法技術係我民法的特色，有助於體系構成，精簡條文。」

第三節　物權法發展與新趨勢

　　物權法的發展與社會經濟變遷相關，國民政府制定的民法典，自 1945 年起，適用在台灣，超過半個世紀的物權法發展，可分為下列 5 個階段：

1. 1930 年代物權法體系的建立。

2. 1950 年代的土地改革。

3. 1970 年代的土地使用規劃。

4. 1980 年代以後的社會經濟條件。

5. 2007 年後物權法三次修正。

　　在農業時代的物權種類和社會需求，面臨挑戰也必須因應經濟的發展而調整，例如「土地所有權制度」，在台灣從農業社會過渡到工商業社會，以「三七五減租條例」、「耕者有其田條例」到「農業發展條例」各階段的發展，物權法適用和發展，與土地實務運作密切相關；國有土地的財產管理制度，從嚴格到寬鬆，當越來越多的農地改良成工商用途、國有土地標售由私人財團取得，土地所有權及私有財產制度等，能否奠定符合台灣發展的物權法制。民法大師王澤鑑教

授指出,「宏觀地觀察物權法(尤其是土地所有權)與台灣社會變遷的相互作用。此種認識將有助於探討,如何在憲法保障財產權的基礎上,經由立法、行政和司法確保個人在財產法上的自由形成空間,及促進物盡其用的經濟效率。」

有關於物權編的大幅修正,未來發展趨勢有幾點值得觀察者:

1. 所有權社會化的進展。

2. 環境保護的公法領域進入物權法。

3. 相鄰關係的公私法雙軌規範。

4. 共有制度的調整。

5. 用益物權和擔保物權的消長:擔保物權在社會經濟發展越來越重要,用益物權逐漸縮小。

6. 物權和債權的相對化。

舉例而言,在所有權社會化趨勢下,現代社會所有權概念本質上亦包含「權利」和「義務」,以符合社會經濟的需要及所有權法秩序的發展,也就是「私的所有權」,在概念上並非絕對,基於法令和公益的考量,可加以「公用徵收」,故所有權的限制及受拘束乃其本質使然。不過,在自由經濟體制下,應推定私有財產權的自由,主張所有權受有限制者,須負舉證責任。

至於物權法的新趨勢,與社會交易有關,例如,近年來熱門的「不動產證券化」,亦值得注意與物權法的發展。所謂不動產證券化,指將不動產之投資轉變為證券型態,使投資者與標的物之間,由直接之物權關係,轉為持有債權性質之有價證券。將原本持有不動產土地或建築物之財產權,切割分為較小單位並轉換成有價證券。易言之,不動產證券化係為物權之證券化。

不動產證券化係按不動產之資產價值、開發管理或處分之收益作為證券化之標的基礎,且依每期固定之現金流量,包括開發管理或處分不動產之收益等,予以單位化、細小化。經此處理,龐大而不流通之不動產,瞬時轉化成為流動性之證券,以發行給投資人。如此結合不動產市場和資本市場之特性,加強其變現性與流通性,並經由金融手段,解決不動產流通性之問題(參見 2003 年公布施行、2015 年修正之「不動產證券化條例」)。

第二章　通　則

第一節　概　說

民法對於何謂物權，未設明文定義，一般稱對物的權利，也就是說物的「歸屬權利」，法律賦予權利人直接支配其物之力；而且是「絕對的」物權歸屬的權利，對任何人都有效力，非經物權人同意，不得侵害，對受他人侵害時，物權人得主張物權請求權，排除他人的侵害，以回復物權應有的圓滿狀態。

物權編第一章規定通則，為各種物權適用的基本原則，其條文一覽，參見表一：

表一：物權通則條文一覽

條　文	內　　容
§757	物權法定主義
§758	設權登記——登記生效要件，書面為之
§759	宣示登記——登記處分要件
§759-1	不動產物權登記之推定效力
§761	動產物權讓與：1.現實交付、2.簡易交付、3.占有改定、4.指示交付
§762	物權因混同而消滅
§763	所有權以外物權之混同
§764	物權因拋棄而消滅

其中第第 759 之 1 條規定不動產物權登記之推定效力，「（第 1 項）不動產物權經登記者，推定登記權利人適法有此權利。（第 2 項）因信賴不動產登記之善意第三人，已依法律行為為物權變動之者，其變動之法律效力，不因原登記物權之不實而受影響。」對不動產物權之登記所表彰之物權，如與實際狀態不一致，例如無所有權登記為有所有權，或土地有地上權負擔而未登記該地上權等不實情形，信賴不動產登記之善意第三人因信賴登記與之為交易行為，依法律行為再為物權變動之登記，明文亦承認其效力。

物權的概念與民法總則規定「主物與從物」（第三章「物」，§66~§68）、「原物與孳息」（§69~§70）、物的「重要成分與非重要成分」等，應予配合運用。

第二節　物權的效力

物權因法律賦予直接支配排他性，而有不同的效力，而且個別的物權，有特有的效力，其共同的效力包括排他效力、優先效力、追及效力及物上請求權，說明如下：

一、排他效力

排他效力，指在同一標的物上，不容許性質互不兩立的二種以上物權併存，例如，一物不可以有二個所有權（只能共有一個所有權）。但其彼此之間若可以併存，則為例外，可於所有權上設定抵押權、地上權等。

二、優先效力

優先效力可分為物權優先於債權，與某一物權優先於其他物權兩種情形，分別舉例說明：

（一）物權對債權的優先效力

例如「一屋兩賣」的情況，A 所有房屋一棟，先後與 B 和 C 訂約出售，如 C 已登記為所有權人，B 雖訂約在前，亦不可對抗 C，因 C 有「物權」，B 僅有「債權」，至於 B 所受損害可另循買賣契約求 A 賠償。此謂「所有權的優先性」。

在「用益物權的優先性」，例如 A 出借山坡荒地提供 B 當流浪狗庇護所，雙方約好屬於無償使用借貸關係，其後 A 在該土地上設定不動產役權予 C，C 為不動產役權人，基於用益物權的優先性，C 得向 B（與 A 僅有債權債務關係）請求返還。

「擔保物權優先性」在實務上更是重要，例如，抵押品被拍賣時，抵押權人優先於一般債權人受償。不過，「買賣不破租賃原則」（§425），是一個例外，基於保護承租人考量，例如，房屋過戶登記給第三人，第三人雖因之為物權人（所有權），但仍不能要求舊房客（債權人）在租期屆滿前遷出。

（二）物權相互間的效力

例如，地上權人優於所有權人，第一順位抵押權人優於第二順位抵押權人，成立在先的抵押權優於成立在後的地上權或其他權利。主要是依「定限物權優於所有權」，「成立時間在先，權利在先」的原則加以判斷。

三、追及效力

物權追及效力，指物權成立後，不論標的物輾轉於何人之手，物權皆追及而至，即物權人均得追及物之所在，而直接支配其物的效力。例如，抵押人將抵押物出賣他人，原抵押權不受影響，抵押權人於其債權屆期未獲滿足時，可追及該物，聲請法院拍賣該抵押物（§867）。

四、物上請求權

或稱「物的請求權」，包括所有權的物上請求權及占有物上請求權（§962）。第 767 條第 1 項規定，「所有人對於無權占有或侵奪其所有物者，得請求返還之。對於妨害其所有權者，得請求除去之。有妨害其所有權之虞者，得請求防止之。」且增訂第 2 項「前項規定，於所有權以外之物權，準用之」。此為純就物權法上的保護，若就物權在私法上的保護，應再包括債權法上的保護。

民法大師王澤鑑教授舉出經典案例，並分析各種「私法上的保護」途徑：甲有某路旁空地，出租於乙，作為停車場。某丙強行占有該地，經營檳榔攤和地下加油站，嚴重汙染該地。試問甲、乙得向丙主張何種權利？分析其可主張的私法上權利，包括「物權法上的保護」和「債權法上的保護」，前者包括物權請求權和占有人的物上請求權；後者包括侵權行為損害賠償請求權和不當得利請求權。參見圖二：

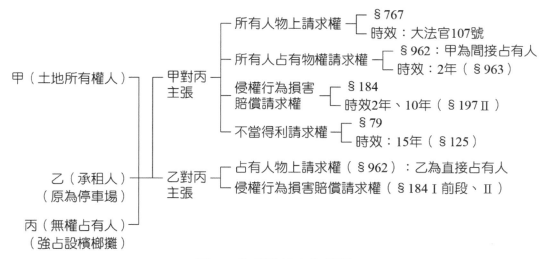

圖二：物權私法上的保護

第三節　物權的變動

　　物權變動，指物權因法律行為而取得、設定、喪失及變更者，因為攸關當事人之權益至鉅，為示慎重，應以書面為之，稱物權行為的書面性（§758Ⅱ），所謂「書面」，係指具備足以表示有取得、設定、喪失或變更某特定不動產物權之物權行為之書面而言。物權變動的原則，為維護交易安全，有二大原則：

一、公示原則

　　當物權變動之際，以有一定由外界可以辨認之徵象，始能發生變動效果，謂之公示原則。不動產變動之法律行為，應以書面並經登記，動產以交付占有為公示的方法。

二、公信原則

　　物的變動既以登記或交付占有為方法，信賴此一表徵而有所為者，縱令其表徵與實質的權利有不相符合，但法律對於信賴者，亦應加以保護，此即公信原則。

　　不動產物權變動以「登記」為公示方法，即一方面以登記作為依法律行為而生物權變動的生效要件（§758 即設權登記），另一方面以登記作為非依法律行為取得物權的處分要件（§759即宣示登記），兩者之區別，參見表二：

表二：不動產登記要件

登記之性質	設權登記	宣示登記
法條	§758	§759
原則	登記為生效要件	登記為處分要件
取得態樣	物權行為（包括物權契約及單獨行為，如拋棄）	非基於法律行為：1.繼承。2.強制執行。3.徵收。4.法院之判決。5.其他非因法律行為而取得，如：1.法定抵押權（國宅條例§17）。2.法定地上權（§876）。3.因除斥期間屆滿典權人取得典物所有權（§923Ⅱ）。3.因法律事實而取得不動產，如自己出資興建建築物
行為的方式	書面要式（以不動產移轉或設定為內容的物權行為）	限制「不得處分」，指處分行為，不包括負擔行為
違反效果	無效	無效

　　所謂非依法律行為不取得，例如甲繼承其父的不動產，於辦理登記前可取得所有權，得將不動產出賣或出租予乙，甲和乙所簽訂的買賣契約或租賃契約有效，但未經登記不得處分，即甲的所有權無法移轉。

　　就動產物權變動的形式主義，規定於第 761 條第 1 項，「動產物權之讓與，非將動產交付，不生效力。但受讓人已占有動產者，於讓與合意時，即生效力。」其所「讓與合意」，指物權合意（物權契約）。

　　物權變動的體系構成，依民法大師王澤鑑教授提出的模式，參見圖三：

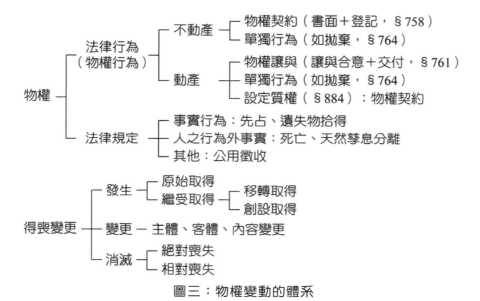

圖三：物權變動的體系

　　至於動產物權的變動，包括其得喪變更，散見物權編各條的規定，通則第 761 條規定動產物權之讓與，第 764 條規定動產物權因拋棄而消滅。第三人有以該物權為標的物之其他物權或於該物權有其他法律上之利益者，非經該第三人同意，不得為之。而且拋棄動產物權者，並應拋棄動產之占有。在所有權章的第三節「動產所有權」，第 801 條規定動產所有權的善意取得，在質權章的第 884 條規定動產質權的設定。

　　在通則所規定的「動產物權讓與」，主要包括讓與方式，必須符合「讓與合意」與「交付」二個要件。

　　動產物權的變動，採「交付生效要件」。動產物權，以占有其物為支配之根據，如不交付其標的物，即無實施動產物權之作用，故交付係讓與動產物權之生效要件。

　　「交付」可分為現實交付與觀念交付兩種。現實交付,指動產物權之讓與人將其對於動產之現實直接支配之管領力,移轉於受讓人。一般所稱的交付,即為現實交付。例如 A 向 B 購買汽車,B 即向 A 交付該汽車。如何將事實上的管領力移轉,應依交易觀念決定,在購買汽車時,交付車主該汽車的鑰匙,即可當做現實交付。

　　至於「觀念交付」,並不是現實交付,但為現實交付的替代,包括簡易交付、占有改定、指示交付(返還請求權的讓與),此三種情形說明並舉例如下:

一、簡易交付

　　第 761 條第 1 項但書規定,「但受讓人已占有動產者,於讓與合意時,即生效力」,稱為簡易交付。例如 A 向 B 購買電腦,而 B 早就將該電腦借給 A,此時要求 A 先返還 B 該電腦之後,再由 B 交付電腦給 A,實在不經濟便捷。此種情形,物權法規定於 A 和 B 二人於讓與合意時,即生交付之效力。

二、占有改定

　　第 761 條第 2 項規定,「讓與動產物權,而讓與人仍繼續占有動產者,讓與人與受讓人間,得訂立契約,使受讓人因此取得間接占有,以代交付」,稱為占有改定,立法理由亦在簡化動產物權的移轉。但該契約必須是讓與人與受讓人間,訂立足以使受讓人因此取得間接占有的契約。例如,A 向 B 購買大提琴,而 B 因在 1 年內須使用該大提琴,以參加比賽,雙方經合意,訂定使用借貸契約或租賃契約,由 A 取得間接占有,以替代現實交付,而完成大提琴的所有權移轉。

　　所謂「訂立契約」,不限契約的種類,包括使用借貸、租賃、寄託均可,但必須存在於讓與人與受讓人間,由受讓人取得間接占有,至於讓與人究為直接占有或間接占有,在所不問。例如,A 的哈雷機車寄放好友 B 處,後因經濟不佳,A 將該車出售予 C,但 A 深知 B 參加哈雷車隊,A 遂與 C 訂立租賃契約,以代交付,使 C 取得機車所有權。在此情形,存在多層次的占有關係,受託人 B 為直接占有人,讓與人 A 為間接占有人,受讓人即物之所有人 C 亦為間接占有人。

三、指示交付

　　第 761 條第 3 項規定,「讓與動產物權,如其動產由第三人占有時,讓與人得以對於第三人之返還請求權,讓與受讓人,以代交付」,學說上稱指示交付或「返還請求權之讓與」或「返還請求權之代位」,立法理由係基於簡便原則。

　　例如，A 將其所有鋼琴借予 B 使用後，將琴賣與 C，如 A 先從 B 處取回其所有之鋼琴後，再將琴交付給 C，不甚便捷。此時，A 可將其借予 B 的鋼琴之「返還請求權」讓與 C，以代交付，由 C 取得所有權，實符合當事人利益。

第三章　所有權

第一節　通　則

　　所有權分三節，第一節為通則，第二節為不動產所有權，第三節為動產所有權，其中「通則」為不動產與動產均適用之基本原則，其規定條文參見表三：

表三：所有權通則條文一覽

條　文	內　　　容
§765	所有權的權能
§766	物之成分及天然孳息的歸屬
§767	Ⅰ.所有權人之物上請求權、Ⅱ.不動產物權準用
§768	動產所有權之取得時效
§768-1	動產所之占有時效
§769	不動產所有權之一般取得時效
§770	不動產所有權之特別取得時效
§771	取得時效之中斷
§772	所有權以外財產權取得時效之準用

第一項　概　說

　　所有權是物權的原型，但民法對所有權未有定義，第 765 條規定的是「所有權的內容」，也是一種可以使用收益及處分的「權能」。憲法規定「財產權應予保障」，以保障所有權為核心的基本價值，憲法的保障包括「制度保障」和「個別保障」。

　　制度保障，指所有權是一種制度，必須加以維持，物權法規定的所有權制度，使人民的財產權獲得保障。個別保障，指所有權作為屬於個人的一種權利，應加以維護，對國家而言，所有權是一種人民的「基本權」，原則上受憲法和法律保障，如果要加以限制，必須以法律為之（憲§23），不得以行政命令或其他權宜措施限制人民的所有權。

在此一基礎上，民法大師王澤鑑教授特別提出「所有權與人格倫理」的密切關係：「個人的自我實現及人格發展，必須有其可以支配的物質。所有權是個人自主獨立的前提，沒有個人自主，民主社會難以存在。所有權制度固然會使人自私，但也會喚醒所有權人對家庭、後代的關懷，對社會的回饋，具有倫理的價值。」洵為的論，值得深入理解所有權與倫理的精義。

所有權制度的功能和時代變遷、經濟發展有關，例如「經濟制度」不同的國家，有不同的所有權制度。在自由經濟體制之下，保障私人所有的財產，每個人都有自由、完整的所有權，包括不動產、動產及無體財產權等，得以自由使用，從事生產或消費。

例如，中華人民共和國在「社會主義基本經濟制度」之下，以「公有制」為主體，多種所有經濟共同發展的基本經濟制度」（中華人民共和國物§3）其「所有權制度」甚為複雜，在 2007 年公布施行的物權法第二編規定「所有權」，包括「國家所有權和集體所有權、私人所有權」（中華人民共和國物§45~§69），故應理解不同經濟社會下的所有權制度不同。

第二項　所有權的意義及特性

所有權，指於法令限制的範圍內，對物為全面支配的權利，其重點有二：一為對物的全面支配；一為所有權應受法令限制。

所有權的特性如下：

1. 完全性：所有權為一全面支配標的物之權，其與定限物權，如地上權、不動產役權等，對標的物之支配，僅限定於一定範圍不同。

2. 整體性：所有權為一整體性的權利，其雖有使用、收益、處分等權能，但所有權並非由上述權能組合而成，而係一個渾然一體的權利。

3. 彈力性：所有權既具有渾然整體的內容，所有權之上固可設定其他物權，如地上權、農育權、典權等，使所有權的權能大受影響，甚至有「虛有化」或「弱化」的趨勢，不過，一旦這些權利消滅後，所有權立即回復至全面支配的圓滿狀態。

4. 永久性：所有權隨標的物之存在而永久存續，不能預定期間，與地上權、典權等，得因一定期間屆滿而消滅不同。縱所有權移轉，亦僅權利主體之變更，所有權仍未改變。其永久性一直至「標的物滅失」時為準。

5. 社會性：所有權受法令的限制，對社會公共利益負有一定的義務，此為所有權固有的拘束，「自由」往往隨著「限制」而生，而且隨著社會聯帶關係密切，民眾形成「命運共同體」的共識，所有權的社會化越受重視。

第三項　所有權的權能及限制

一、權　能

所有權的權能包括「積極權能」及「消極權能」，第 765 條「物上請求權」的前項規定為積極權能，占有、使用、收益、處分等，後段規定排除他人干涉，為消極權能。也就是，所有權是絕對權、對世權，對於任何人均得主張，其排除的方法，即物上請求權。

所謂「干涉」，指對所有權的不法侵奪、干擾或妨害，如無權占有他人房屋、私倒廢土於他人土地。至於在現行實務上，「消極的干涉」，如興建大樓而擋住鄰居的陽光（所謂「日照權」的爭議）、「精神的干涉」，如住宅區公寓大樓的使用是否妨害公序良俗（因開設特種營業場所、設置愛滋病或精神病庇護所，致生爭議），均不認為侵害他人的所有權。除非有構成故意以背於善良風俗之方法，加損害於所有人時，該所有人得依侵權行為規定，向加害人請求損害賠償（§184 I 後段）。

二、限　制

在所有權社會化趨勢下，所有權應受法令限制，包括法律和行政命令，法律也包括公法和私法。無法律授權的行政命令，不得對所有權加以限制，而且法令對所有權限制，不得違反憲法保障財產權的意旨（憲法§15、§23）。大法官歷來解釋若干對所有權的保障及宣示「不合憲」、「不合法」的所有權限制。

私法上的限制，如權利濫用原則（§148 I）亦適用於所有權。例如，物權的行使以損害他人為主要目的者，故意建築高牆，有稱「嫉妒建築」，擋住他人的陽光或眺望（最高法院 77 台上 737 判例、88 台上 357 判決）。如誠信原則物權法雖無明文，但應適用於所有權行使。例如，A 承租 B 房屋，租期屆滿後繼續居住，形成不定期租賃，B 在 A 結婚前夕，突然要求 A 立即遷讓房屋，其權利行使有違誠信原則。

第四項　所有權的保護

一、物上請求權

　　如何保護所有權，在法律上提供一請求的基礎，物權編規定「物上請求權」，即在保護所有權不受侵害，並得排除他人的干涉，第 767 條第 2 項規定，亦明文準用於所有權以外之物權。三種物上請求權之構成要件，參見表四：

表四：物上請求權之構成要件

物上請求權	構成要件
所有物返還請求權	1. 請求權主體須為所有人 2. 相對人須為無權占有人 3. 請求權人對標的物所有權應負舉證責任
所有權妨害排除請求權	1. 對於所有權的妨害 2. 請求權主體為所有權人 3. 請求權的相對人為行為妨害人和狀態妨害人
所有權妨害預防請求權	1. 對於所有權有妨害之虞 2. 是否有妨害之虞，視具體案件認定 3. 在訴訟上應以給付之訴主張

二、所有權之效力

　　所有權的效力，參見表五：

表五：所有權的效力

效力	所有權的效力	說明
對物效力	1. 占有 2. 使用 3. 收益 4. 處分 5. 保存 6. 改良	1. 法無規定，解釋上包括 2. 居住房屋動產所有權 3. 出租收取租金孳息 4. 出售所有權移轉他人 5. 管理所有物 6. 修繕所有物
對人效力	1. 所有物返還請求權 2. 所有權妨害排除請求權 3. 所有權妨害預防請求權	1. 土地遭人無權占有、汽車被搶，所有人得主張 2. 自家車庫有他人停車，所有人得主張 3. 房屋有倒塌危險，危及鄰房，鄰居得主張

三、所有權的時效取得

（一）時效取得制度

　　時效者，指一定事實，繼續達一定期間，發生一定法律效果的制度，分為消滅時效和取得時效。消滅時效規定於總則（§125 以下），取得時效規定於物權，在動產及不動產所有權的取得，一定條件下，均有時效制度的適用。

　　不動產取得時效，指占有他人之不動產，繼續達一定期間而取得其所有權，例如，A 有房屋，未辦理登記，B 知其情事而為占有，A 對 B 的所有物返還請求權，因 15 年不行使而消滅，B 為拒絕給付時，屬於消滅時效之抗辯。從另一方面言，B 是以所有的意思，在 20 年間和平、公然、繼續占有該房屋者，B 得請求登記為所有人（§769），此屬於一般取得時效。特別取得時效，指「以所有之意思，10 年間和平、公然、繼續占有他人未登記之不動產，而其占有之始為善意並無過失者，得請求登記為所有人。」（§770）

　　在制度上設計消滅時效，係為避免法律關係久懸不決；取得時效的功能，則在促使原權利人善盡積極利用其財產的社會責任，並尊重長期占有的既成秩序，以增進公益（大法官解釋 291 號），並使所有權的狀態，可以迅速確定。

　　有擔心取得時效形成鼓勵不法侵占他人之物，但在制度設計上，取得時效應不涉及道德問題，而係其具有一定保護所有權的機能，對動產所有人言，若困難證明其係所有人時，得主張因時效取得所有權；對不動產所有人而言，在過去登記制度不周全，確有因時效而取得，但以台灣經驗的發展，不動產所有權時效取得，在實務上案例並不甚多。以下僅說明動產取得時效。

（二）動產所有權之取得時效

　　動產所有權之取得時效，有兩種情形：

1. 取得時效：第 768 規定，以所有之意思，10 年間和平、公然、繼續占有他人之動產者，取得其所有權。

2. 占有時效：第 768 條之 1 規定，以所有之意思，5 年間和平、公然、繼續占有他人之動產，而其占有之始為善意並無過失者，取得其所有權。要件為：

   (1) 占有他人之動產。

   (2) 須以所有之意思。

   (3) 和平占有。

   (4) 公然占有。

   (5) 繼續占有達一定期間。

第二節　不動產所有權

第一項　不動產所有權的範圍

　　不動產所有權的範圍，尤其是土地，其範圍涉及水平及垂直。土地有地籍登記，土地的水平範圍，依土地法規定。垂直範圍，「及於土地之上下」，有謂是「上窮天空，下盡地心」的原則，及於地面、空間及地身。但「除法令有限制外，於其行使有利益之範圍內。如他人之干涉，無礙其所有權之行使者，不得排除之」（§773）。其所受的限制有二：1.須受法令上的限制（如相鄰關係或特別法）；2.須受事實上的限制，必須在行使利益的範圍內，此為所有權的「內在拘束」。

　　何謂行使有利益？利益兼指財產和精神上利益，範圍如何，應視土地位置、使用目的和社會通念加以認定，例如，懸掛廣告物侵入鄰地花園的上空，可認定是對土地所有權的妨害；但航空器飛越高空，或衛星天線因方向關係斜入鄰地上空，認定不致影響土地所有人的利益，不得排除。

　　至於不動產建築物所有權的範圍如何？總則稱建築物為「定著物」，債編和物權編稱「建築物」，原則上建築物附著於土地之上，但非土地的一部分，而係於土地之外可獨立之物。則建築物所有權的範圍，及於定著物、構造物或工作物的全部。

第二項　不動產相鄰關係

　　物權對相鄰關係的規定甚多，且因社會經濟發展有必要隨時增修。對於相鄰關係，民法對「土地所有人」採取五種規範手段：

1. 不得為一定行為。

2. 得遵循最低損害原則，支付償金。

3. 防範鄰地受損害。

4. 禁止他人為一定行為。

5. 應容忍他人於其土地為一定行為。

　　而且相鄰關係有賴私法上與公法上的雙軌規範體系建構，如空氣污染防治法、水污染防治法、噪音管制法及廢棄物清理法等環保法規。物權編規定的不動產相鄰關係，參見表六：

表六：不動產相鄰關係一覽

相鄰關係	內容	條文
土地之相鄰關係	營建設施關係	鄰地損害之防免（§774） 管線安設權（§786） 鄰地使用權（§792） 損害鄰地地基或工作物危險之預防義務（§794） 建築物或工作物傾倒危險之預防（§795） 越界建築之異議、移去或變更（§796、§796-1、§796-2）
	流水關係	自然流水之排放權及承水義務（§775） 破潰工作物之修繕疏通或預防（§776） 設置屋簷排水之限制（§777） 土地所有人之疏水權（§778） 土地所有人之過水權（§779） 他人工作物之過水使用權（§780）
	用水關係	水流地所有人之自由用水權（§781） 用水權人之物上請求權（§782） 鄰地使用餘水權（§783） 變更水流權之限制（§784） 堰之設置與利用（§785）
	通行關係	袋地所有人之通行權（§787） 開路通行權（§788） 通行權之限制（§789）
	侵入關係	禁止侵入之原則與例外（§790） 尋查取回物之侵入允許（§791） 氣響侵入之禁止（§793）
	枝根果實關係	越界竹木之刈除權（§797） 果實自落鄰地（§798）
建築物之相鄰關係	共有之推定	建築物之區分所有（§799、§799-1、§799-2）
	正門之使用	他人正中宅門之使用（§800）

第三項　越界建築

　　由於相鄰關係中，越界建築產生的權利義務糾紛甚多，第 796 條、第 796-1 條及第 796-2 條規定相鄰關係人之異議、越界房屋之移去或變更、準用於等值建築物等，以處理過去實務上發生的爭議。

　　依規定，越界建築行使異議權之要件如下：

1. 土地所有人建屋而逾越地界。

2. 非因故意或重大過失。

3. 鄰地所有人如其越界可提出異議。

4. 鄰地所有人未即提出異議，不得請求移去或變更其房屋。

5. 土地所有人對鄰地所有人應支付償金。

6. 鄰地所有人得請求土地所有人購買越界部分之畸零地。

7. 原則上上當事人議價額。

　　由於此種問題涉及當事人權利義務，法律特別規定，得由法院介入處理，例如雙方不能協議價額者，由法院判決；為斟酌公益或當事人利益，免為全部或一部之移去或變更。而且此一規定，對於具有與房屋價值相當之其他建築物準用之。

第四項　建築物的區分所有

　　土地和建築物為獨立的不動產，但「一個建築物」可區分為「數個部分」，作為所有權的標的，登記予不同所有人，第 799 條規定共有 5 項：

1. 稱區分所有建築物者，謂數人區分一建築物而各專有其一部，就專有部分有單獨所有權，並就該建築物及其附屬物之共同部分共有之建築物。

2. 前項專有部分，指區分所有建築物在構造上及使用上可獨立，且得單獨為所有權之標的者。共有部分，指區分所有建築物專有部分以外之其他部分及不屬於專有部分之附屬物。

3. 專有部分得經其所有人之同意，依規約之約定供區分所有建築物之所有人共同使用；共有部分除法律另有規定外，得經規約之約定供區分所有建築物之特定所有人使用。

4. 區分所有人就區分所有建築物共有部分及基地之應有部分，依其專有部分面積與專有部分總面積之比例定之。但另有約定者，從其約定。

5. 專有部分與其所屬之共有部分及其基地之權利，不得分離而為移轉或設定負擔。

　　有關建築物之費用分擔，原則上依各所有人應有部分分擔。對於規約內容之分擔顯失公平者，得請求法院撤銷（§799-1）。且同一建築物屬於同一人所有，經區分為數專有部分登記所有權者，準用之（§799-2）。

　　在公寓大廈的管理，基於「物權關係的立體化」，在管理上產生複雜的建築物所有權、基地利用權、區分所有、專有部分、共用部分、停車空間等，由特別法加以規定，如 1995 年公布施行、2016 年修正之「公寓大廈管理條例」，有稱為「住宅憲法」，共 6 章，63 條條文，分總則、住戶之權利義務、管理組織、罰則及附則等，亦值參考。

第三節　動產所有權

第一項　善意取得

　　善意取得，或稱善意受讓、即時取得，第 801 條規定：「動產之受讓人占有動產者，而受關於占有規定之保護者，縱讓與人無移轉所有權之權利，受讓人仍取得其所有權。」也就是說，動產由受讓人「占有」，而受「占有規定之保護」，在讓與人並無移轉所有權的權利時，受讓人仍可「取得所有權」。所謂受關於占有規定之保護，係指受第 948 條規定之保護，主要目的是保護交易安全。

　　舉例而言，A 出借金錶給 B，B 出售給善意的 C，B 交付金錶予 C，縱 B 並無移轉金錶所有權的權利，但因 C 是善意受讓，C 可取得金錶所有權。不過，占有物如果是盜贓、遺失物或其他非基於原占有人之意思而喪失其占有者，依第 949~951 條有特別規定。

第二項　遺失物的拾得

　　遺失物的拾得，乃發見他人遺失的動產，而加以占有，是一種法律事實。路不拾遺，為道德美訓，但貨棄於地，不加利用，亦浪費社會資源，兼顧當事人利益，物權編第 803 條～807 條之 1 明定遺失物拾得人與所有人間之權利義務關係。

　　所謂遺失，乃不本於占有人之意思，而脫離其占有，致現已無人占有。所謂物，限於動產。所謂拾得，屬於事實行為，並非法律行為，故拾得人有無行無能力，在所不問。

　　遺失物之拾得，為動產所有權取得原因之一，但非即時取得，尚須經一定之程序始可。易言之，拾得人須先盡義務，然後始能取得權利：

一、拾得人之義務

1. 從速通知、報告並交存、招領：「拾得遺失物者應從速通知遺失人、所有人、其他有受領權之人或報告警察、自治機關。報告時，應將其物一併交存。但於機關、學校、團體或其他公共場所拾得者，亦得報告於各該場所管理機關、團體或其負責人、管理人，並將其物交存。前項受報告者，應從速於遺失物拾得或其他適當處所，以公告、廣播或其他適當方法招領之。」（§803）無人認領時應交存警察或自治機關，為保護有受領權人之利益，警察或自治機關認原招領之處所或方法不適當時，得再為招領（§804），使有受領權之人更有適當會知悉其遺失物之所在拾得物易於腐壞或其保管需費過鉅者，招領人、警察或自治機關得為拍賣或逕以市價變賣之，保管其價金（§806）。

2. 保管及返還：遺失物自通知或最後招領之日起 6 個月內，有受領權之人認領時，應將其物返還之（§805 I）。

二、拾得人之權利

1. 費用償還請求權：拾得人、招領人、警察或自治機關得向有受領權人主張通知、招領及保管費用（§805 I）。

2. 報酬請求權：有受領權之人認領遺失物時，拾得人得請求報酬。但不得超過其物財產上價值十分之一；其不具有財產上價值者，拾得人亦得請求相當之報酬。報酬請求權，因 6 個月不行使而消滅。在費用或報酬未受清償前，就該遺失物有留置權；其權利人有數人時，遺失物占有人視為為全體權利人占有（§805 II、III）。

3. 遺失物所有權之取得：遺失物自通知或最後招領之日起 6 個月，未經有受領權之人認領者，由拾得人取得其所有權。警察或自治機關並應通知其領取遺失物或賣得之價金；其不能通知者，應公告之。拾得人於受前項通知或公告後 3 個月內未領取者，其物或賣得之價金歸屬於保管地之地方自治團體（§807），即拾得人可取得物的所有權，未領取者，歸屬地方自治團體。

　　另，第 805 條之 1 規定，在公眾得出入之場所或供公眾往來之交通設備內，由其管理人或受僱人拾得遺失物；或拾得人違反通知、報告或交存義務或經查詢仍隱匿其拾得之事實；或有受領權人屬於低收入戶等特殊境遇等，拾得人不得主張報酬。而且對 5 百元以下之遺失物，採取簡易程序辦理，拾得人應從速通知，未經認領者，由拾得人取得其所有權（§807-1）。

　　遺失物拾得之效力，參見表七：

表七：遺失物拾得效力

拾得人之義務（先盡義務）	1. 從速通知、報告（§803） 2. 交存警察署或自治機關（§804） 3. 保管及返還（§805 I） 4. 拍賣易腐壞或保管需費過鉅（§806）
拾得人之權利（後得權利）	1. 費用償還請求權（§805 I） 2. 原則請求報酬，不得超過其物財產上價值十分之一（§805 II） 3. 遺失物所有權之取得（§807）
例外情形	1. 不得主張報酬（§805-1）有 3 款規定 2. 遺失物在 5 百元以下之簡易程序（§807-1）

第三項　先占、埋藏物與漂流物

一、先占

　　先占者，以所有之意思，占有無主之動產，除法令另有規定外，取得其所有權（§802），先占是一種法律事實，過去係狩獵或遊牧社會取得所有權的主要手段，現代社會略失其重要性。但基於人類對於浩瀚宇宙及外太空的探索，先占所有權的制度可能未來會有更多的發展。先占的要件如下：

1. 須為動產。

2. 須為無主物。

3. 須以所有意思而占有。

4. 須無法律禁止規定或他人有先占權。

二、埋藏物

發現埋藏物，而加以占有，是一種法律事實，其性質和遺失物拾得、先占相同，不以發現人具有行為能力為要件。埋藏物的歸屬，原則由發現人取得所有權，以共有為例外（§808）。發現埋藏物之要件如下：

1. 須為埋藏物。

2. 須發現而占有。

發現之埋藏物，足供學術、藝術、考古或歷史之資料者，其所有權之歸屬，依特別法之規定（§809），如國有財產法、文化資產保存法等。

三、漂流物

拾得漂流物、沈沒物或其他因自然力而脫離他人占有之物者，準用關於拾得遺失物之規定（§810），其因自然力而脫離他人占有之物，如颱風、大雨致使物品脫離他人占有之情形，適用拾得遺失物之規定。

第四項　添　附

如有物與物的結合，或因加工而產生新物，在動產相互間、動產與不動產間所發生的物權變動情形，學說上稱「添附」，物權編詳細規定（§811~§816）。添附之種類及舉列，參見表八：

表八：添附之種類

種類	意義	分類	效力	舉例
附合	所有人不同之二物，結合為一物	1. 不動產上附合 2. 動產上附合	1. 動產因附合而為不動產之重要成分者，不動產所有人取得動產所有權（§811） 2. 非毀損不能分離 分離需費過鉅者，各動產所有人取得合成物所有權（§812）	1. A 的水泥粉刷在 B 的房屋圍牆，由 B 取得水泥所有權，A 所有權消滅 2. A 的輪胎裝於 B 的汽車，因汽車為主物，由 B 取得合成物的所有權，A 的所有權消滅
混合	動產與他人動產混合	無	不能識別或識別費過鉅者，原則上共有混合物（§813）	A 的本國紅酒與 B 的外國紅酒混合，由 AB 共有混合物

表八：添附之種類（續）

種類	意義	分類	效力	舉例
加工	加工於他人動產	無	1. 加工物的所有權屬於材料所有人（§814本文） 2. 但所增價值顯逾材料者，屬加工人（§814但）	1. A 的咖啡豆，B 磨成咖啡粉，由 A 取得咖啡粉的所有權 2. B 為名畫家，取 A 所有的畫紙作畫，由 B 取得畫的所有權

第四節　共　有

第一項　概　說

　　共有，乃數人同時就一物之所有權，共同享有。共有，有別於單獨所有，在一般情形，多為單獨所有（一人一物一權），一般稱所有時，通常指單獨所有。共有（數人一物一權）必須特別標明，民法上就共有另設規定（§817~§831）。共有之種類，可分為三類，即分別共有、公同共有及準共有。

第二項　分別共有

　　分別共有，指數人按其應有部分，共同享有一物之所有權。其權利人稱為共有人，其權利之比例，稱為應有部分。此種共有屬於常態，一般稱共有，指此種共有。第 817 條規定：「數人按其應有部分，對於一物有所有權者，為共有人。各共有人之應有部分不明者，推定其為均等。」成立共有關係，可基於法律行為及法律規定（如§812、§813）。

　　分別共有之效力，包括共有人與共有人間之對內關係，及共有人對於第三人之對外關係：

一、對內關係

1. 應有部分之處分：各共有人，得自由處分其應有部分（§819 I）。

2. 共有物之使用收益：各共有人，除契約另有約定外，按其應有部分，對於共有物之全部，有使用收益之權（§818）。

3. 共有物之處分：共有物之處分、變更及設定負擔，應得共有人全體之同意（§819 II）。

4. 共有物之管理：依「多數決」為之，「共有物之管理，除契約另有約定外，應以共有人過半數及其應有部分合計過半數之同意行之。但其應有部分合計逾三分之二者，其人數不予計算。依前項規定之管理顯失公平者，不同意之共有人得聲請法院以裁定變更之。前二項所定之管理，因情事變更難以繼續時，法院得因任何共有人之聲請，以裁定變更之。共有人依第一項規定為管理之決定，有故意或重大過失，致共有人受損害者，對不同意之共有人連帶負賠償責任。共有物之簡易修繕及其他保存行為，得由各共有人單獨為之。」（§820）。

5. 共有物費用之分擔：共有物之管理費及其他負擔，除契約另有約定外，應由各共有人按其應有部分分擔之。共有人中之一人，就共有物之負擔為支付，而逾其所應分擔之部分者，對於其他共有人得按其各應分擔之部分，請求償還（§822）。

二、對外關係

1. 對於第三人之權利：各共有人對於第三人，得就共有物之全部為本於所有權之請求；但回復共有物之請求，僅得為共有人全體之利益為之（§821）。

2. 對於第三人之義務：因共有物所生對於第三人之義務，各共有人如何負其責任？法律上有不同之規定。應連帶負責者有之，如第 185 條；按應有部分比例負責者有之，例如船舶共有（海商法§14）。

　　第 823 條以下對於共有物之分割有詳細規定，原則上分別共有物得隨時請求分割，如約定不分割之期限，不得逾 5 年；逾 5 年者，縮短為 5 年。不動產之共有不分割之約定期限可到 30 年，但如有重大事由，共有人仍得隨時請求分割。至於分割共有物之方法，原則上依共有人協議之方法，例外由法院介入處理分配的情形如下：（§824Ⅱ）

1. 以原物分於各共有人。但各共有人均受原物之分配顯有困難者，得將原物分配於部分共有人。

2. 原物分配顯有困難時，得變賣共有物，以價金分配於各共有人；或以原物之一部分分配於各共有人，他部分變賣，以價金分配於各共有人。

　　對於「共有人部分相同之數不動產」，共有人得請求合併分割，對相鄰數不動產，各該不動產均具應有部分之共有人，經各不動產應有部分過半數共有人之同意，亦得請求合併分割。但法院認合併分割不適當者，仍分別分割之（§824

ⅤⅥ）。共有物之分割，屬於一種處分行為，其效力明定「共有人自共有物分割之效力發生時起，取得分得部分之所有權（§824-1Ⅰ），並詳細規定應有部分有抵押權或質權等之情形如何處理。且對於共有物讓與之責任，第 826 條之 1 規定，於登記後，對於應有部分之受讓人或取得物權之人，具有效力。

第三項 公同共有

公同共有，指數人基於「公同關係」，而共有一物。第 827 條規定：「依法律規定、習慣或法律行為，成一公同關係之數人，基於其公同關係，而共有一物者，為公同共有人。前項依法律行為成立之公同關係，以有法律規定或習慣者為限。各公司共有人之權利，及於公司共有物之全部。」公同共有之成立，須先依法形成一個「公同關係」始可。依法律規定而形成者，如共同繼承，在分割遺產前對於遺產全部為公同共有是（§1151）。依習慣而形成者，如祭田、祀產、祭祀公業、同鄉會館、家產均屬之。依法律行為而形成者，如合夥契約，各合夥人之出資及其他合夥財產，為合夥人全體之公同共有（§668）。

公同共有之效力分對內及對外關係的效力，說明如下：

一、對內關係

各公同共有人之權利，及於公同共有物之全部（§827Ⅲ），而公同共有人之權利義務，依其公同關係所由成立之法律、法律行為或習慣定之。除法律另有規定外，公同共有物之處分及其他之權利行使，應得公同共有人全體之同意（§828Ⅲ）。公同關係存續中，各公同共有人，不得請求分割其公同共有物。公同共有之關係，因公同關係終止，或因公同共有物之讓與而消滅，如欲分割，其方法準用共有物分割之方法。

二、對外關係

各公同共有人對於第三人之關係，亦應依公同關係所由規定之法律、習慣或法律行為定之。例如，共同繼承人對於被繼承人之債務，負連帶責任（§1153Ⅰ）；而合夥人對合夥之債務，亦負連帶責任（§681）。

第四項 準共有

關於共有之規定，於所有權以外之財產權（如典權、地上權、股份），由數人共有或公司共有者，準用之（§831）。也就是對所有權以外財產的分別共有或公司共有，學說上稱「準共有」。所有權以外的財產權，包括定限物權，如擔保

物權、用益物權；準物權，如礦業權、漁業權、水權等；無體財產權，如商標權、專利權、著作權等。債權，如租賃權、損害賠償請求權，亦可為共有的標的。對於準共有財產權，究應準用分別共有或公同共有的規定，視其共同關係而定，法律對各該物產權設有特別規定者，應優先適用。

第四章　地上權

第一節　意義及種類

一、地上權之意義

本章分為二節，第一節為普通地上權，第二節為區分地上權，以符合土地分層利用。普通地上權以在他人土地之上下有建築物或其他工作物為目的而使用其土地之權（§832）。區分地上權以在他人土地上下之一定空間範圍內設定之地上權（§841-1）亦即在工商業社會所發展出來土地利用，不再侷限於地面，可向空中與地下發展，由平面化而趨於立體化如土地之上空利用（興建高架道路、輕軌）或土地之地底下（挖地下道、埋設管線）等。除物權法規定外，特別法亦有規定，如大眾捷運法、電業法、鐵路法、自來水法、下水道法等，對土地不妨礙使用及安全的前提下，電纜管線等可「穿越」他人土地之上空或地下。

二、地上權之種類

就學理上，地上權可分為兩大類：

（一）定期與未定期地上權

所謂「定期地上權」，指地上權定有存續期間；未定期地上權，指未定有存續期間。二者區別之實益在於於地上權的消滅。物權法並未限定地上權的存續期間，可由當事人自行約定，習慣上有設定「永久地上權」，實務上亦加以肯定。惟若以建築物為目的而設定地上權，縱未定有期限，在解釋上應視為「至建築物不堪使用時為止」為地上權的存續期間。但為符合土地利用的目的，兼顧土地所有人與地上權人的利益，「地上權未定有期限者，存續期間逾 20 年或地上權成立之目的已不存在時，法院得因當事人之請求，斟酌地上權成立之目的、建築物或工作物之種類、性質及利用狀況等情形，定其存續期間或終止其地上權。」（§833-1）以公共建設為目的而成立之地上權，未定有期限者，以該建設使用目的完畢時，視為地上權之存續期限（§833-2），如大眾捷運、高速鐵路等，難以定其使用年限，宜排除適用。

（二）設定與法定地上權

　　設定地上權，指由當事人所設定；法定地上權，指由於法律的規定，而設定抵押權時，土地及其建築物，同屬一人所有，僅以其一設定抵押權，在抵押物拍賣時，「視為有地上權之設定」（§876），以符合土地與建築物之實際效用。二者之區別實益，在於有無地租，及地租如何決定。參見表九：

表九：特別法之法定地上權

特別法條	內容重點
土地徵收條例§57	需用土地人穿越私有土地之上空或地下，得就需用之空間範圍協議取得地上權
土地登記規則§108	土地內就其特定部分申請設定地上權
大眾捷運法§19	大眾捷運系統得穿越公、私土地及其土地改良物之上空或地下
獎勵民間參與交通建設條例§19	交通建設穿越公、私有土地之上空或地下
促進民間參與公共建設法§18	公共建設穿越公有、私有土地之上空或地下
電業法§51	電業得在地下、水底、私有林地或他人房屋上之空間，或無建築物之土地上設置線路
鐵路法§17Ⅱ	輸電系統之線路，得於空中、地下、水底擇宜建設，免付地價或租費
自來水法§52	自來水事業得在公、私有土地下埋設水管或其他設備
下水道法§14	下水道機構得在公、私土地下埋設管渠或其他設備

第二節　普通地上權之效力

　　普通地上權人有一定之權利與義務，參見表十：

表十：普通地上權之效力

普通地上權人之權利	一、土地上下之使用（§832） 二、權利處分：讓與（§838）、設定抵押權（§882）
普通地上權人之義務	一、支付地租（§837） 二、取回工作物，恢復土地原狀（§839）

普通地上權人之權利如下：

一、土地上下之使用

地上權之目的，在於使用他人的土地，使用土地為地上權人之權利。使用土地的方法，可在他人之土地上下有建築物或其他工作物，例如建築房屋或橋樑、隧道；亦可在他人土地上有竹木，例如植樹造林。

二、權利處分

權利處分，包括讓與或設定抵押權。「地上權人得將其權利讓與他人或設定抵押權。但契約另有訂定或另有習慣者，不在此限。前項約定，非經登記，不得對抗第三人。地上權與其建築物或其他工作物，不得分離而為讓與或設定其他權利。」（§838）在土地及其上之建築物併付拍賣時，如何處理地上權問題，第838條之1規定「土地及其土地上之建築物，同屬於一人所有，因強制執行之拍賣，其土地與建築物之拍定人各異時，視為已有地上權之拍定，其地租、期間及範圍由當事人協議定之；不能協議者，得請求法院以判決定之。其僅以土地或建築物為拍賣者，亦同。前項地上權，因建築物之滅失而消滅（§838-1）。

至於普通地上權人之義務如下：

一、支付地租

使用他人土地設定地上權，是否支付租金，視其是否為有償或無償使用。若依約定支付租金，則地上權人即有支付租金之義務，即「（第一項）地上權人積欠地租達2年之總額，除另有習慣外，土地所有人得定相當期限催告地上權人支付地租，如地上權人於期限內不為支付，土地所有人得終止地上權。地上權經設定抵押權者，並應同時將該催告之事實通知抵押權人。（第二項）地租之約定經登記者，地上權讓與時，前地上權人積欠之地租應併同計算。受讓人就前地上權人積欠之地租，應與讓與人連帶負清償責任。（第三項）第一項之終止，應向地上權人以意思表示為之（§836）。

由於預付地租與否，常有爭議，第836條之1「土地所有權讓與時，已預付之地租，非經登記，不得對抗第三人。」而且為避免土地過度利用或戕害其自我更新能力，第836條之2規定「地上權人應依設定之目的及約定之使用方法，為土地之使用收益；未約定使用方法者，應依土地之性質為之，並均應保持其得永續利用。前項約定之使用方法，非經登記，不得對抗第三人。」若有違反約定者，經土地所有人阻止而仍繼續為之者，土地所有人得終止地上權（§836-3）。

地上權人縱因不可抗力，致生妨礙土地使用的情事，原則上亦不得請求免除或減少租金（§837）。

二、取回工作物，回復土地原狀

地上權消滅時，地上權人得取回其工作物，但應回復土地原狀。地上權人不於地上權消滅後一個月內取回其工作物者，工作物歸屬於土地所有人。其有礙於土地之利用者，土地所有人得請求回復原狀。地上權人取回其工作物前，應通知土地所有人。土地所有人願以時價購買者，地上權人非有正當理由，不得拒絕（§839）。

第三節　區分地上權

由於土地的分層利用，有必要承認土地上下一定空間範圍內設定地上權，其規定條文如表十一。

表十一：增訂區分地上權之條文

增訂條文	重　點	說　明
§841-1	區分地上權之定義	在他人土地上下之一定空間範圍內設定
§841-2	使用收益之權益限制	得約定限制，非經登記不得對抗第三人
§841-3	區分地上權期間之第三人權益	法院斟酌第三人之利益
§841-4	第三人之權益補償	以時價補償或延長時間，足以影響第三人權益時，應為相當之補償，可經協議或由法院裁定
§841-5	權利行使之設定	後設定者不得妨害先設定之物權
§841-6	準用規定	除本節規定外，準用普通地上權

第五章　農育權

　　物權修正主要是因應工商社會的發展，但農業發展亦具有資源永續利用之意義，參酌農業政策及物盡其用之精神，增訂「農育權」章。

第一節　意　義

一、意義

　　農育權者，謂在他人土地為農作、森林、養殖、畜牧、種植竹木或保育之權。（§850-1Ⅰ）農育權之特色如下：

1. 存在於他人土地之用益物權。

2. 係以農作、森林、養殖、畜牧、種植竹木或保育為目的之物權，使用上並包括為達成上開目的所設置、維持之相關農業設施。所謂「森林」，指林地及其群生竹、木之總稱，與「種植竹木」二者程度容有差異。地政機關於辦理農育權登記時，宜將該農育權之設定目的予以配合登記，以杜爭議。

二、農育權之存續期間

　　農育權依其存續期間是否有確定期限，可分為定期農育權與不定期農育權。定期農育權，不得逾 20 年；逾 20 年者，縮短為 20 年。但以造林、保育為目的或法令另有規定者，不在此限（§850-1Ⅱ）。期限如過長，有害於公益，經斟酌農業發展、經濟利益及實務狀況等因素，以 20 年為當。如訂約期間超過 20 年者，縮短為 20 年。但造林、保育實務上逾 20 年始能達到目的，乃例外允許長期限之農育權存續。

第二節　效　力

　　農育權的效力，包括土地所有人的權利義務、農育人的權利和義務，前者比較單純，主要是收取租金。農育權人之權利，包括農地使用收益權、農育權之處分權、租金減少請求權、請求減免租金權、請求變更使用目的權、出產物及工作物取回權、返還特別改良請求權；農育權人之義務，包括給付租金之義務、依設定之目的或約定之方法使用土地之義務、不得轉租之義務、增加租金或負擔租金之義務。擇其重要者說明：

一、農育權人之處分權

農育權人之處分權，包括讓與、設定抵押權，依第 853 條之 3 規定農育權人得將其權利讓與他人或設定抵押權。但契約另有約定或另有習慣者，不在此限。前項約定，非經登記不得對抗第三人。農育權與其農育工作物不得分離而為讓與或設定其他權利。農育權為財產權之一種，依其性質，農育權人原則上得自由處分其權利，亦得以其權利設定抵押權，以供擔保債務之履行。惟契約另有約定或另有習慣者，則應從其約定或習慣，且非經登記不生物權效力。又因農育權而設置於土地上之農育工作物，如水塔、倉庫等，應與農育權相互結合，始能發揮其經濟作用，禁止該權利與其農育工作物之使用割裂。

二、請求減免租金及變更使用目的權

農育權既以土地使用為目的，但允許農育權人向土地所有人要求地租減免或變更土地使用目的，依第 854 條之 4 規定，農育權有支付地租之約定者，農育權人因不可抗力致收益減少或全無時，得請求減免其地租或變更原約定土地使用之目的。前項情形，農育權人不能依原約定目的使用者，當事人得終止之。前項關於土地所有人得行使終止權之規定，於農育權無支付地租之約定者，準用之。

亦即農育權人遭遇不可抗力，如耕作因天旱水災致收益全無或減少者，非農育權人故意或過失所致，若仍令其依原約定給付全額地租，有失公平，農育權人得向土地所有人請求減免其地租。其次農育權人如變更原約定土地使用之目的仍可繼續使用該土地回復原來之收益者，例如原約定之目的為養殖，嗣因缺水而不能養殖，惟仍可作為畜牧使用而回復原來之收益，則宜許其有請求變更之權，俾求地盡其利。至農育權人如因不可抗力致不能依原約定之目的使用時，有違農育權設定之目的，為兼顧農育權人及土地所有人雙方之利益，農育權人及土地所有人均得終止農育權，俾使土地資源得另作合理之規劃。

三、出產物及農育工作物之取回權

依民法原則上規定，不動產之出產物，尚未分離者，為該不動產之部分（§66Ⅱ），惟土地上之出產物，為農育權人花費勞力或資金之所得；農育工作物，如係農育權人因實現農育權而設置，皆宜於農育權消滅時由農育權人收回，故農育權消滅時，農育權人得取回其土地上之出產物及農育工作物。若農育權消滅時，土地上之出產物因尚未成熟而未及收穫，土地所有人又不願以時價購買者，應允許農育權人得請求延長農育權期間至該出產物可收穫時為止，土地所有人不得拒絕，俾保障農育權人之權益，惟為兼顧土地所有人之權益，其期間最長不得逾六個月，以期平允（§850-7）。

四、使用土地之義務

農育權人使用土地之方法及違反之效果，依第 850 條之 6 規定，農育權人應依設定之目的及約定之方法，為土地之使用收益；未約定使用方法者，應依土地之性質為之，並均應保持其生產力或得永續利用。農育權人使用土地不僅應依其設定之目的及約定之方法為之，且應保持土地之生產力；土地之使用不得為使其不能回復原狀之變更、過度利用或戕害其自我更新能力，以避免自然資源之枯竭，如某種殺蟲劑或除草劑之過度、連年使用，有害土地之自我更新能力時，即不得任意施用等。農育權人違反者，經土地所有人阻止而仍繼續為之者，土地所有人得終止農育權。農育權經設定抵押權者，並應同時將該阻止之事實通知抵押權人。

五、不得轉租之義務

農育權人對土地或工作物有出租上限制，依第 850 條之 5 規定，原則上農育權人不得將土地或農育工作物出租於他人。違反者，土地所有人得終止農育權。土地所有人設定農育權於農育權人，多期待農育權人能有效使用其土地，如農育權人不自行使用，而以之出租於他人，使農地利用關係複雜化，即與土地所有人同意設定農育權之原意不符，明定禁止出租。但關於農育工作物之出租另有習慣者，例如倉庫之短期出租等，自宜從其習慣。

第三節　農育權之消滅

一、農育權之拋棄

農育權無支付租金之約定者，農育權人得隨時拋棄其權利（§850-9 準用§834）。

二、農育權之終止

（一）任意終止

農育權未定有期限時，原則上得隨時終止，例外以造林、保育為目的者，不得隨時終止之。前項終止，應於 6 個月前通知他方當事人，以兼顧土地所有人與農育權人利益（§850-2）。至於農育權以造林、保育為目的而未定有期限者，非有相當之存續期間，難達土地利用之目的，土地所有人或農育權人得請求法院斟酌造林或保育之各種狀況而定農育權之存續期間；或於造林、保育之目的不存在時，法院得終止其農育權（§850-2 準用§833）。

（二）法定終止

　　農育權的法定終止情形，包括下列：

1. 因不定期農育權超過 20 年或農育權目的不存在，請求法院終止農育權。

2. 因不能依約定目的使用，當事人行使終止權。

3. 因其他法定事由，土地所有人行使終止權，再分三種情況：一、因積欠租金達兩年之總額；二、違背土地使用收益之方法；三、違背禁止轉租之規定。

第六章　抵押權

　　抵押權是最重要的擔保物權，物權法所規定的抵押權係指「不動產抵押權」，在工商界常見的「最高限額抵押權」，亦有專節規定（§881-1~§881-17），並規定「其他抵押權」的準用條文。抵押權之種類參見表十二；及抵押權體系參見圖四：

表十二：抵押權之種類

物權法規定	普通抵押權（§860）最高限額抵押權（§881-1）其他抵押權（§882）。
特殊抵押權	所有人抵押（§762）、共同抵押（§875）、權利抵押（§882）動產抵押（特別法）（§762）證券抵押（特別法）。

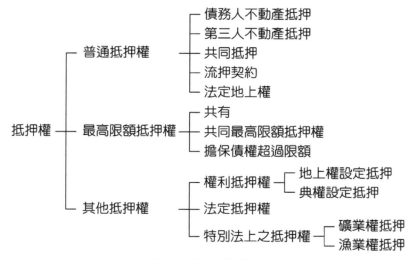

圖四：抵押權體系

第一節　普通抵押權

第一項　意義及特性

　　普通抵押權所擔保者為「特定債權」，第 860 條規定，「稱普通抵押權者，謂債權人對於債務人或第三人不移轉占有而供其債權擔保之不動產，得就該不動產賣得價金優先受償之權。」其要件如下：

1. 有債權債務關係存在。

2. 可由債務人提供不動產擔保。

3. 可由第三人提供不動產擔保。

4. 不移轉標的物的占有。

5. 書面設定行為。

6. 登記為抵押權。

7. 債權不獲清償。

8. 債權人實行抵押權。

9. 就不動產聲請法院拍賣。

10. 就賣得價金優先受償。

　　設定抵押權的當事人，包括抵押人及抵押權人，債務人提供「抵押物」擔保為「抵押人」，債權人為「抵押權人」，除了債務人可提供抵押物外，第三人亦可提供抵押物，為「物上保證人」，其僅有責任，但未負任何債務。

　　舉例而言，A 向 B 銀行借款 5 百萬元購屋，以該房屋提供抵押，A 和 B 設定抵押權登記，A 為抵押人，B 為抵押權人，若屆期 A 未清償 5 百萬元，B 銀行可拍賣房屋，以賣得價金，就 5 百萬元的債權優先受償。若 A 向 B 銀行借款但本身並無房屋，而係以其 C 的房屋提供抵押，C 即為「物上保證人」，屆期 A 未清償 5 百萬元，C 可代為清償；或 C 亦無力清償，則 B 銀行可拍賣 C 房屋，就賣得價金優先受償。抵押權之法律關係，參見圖五：

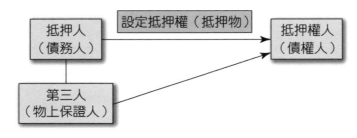

圖五：抵押權之法律關係

　　至於抵押權的特性，包括從屬性、不可分性及物上代位性，說明如下：

一、從屬性

　　抵押權的成立，以債權已存在為前提，債權不存在，抵押權亦不成立，所謂抵押權的「從屬性」，指在「發生、移轉及消滅」上均從屬於債權。第 870 條規定，「抵押權不得由債權分離而為讓與，或為其他債權之擔保」，即說明抵押權的從屬性。

二、不可分性

　　抵押物的「全部」，是擔保「債權全部」，所謂抵押權的不可分性，指抵押物有所變動，抵押權人仍得就每一部分的抵押物所賣得的價金優先受償全部的債權，債權或債權有所變動，「抵押物的全部」仍係擔保「全部的債權」。如果抵押物為不動產，其經分割，抵押權並不受影響（§868）。且「抵押權所擔保的債權」有分割者，仍有不可分性，抵押權不因此而受影響（§869 I）。抵押權之可分與不可分，參見圖六：

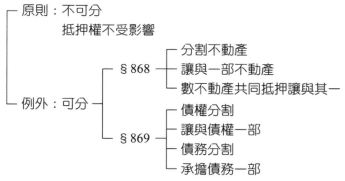

圖六：不可分性之原則與例外

三、物上代位性

　　擔保物權均具有物上代位性，或稱「代物擔保性」，也就是說，如果提供的擔保物有滅失或毀損者，該擔保物權即移存於其得受的「賠償」之上，並而不失其存在。實務上物上代位的適用範圍，甚有爭議。第 881 條明文規定：

1. 抵押權除法律另有規定外，因抵押物滅失而消滅。但抵押人因滅失得受賠償或其他利益者，不在此限。

2. 抵押權人對於前項抵押人所得行使之賠償或其他請求權有權利質權，其次序與原抵押權同。

3. 給付義務人因惡意或重大過失向抵押人為給付者，對於抵押權人不生效力。

4. 抵押物因毀損而得受之賠償或其他利益，準用前三項之規定。」

　　至於抵押建築物如因倒塌後，所殘存下來的建材或動產，是否為抵押權效力所及，第862-1條規定：

1. 抵押物滅失之殘餘物，仍為抵押權效力所及。抵押物之成分非依物之通常用法而分離成為獨立之動產者，亦同。

2. 前項情形，抵押權人得請求占有該殘餘物或動產，並依質權之規定，行使其權利。

　　亦即，抵押物滅失的殘餘物，可稱為抵押物的「變形物」，仍為抵押權效力所及。但如果僅是抵押物的成分，因分離而成為獨立的動產，例如，建築物的建材有甚高的經濟價值，如「交趾陶」等，此因抵押物滅失而得受的賠償，屬於抵押物的變形物，更應為抵押權效力所及。

　　至於抵押權之條文及各種抵押權之要件比較，參見表十三：一以下表編號改

表十三：各種抵押權條文及要件

普通抵押權	最高限額抵押權	其他抵押權
§860~§881	§881-1~§881-17	§882~§883
債權債務關係存在	同，但債權範圍不確定	同普通抵押權
債務人或第三人提供不動產擔保	同	同
不移轉占有	同	同
設定不動產抵押權	設定最高限額抵押權	同普通抵押權
債權不獲清償	同	同
債權人實行抵押權	同	同
就不動產賣得價金優先受償	同，但在已確定債權範圍優先受償	同普通抵押權
準用條文	如§887-17	§883

第二項　效　力

一、所擔保債權的範圍

　　抵押權所擔保債權的範圍，第 861 條規定，包括原債權、利息、遲延利息、違約金及實行抵押權之費用，且得優先受償之利息、遲延利息、1 年或不及 1 年定期給付之違約金債權，以於抵押權人實行抵押權聲請強制執行前 5 年內發生及於強制執行程序中發生者為限。

二、抵押權標的物範圍

　　抵押權標的物的範圍，或稱抵押權效力的範圍，參見圖七：

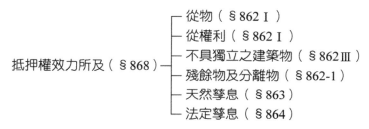

圖七：抵押權效力

1. 主物（即抵押物）。

2. 從物（§862 I）。

3. 從權利（§862 I）。

4. 不具獨立之建築物：指建築物的附屬物，其在構造上具有獨立性，但在使用功能上，必須與建築物為一體性的利用，欠缺使用上的獨立性。例如常見建物上「增建」、「擴建」或為其他之「附加」使成為一物，但不具有獨立性，如以該建築物為抵押，抵押權是否及於該附加部分？第 862 條第 3 項規定，「以建築物為抵押者，其附加於該建築物而不具獨立性之部分，亦為抵押權效力所及。但其附加部分為獨立之物，如係於抵押權設定後附加者，準用第 877 條第 1 項之規定。」即準用併付拍賣的規定，抵押權人於必要時，得聲請法院將該建築物及其附加物併付拍賣，但就附加物賣得價金，無優先受清償之權。

5. 殘餘物及分離物：明定屬於抵押權標的物的範圍，依第 862-1 條規定：

   (1) 抵押物滅失之殘餘物，仍為抵押權效力所及。抵押物之成分非依物之通常用法而分離成為獨立之動產者，亦同。

(2) 前項情形，抵押權人得請求占有該殘餘物或動產，並依質權之規定，行使其權利。

　　但有關物上代位及抵押物滅失後，用同一材料重建之物，採「權利質權說」（§881）理論之下，以及重建物已經不是原來的抵押物，故不屬於抵押權標的物的範圍。

6. 天然孳息（§863）：抵押權之效力，及於抵押物扣押後自抵押物分離，而得由抵押人收取之天然孳息。亦即，扣押後已分離者，抵押人有收取權，為抵押權標的物的範圍所及，但屬第三人有收取權者，則不屬於抵押權標的物範圍。

7. 法定孳息（§864）：抵押物孳息，參見圖八：

```
┌─ 扣押前已分離者：非效力所及
│        ┌─ 未分離者：抵押權效力所及（§66Ⅱ）
└─ 扣押後 ┼─ 已分離，抵押人有收取權者：抵押權效力所及（§863）
         └─ 已分離，第三人有收取權者：非效力所及（§863）
```

圖八：抵押物孳息

第三項　抵押人的權利

　　抵押人的權利有三：一、得設定後順位的抵押權（§865）；二、得將抵押物讓與他人（§867）；三、得設定用益物權。

　　抵押權是擔保物權，抵押權人不必占有抵押物，故在抵押物之上，原則可再設定「用益物權」，並不違反「物權排他效力」，但基於「成立生效在先，效力在先」的原則，加以決定抵押權和用益物權的優先順序。第 866 條規定，「原則可追及，有影響者可除去」之處理方式：

1. 不動產所有人設定抵押權後，於同一不動產上，得設定地上權或其他以使用收益為目的之物權，或成立租賃關係。但其抵押權不因此而受影響。

2. 前項情形，抵押權人實行抵押權受有影響者，法院得除去該權利或終止該租賃關係後拍賣之。

3. 不動產所有人設定抵押權後，於同一不動產上，成立第一項以外之權利者，準用前項之規定。

　　故抵押權人的權利，在設定抵押權之後，還有「擴大得設定」的權利，包括「地上權、地役權、典權」等用益物權及「租賃權」等，甚至可成立「使用借貸

關係」，亦屬抵押權標的物的範圍，但其抵押權不因此而受影響。不過，為使執行上簡易，得併付拍賣，第 877 條規定：

1. 土地所有人於設定抵押權後，在抵押之土地上營造建築物者，抵押權人於必要時，得於強制執行程序中聲請法院將其建築物與土地併付拍賣。但對於建築物之價金，無優先受清償之權。

2. 前項規定，於第 866 條第 2 項及第 3 項之情形，如抵押之不動產上，有該權利人或經其同意使用之人之建築物者，準用之。

　　在實務上，常見土地抵押後設定地上權，若地上權人已建築房屋，地上權人使用抵押物土地的權利，有兩種管道可循，可同時依第 866 條第 2 項「除去該利權利」或依第 877 條第 2 項「併付拍賣」。

　　舉例而言，A 有一筆土地可供建築之用，因向 B 融資，提供土地設定抵押權，其後 A 可在土地的一部分建築房屋（§877 I），並將土地的另一部分設定地上權予 C（§866 I），C 取得該部分土地的地上權後，再在該土地上建築房屋。屆清償期時，A 未清償，B 實行抵押權，但無人應買，則 B 可向法院聲請除去該地上權（§866 II），並將 A 及 C 所建築房屋併付拍賣（§866 II、§877 II）。

第四項　抵押權人的權利

一、抵押權之次序權

　　抵押權次序依登記之先後定之，先次序之抵押權人比後次序有優先受償之權，其順序依登記先後，而非以債權成立之先後（§865）。而且原則上先次序之抵押權因「實行抵押權」以外之原因而消滅後，後次序之抵押權可升進次序。

　　舉例而言，A 所有土地設定第一胎給 B（債權金額 3 百萬元），再設定第二胎給 C（債權金額 4 百萬元），另有一般債權人 D（債權金額 2 百萬元）。爾後，A 對 B 清償債務 3 百萬元，但無力清償 C 和 D 之債權，C 聲請法院拍賣土地，拍賣所得 5 百萬元，因第一次序抵押權人 B 已受清償，則第二次序抵押權人可次序升進至第一位，拍賣所得由 C 分配 4 百萬元，而 D 受分配 1 百萬元。在金融實務上操作，亦可產生「後次序抵押權可生次序升進的效果」。

　　「調整次序權」，即抵押權人可「讓與抵押權」或「拋棄抵押權」，相互間可調整其可優先受償的額度，使抵押權對交換價值的利用更具有彈性（第 870-1 條）。

　　為使抵押權人對交換價值之利用更具彈性，俾使其投下之金融資本在多數債權人間仍有靈活週轉之餘地，並有相互調整其複雜之利害關係之手段。調整方式有二：1.抵押權次序之讓與及 2.次序之拋棄。

總之，當事人間調整之次序，要有調整之合意，必以契約定，而且應辦理登記（§870-1Ⅱ），且應於通知前，通知債務人、抵押權人及共同抵押人（§870-1Ⅱ），但通知並非「次序權」處分之要件，而是辦理登記之要件。

二、抵押權之處分

抵押權之處分，指抵押權人得「讓與」、「供擔保」或「拋棄」，但必須注意抵押權的從屬性，也就是抵押權所擔保的債權有讓與，抵押權才可以讓與。一旦拋棄抵押權，則會成無擔保債權。

三、抵押權之保護

抵押權為物權關係所生的請求權，抵押權人為保護抵押權，應有類似所有權人之所有物請求權，修正規定抵押權的保全措施，包括「防止抵押物價值減少請求權」、「回復原狀請求權」、「增加擔保請求權」等。

第五項　抵押權的實行

抵押權的實行，程序如下：

一、聲請法院拍賣抵押物

實行抵押權，抵押權人得聲請法院拍賣抵押物（§873），法院拍賣之性質，通說為「私法行為」，以債務人為出賣人，執行法院是代替債務人立於出賣人的地位，債務人如果在不動產被拍賣時，再參加投標，同時兼具出賣人與買受人地位，在實務上解釋，債務人不得參與應買。

至於拍賣價金之分配順序，依第 874 條規定，「抵押物賣得之價金，除法律另有規定外，按各抵押權成立之次序分配之。其次序相同者，依債權額比例分配之。」

最重要的是拍定後，抵押權應予塗銷，第 873-2 條規定：

1. 抵押權人實行抵押權者，該不動產上之抵押權，因抵押物之拍賣而消滅。

2. 前項情形，抵押權所擔保之債權有未屆清償期者，於抵押物拍賣得受清償之範圍內，視為到期。

3. 抵押權所擔保之債權未定清償期或清償期尚未屆至，而拍定人或承受抵押物之債權人聲明願在拍定或承受之抵押物價額範圍內清償債務，經抵押權人同意者，不適用前二項之規定。

二、拍賣以外之實行方法

抵押權人實行抵押權可訂定契約取得抵押物所有權，或以其他方法處分抵押物。亦即除了拍賣以外，如果援用契約法律關係得以解決清償問題，自允許當事人提出「代替拍賣」的方案，在「未損害其他抵押人利益」的前提下，抵押權人和抵押人得訂立契約，「取得抵押物所有權」或「以其他方法處分抵押物」（§878）。當事人間亦可約定「逕以抵押物代償債務」。舊法規定「流押契約無效」，因過於僵化，不利於抵押權之實行，有礙於抵押物價值實現之極大化，第 873-1 條明定流押契約採取登記對抗主義，而非一律無效。其規定如下：

1. 約定於債權已屆清償期而未為清償時，抵押物之所有權移屬於抵押權人者，非經登記，不得對抗第三人。

2. 抵押權人請求抵押人為抵押物所有權之移轉時，抵押物價值超過擔保債權部分，應返還抵押人；不足清償擔保債權者，仍得請求債務人清償。

3. 抵押人在抵押物所有權移轉於抵押權人前，得清償抵押權擔保之債權。

但為避免抵押權人因此而獲得債權清償以外之利益，故抵押物之價值有超過債權者，應返還抵押人，有不足時，仍得請求債務人清償。

第六項　併付拍賣

不動產抵押權涉及土地及建築物，過去實務有若干承認可以「併付拍賣」，但仍易生訴訟之爭議，增訂「併付拍賣」之規定使權利人、利害關係人或法院均有所根據。

但併付拍賣與「抵押權的效力」仍有不同，若土地或建築物均在抵押權的效力所及，則併付拍賣時，抵押權人就其賣得之價金有優先受償，但若非屬抵押權效力所及，僅為執行上容易拍賣，則抵押權人就賣得之價金不可優先受償。依照條文規定有四種併付拍賣情形，說明如下：

一、土地抵押型（§877 I）

依第 877 條第 1 項規定，「土地所有人於設定抵押權後，在抵押之土地上營造建築物者，抵押權人於必要時，得於強制執行程序中聲請法院將其建築物與土地併付拍賣。但對於建築物之價金，無優先受清償之權。」立法目的即在單純「保全建物」，避免建物因無基地利用權而被土地所有人訴請拆屋還地。

舉例而言，A 以所有的土地（空地）提供擔保向銀行貸款 1 千萬元，由 B 銀行設定抵押權，其後 A 在空地上自建房屋一間，屆期 A 無力清償，銀行即可將

該房屋併付拍賣，銀行得聲請法院將建築物與土地併付拍賣，設若拍得價金為 8
百萬元，在實務上應再區分土地拍定價格 5 百萬元及建築物拍定價格 3 百萬元，
銀行對於建築物拍定價金 3 百萬元，並無優先受償之權。

但若 A 在土地上所蓋房屋為「違章建築」（指未取得合法建築執照及使用執
照），司法實務上亦接受併付拍賣，因為違章建築雖為地政機關不許登記，但仍屬
於可為「交易的標的」，A 取得「事實上之處分權」，只要「建物係設定土地抵押權
後所建」，可類推本條項規定，銀行對土地及其上的違章建築房屋可併付拍賣。

二、加蓋物抵押型（§862Ⅲ但）

抵押人於建築物設定抵押權後，其後於建築物上加蓋、擴建（即「附加於該
建築物而不具獨立性之部分」），原則上為抵押權效力所及。但若「附加物為可獨
立存在者」，如頂樓加蓋由其他出入口可獨立出入的「空中花園」，或屋後空地擴
建自用的「停車庫」，為使拍賣執行具經濟效益，亦可併付拍賣，第 862 條第 3
項但書規定，「但其附加部分為獨立之物，如係於抵押權設定後附加者，準用第
877 條第 1 項之規定。」

其適用要件有二：一為抵押權設定後所附加之獨立建物；一為抵押物及所附
加之獨立建物同屬一人所有，法律效果準用併付拍賣規定。

三、建物抵押型（§877-1）

若僅以建築物設定抵押權，勢必影響「基地利用權」，為謀平衡，第 877-1
規定，「以建築物設定抵押權者，於法院拍賣抵押物時，其抵押物存在所必要之
權利得讓與者，應併付拍賣。但抵押權人對於該權利賣得之價金，無優先受清償
之權。」

立法理由略謂，以建築物設定抵押權，於抵押物拍賣時，其抵押物對土地存
在所必要之權利得讓與者，例如地上權、租賃權等，應併付拍賣，始無害於社會
經濟利益。

然該權利非抵押權之標的物，抵押權人對其賣得之價金，無優先受清償之
權。

四、土地／建物抵押型（§877Ⅱ）

在抵押之土地上營造建築物，雖得併付拍賣，但實行抵押權受有影響者，自
得允許「除去」負擔後再行拍賣，第 877 條第 2 項規定，「於第 866 條第 2 項及
第 3 項之情形，如抵押之不動產上，有該權利人或經其同意使用之人之建築物

者，準用之。」亦即，可除去地上權、租賃關係或其他權利之後，再進行拍賣，以免因併付拍賣而有不易拍賣之困難。

第二節　最高限額抵押權

第二節「最高限額抵押權」，將過去實務上所承認的制度予以明確規定，條文由第 881-1 條～881-17 條。最高限額抵押權條文一覽，參見表十四：

表十四：最高限額抵押權條文一覽

條　文	內　容	說　明
§881-1	定義	所擔保者為不特定債權，在最高限額內設定抵押權
§881-2	約定額度	擔保範圍在最高限額範圍內
§881-3	變更	抵押權人與抵押人得約定變更債權範圍或其債務人
§881-4	確定期日	原債權確定期日
§881-5	未約定確定期日	未約定確定期日，得隨時請求確定，且自請求日起 15 日為確定期日
§881-6	不隨同債權移轉	所擔保的債權移轉，最高限額抵押權不隨同移轉
§881-7	法人合併	抵押人得請求確定原債權，以減低其責任
§881-8	分割與共有	單獨讓與最高限額抵押權之方式
§881-9	共有	數人共同最高限額抵押權，按債權額比例分配其得優先受償之價金
§881-10	共同最高限額抵押權	原債權確定事由
§881-11	當事人死亡	不受影響
§881-12	確定原因	有 7 款
§881-13	請求結算	並就該金額請求變更為普通抵押權之登記
§881-14	擔保效力	不及於繼續發生之債權或取得之票據上權利
§881-15	實行	債權請求權因時效而消滅，5 年間不實行抵押權者，不再屬最高限額抵押權擔保範圍
§881-16	擔保債權超過限額	清償最高限額為度之金額後，得請求塗銷抵押權
§881-17	準用	原則準用普通抵押權，§861Ⅱ、§869Ⅰ、§870、§870-1、§870-2、§880 不準用

第一項　意義及特性

最高限額抵押權之定義，第 881-1 條第 1 項規定，「債務人或第三人提供其不動產為擔保，就債權人對債務人一定範圍內之不特定債權，在最高限額內設定之抵押權。」其特性如下：

一、擔保不特定之債權

普通抵押權所擔保者為「確定且特定的債權」，但最高限額抵押權所擔保的是那一個特定債權並不確定，有待當事人約定並完成登記，即可列為擔保範圍。

二、支配範圍有限制性

所謂支配範圍有限制，包括「量的限制」及「質的限制」。量的限制，即必須有「最高限額」，乃制度所當然，故不存在所謂「概括的最高限額抵押權」。至於質的限制，即「最高限額抵押權所擔保之債權，以由一定法律關係所生之債權或基於票據所生之權利為限」（§881-1 II）。

例如，工廠對於附近農田設定最高限額抵押權，以擔保將來可能發生的侵權行為損害賠償請求權等。此種法律關係，指有「繼續性」、屬於「法律行為之債」。

三、無從屬性

實務上最高限額抵押權在設定時，有時根本「尚未發生債權」，而係基於提供未來可能存在、發生的債權為擔保，一般稱「繼續供給契約」或「長期經銷契約」，故將來的債權若未發生，則最高限額抵押權並不因此而無效，故成立上無從屬性。

在移轉上亦無從屬性，第 881-6 條第 1 項明定，「最高限額抵押權所擔保之債權，於原債權確定前讓與他人者，其最高限額抵押權不隨同移轉。第三人為債務人清償債務者，亦同。」

亦即，在原債權確定前，最高限額抵押權與任何債權並無必然結合關係，不因任何一筆在擔保範圍內的特定債權因清償消滅，而影響最高限額抵押權的消滅，在消滅上亦無從屬性。

第二項　擔保債權範圍

就債權範圍標準言，應具備「實質之限定性」及「客觀之明確性」，前者即就債權發生之範圍，於實質上已有相當程度的限制；後者指在最高限額抵押權確

定時，依該項法律關係所定的債權範圍標準，何者屬擔保債權或不屬於擔保債權，從客觀角度言，已達可明確的程度。

　　例如當事人約定「基於經銷契約所生的權利」、「基於票據所生的權利」，均可確定擔保債權範圍。但若當事人約定，基於「契約所生的權利」、「書面契約關係所生的權利」、「一定期間內的債權關係」、約定「基於商業交易關係所生的權利」或「1 千萬元以上之債權關係」等，債權範圍標準均屬於不明確，為不適法之約定。

　　有關債權範圍標準應於最高限額抵押權設定時，由地政機關於登記簿上或以附件方式記明，且應具備公示效果，若僅抵押權設定書記載，但在閱覽登記謄本上未記載，實務上尚難認定已生登記之效力。

　　普通抵押權所擔保的為特定債權，故利息、遲延利息或違約金當然在所擔保的範圍內，最高限額抵押權所擔保的是不特定債權，究竟何種債權在擔保之範圍之內？依第 881-2 規定：

1. 最高限額抵押權人就已確定之原債權，僅得於其約定之最高限額範圍內，行使其權利。

2. 前項債權之利息、遲延利息、違約金，與前項債權合計不逾最高限額範圍者，亦同。

　　至於利息、延遲利息是否應經登記？過去實務見解採取肯定說，即原債權所生之「已登記利息、遲延利息與違約金」債權等，才屬於最高限額抵押權所擔保債權範圍。

　　第 2 項「所謂一定法律關係」，如買賣、侵權行為等。至於「由一定法律關係所生之債權」，包括現有及將來可能發生之債權，及因繼續性法律關係所生之債權（如約定某特定期日內機器租用契約）。第 2 項及第 3 項所謂「基於票據所生之權利」，包括票款請求權、票款追索權、利息所支出的必要費用、利益償還請求權等。

　　此外，在實務上由一定法律關係所生之債權，亦不限於「特定法律關係」，故特定之繼續交易契約、其他一定種類之交易（如約定買賣、運送、承攬法律關係所生的權利）均屬之。

　　至於當事人可否僅約定「一定期間」所生的債權，而未約定「一定法律關係所生的債權」？依第 881-4 條前段規定，「最高限額抵押權得約定其所擔保原債

權應確定之期日」，故應約定的是「確定期日」，而非「存續期間」，但因當事人有時常僅約定「一定期間」或「存續期間」，以作為擔保債權的範圍。

第三項　最高限額抵押權的確定

最高限額抵押權的「確定」，是指其擔保債權的確定，也就是所擔保債權確定後，最高限額抵押權在性質上變成普通抵押權。至於為何要確定？因在實行抵押權之際，有關優先受償權的內容，第881-12條，共列舉7款確定之事由如下：

1. 約定之原債權確定期日屆至者。

2. 擔保債權之範圍變更或因其他事由，致原債權不繼續發生者。

3. 擔保債權所由發生之法律關係經終止或因其他事由而消滅者。

4. 債權人拒絕繼續發生債權，債務人請求確定者。

5. 最高限額抵押權人聲請裁定拍賣抵押物，或依第 873-1 條之規定為清算，或第 878 條規定訂立契約者。

6. 抵押物因他債權人聲請強制執行經法院查封，而為最高限額抵押權人所知悉，或經執行法院通知最高限額抵押權人者。但抵押物之查封經撤銷時，不在此限。

7. 債務人或抵押人經裁定宣告破產者。但其裁定經廢棄確定時，不在此限。

第四項　最高限額抵押權的準共有

數人共同享有一最高限額抵押權，指「準分別共有」，依第881-9條規定：

1. 最高限額抵押權為數人共有者，各共有人按其債權額比例分配其得優先受償之價金。但共有人於原債權確定前，另有約定者，從其約定。

2. 共有人得依前項按債權額比例分配之權利，非經共有人全體之同意，不得處分。但已有應有部分之約定者，不在此限。

亦即在準分別共有的情況，因除另有約定外，原則上並無「應有部分」，不可能有準公同共有。原則上各共有人按其債權額比例分配其得受償之價金。例如，A、B 共有最高限額 2 千 1 百萬元的最高限額抵押權，在確定時 A 的債權額 1 千 8 百萬元，B 的債權額為 9 百萬元，則 A、B 的債權額比例為「2 比 1」，則 A 得優先受償之價金為 1 千 4 百萬元，B 為 7 百萬元。

第七章　質　權

　　質權為擔保物權的一種，坊間一般泛稱「質押」，如動產所有權人提供金錶、鑽石供擔保，向人融通資金，亦有將有價證券，如股票、保單提供質借現金等，前者稱為動產質權，後者稱為權利質權。質權體系參見圖九：

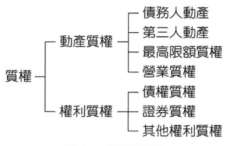

圖九：質權體系

第一節　動產質權

第一項　意義及特性

　　質權和抵押權最大不同，是設定質權要移轉占有，而且僅能針對動產設定質權，對於不動產係設定抵押權，不必移轉不動產的占有。第 884 條規定，稱動產質權者，謂債權人對於債務人或第三人移轉占有而供其債權擔保之動產，得就該動產賣得價金優先受償之權。

　　動產質權以「占有」為成立及存續要件，而且應由質權人自己占有，不得使「出質人」或「債務人」代自己占有（§885Ⅱ）。主要理由在於質權人必須占有質物，才能保全質權的效力，而且不得使第三人代自己占有，以確保質權的「留置作用」。

　　動產質權最大的特性即是「物上代位性」（§899）。

　　所謂物上代位性，指質物有「滅失」或「毀損」時，原則上質權會消滅，但出質人因其損失所受的賠償，基於擔保物權的物上代位性，質權人所得行使的權利並不消滅，仍有質權，且其次序與原質權相同。

　　不過，負賠償義務人如向出質人為給付，對質權人是否發生效力？視「給付義務人是否有故意或重大過失」而有不同處理方式：

1. 因故意或重大過失：給付對質權人不生效力，質權人可請求給付，給付義務人仍負給付之義務。

2. 非因故意或重大過失：給付對質權人發生效力，質權人不得再請求給付。

第二項　要件及消滅

依第 884 條的定義，質權之要件如下：

1. 以動產提供擔保設定質權。

2. 債權人占有動產。

3. 該動產可為債務人或第三人所有。

4. 債權不獲清償。

5. 就動產拍賣價金優先受償。

至於質權消滅的情形，依第 879 條規定，「動產質權，因質權人將質物返還於出質人或交付於債務人而消滅。返還或交付質物時，為質權繼續存在之保留者，其保留無效。」即返還或交付質物者，質權消滅，喪失占有，當然亦消滅，質權消滅有下列情形：

1. 質權人將質物返還於出質人。

2. 質權人將質物交付於債務人。

3. 質權人喪失質物之占有。

第 898 條規定，「質權人喪失其質物之占有，於 2 年內未請求返還者，其動產質權消滅。」主要理由是「質權的物上請求權」的時效過長，使法律關係久懸不定，有礙社會經濟發展，故明定 2 年的短期時效，若質權人喪失占有，未於 2 年的消滅時效期間內請求返還者，動產質權消滅。

第三項　善意取得

善意受讓在「動產占有」制度下應受保護（§948），動產質權亦適用之，第 886 條規定，「動產之受質人占有動產，而受關於占有規定之保護者，縱出質人無處分其質物之權利，受質人仍取得其質權。」

舉例而言，A 因出國將其所有的哈雷機車寄託於好友 B，B 因經商融資在即，向 C 借款，並以 A 的哈雷機車設定動產質權給 C，若 C 不知該哈雷機車為 A 所有，則 C 為善意第三人，雖 B 並無處分權，但 C 可主張「善意占有」之保護，並可「善意取得動產質權」。

第四項　擔保債權的範圍

設定質權的目的，在擔保一定的債權，包括原債權及利息、遲延利息、違約金及保存質物之費用等，對質權人保障較為周全。第 887 條規定：

1. 質權所擔保者為原債權、利息、遲延利息、違約金、保存質物之費用、實行質權之費用及因質物隱有瑕疵而生之損害賠償。但契約另有約定者，不在此限。

2. 前項保存質物之費用，以避免質物價值減損所必要者為限。

總之，質權人因保存質物所生的費用，得向出質人請求償還，但以避免質物價值減損或必要者為限，不能反而使質權人因保存質物而獲利，例如稅捐、修繕費、其他必要之保存費用及為避免質物流失所必要之費用。而單純之保管費用，如質物置於倉庫所須支付之倉租，其保管費用自仍應由質權人負擔，不在保存費用之內。

第五項　質權人的權利義務

質權人的權利可使用及出租質物、收取孳息、轉質及變價等。質權人的權利和義務，參見表十五：

表十五：質權之效力

質權人的權利	一、使用及出租質物的權利
	二、孳息收取權
	三、轉質權
	四、質物的變價權
質權人的義務	一、保管質物的義務
	二、返還質物的義務

一、使用及出租質物的權利

質權為擔保物權，並非用益物權，質權人雖占有質物，但非經出質人之同意，仍不得使用或出租質物。惟為保存其物之必要而使用者，不在此限（§888 Ⅱ）。故原則上質權人不得使用或出租其質物，例外的情況有二：

1. 經出質人同意而使用或出租：既經出質人同意，則可發揮質物之效用，惟使用或出租質物所獲得的利益屬於誰？應否支付使用之對價？原則上由出質人和質權人自行約定。

2. 為保存質物之必要而使用：質物將有可能變價拍賣，故有保存質物之必要，可加以維護，可認為屬「必要之使用」，如以汽車或機車設質，為防止該車長久未發動而故障，質權人可偶而加以使用。

二、孳息收取權

質權人有孳息收取權（§889），包括法定孳息及天然孳息，且應以對於自己財產同一之注意收取孳息，並為計算（§890 I）。至於孳息的抵充及變價，依第890 條第 2 項及第 3 項規定，「前項孳息，先抵充費用，次抵原債權之利息，次抵原債權。孳息如須變價始得抵充者，其變價方法準用實行質權之規定。」

亦即孳息抵充的第一順位為「費用」，第二順序為「原債權之利息」，第三順位為「原債權」。優先抵充「費用」，當然包括「保存質物的費用」及「收取孳息的費用」。且由於孳息如須變價始得抵充，特規定以實行質權的方式變價。

三、轉質權

「質權」為財產權之一種，質權人在法定權限之內得為轉質，在質權存續中，以自己責任轉質於第三人，但因轉質所受不可抗力的損失，質權人應負責（§891）。舉例而言，A 以其所有號稱價值 1 百萬元的名畫提供擔保，設定動產質權給 B，取得 60 萬元的融資。但 B 亦因融資向 C 借款，提供該名畫予 C 設定動產質權，以擔保 70 萬元的債務。此即所謂「轉質」，B 在轉質時，應表明其為名畫的質權人，即符合法律所規定「以自己之責任」轉質。但轉質所擔保的債權額，應在質權所擔保的債權額範圍內，轉質超過原質權的擔保債權額，超過部分對質權之出質人不生效力。本例中，出質人原擔保債權額 60 萬元，轉質擔保債權額為 70 萬元，就超過部分 10 萬元部分，原出質人 A 不受拘束，則 C 僅能對 A 主張優先受償 60 萬元。

四、質物的變價權

質物如屬於有腐壞之虞者，質權人可進行拍賣以變價之，惟拍賣質物所得價金，係代充質物，即質權移存於該項價金之上，適用物上代位之原則，而非以該價金抵充債權之清償。第 892 條規定：

1. 因質物有腐壞之虞，或其價值顯有減少，足以害及質權人之權利者，質權人得拍賣質物，以其賣得價金，代充質物。

2. 前項情形，如經出質人之請求，質權人應將價金提存於法院。質權人屆債權清償期而未受清償者，得就提存物實行其質權。

　　至於質權人的義務如下：

一、保管質物的義務

　　質權人應以善良管理人之注意，保管質物（§888 I）。

二、返還質物的義務

　　質權人在所擔保的債權消滅時，應將質物返還於有受領權人（§896）。

第六項　動產質權的實行

　　質權的實行，得拍賣質物，就其賣得價金而受清償。過去坊間有約定「流質契約」，即「約定在債權已屆清償期而未為清償時，質物之所有權移轉於質權人者」，在舊物權法規定「其約定為無效」（舊§893 II）。修正條文承認「流質契約」的效力，準用抵押權第 873-1 條「流押契約」的規定，是指質權人有清算義務的效力（§893 II）。

　　主要是「流質契約」在性質上仍為「債權契約」，並非「物權契約」，仍須履行物權行為後，質權人才能取得質物所有權。但由於質權未如抵押權規定的「登記制度」，故流質契約準用流押契約的效力，第 873-1 條第 1 項後段有關「非經登記不得對抗第三人」的規定不適用之。流質契約的效力，參見表十六：

表十六：流質契約效力

流質契約	重　　　　點
意　　義	約定在債權已屆清償期而未為清償時，質物之所有權移轉於質權人者。
效　　力	有效，舊法為一律無效
條　　文	§893 II
準用條文	§873-1
準用情況	1. 流質契約，非絕對無效 2. 質權人負有清償義務：質物價值超過擔保債權部分，應返還出質人；不足部分，請求債務人清償 3. 出質人在質物所有權移轉質權人前，得為清償後，以消滅該質權 4. 質權無登記制度，不準用§873-1 I 後段，無法發生於登記後對抗第三人的效力

第七項　最高限額質權

　　質權為擔保物權，必有債權發生，但債權之額度在工商交易活動上，可能為長期繼續交易，常在一定最高限額之下，設定質權，參考「最高限額抵押權」的規定，增訂「最高限額質權」。有關最高限額擔保物權，參見表十七：

表十七：最高限額擔保物權一覽

名　　　　　稱	條　　　　文
最高限額抵押權	§881-1～§881-17
最高限額動產質權	§899-1Ⅲ
最高限額權利質權	§901

　　第 899-1 條規定：

1. 債務人或第三人得提供其動產為擔保，就債權人對債務人一定範圍內之不特定債權，在最高限額內，設定最高限額質權。

2. 前項質權之設定，除移轉動產之占有外，並應以書面為之。

3. 關於最高限額抵押權及第 884 條至前條之規定，於最高限額質權準用之。

　　即設定最高限額質權屬於「要式行為」，應以「書面」設定質權為必要，而且亦可設定「最高限額權利質權」（§901）。

第八項　營業質權

　　在物權法定主義之下，除法律有規定外，不得創設物權，舊法認定「營業質權」係違反物權法定主義。但「當舖或以受質為營業」，向來為民眾小額融資的簡便方法，第 899-2 條規定營業質權：

1. 質權人係經許可以受質為營業者，僅得就質物行使其權利。出質人未於取贖期間屆滿後 5 日內取贖其質物時，質權人取得質物之所有權，其所擔保之債權同時消滅。

2. 前項質權，不適用第 889 條至第 895 條、第 899 條、第 899-1 條之規定。

　　舉例而言，A 為合法經營「當舖業」，依「當舖法」規定而設立登記，B 以其所有金錶一只向 A「質當」，取得融資 10 萬元，約定 1 個月回贖，B 於期滿後未回贖者，A 可主張何種權利？

本例中，A 即「經許可以受質為營業者」；1 個月，即「取贖期間」，在期間屆滿後五日，B 若未取贖該金錶，則質權人 A 取得金錶所有權，稱為「就物取償」；原債權 10 萬元同時消滅。在坊間實務上常見物主仍要求使用，B 與 A 若簽訂「金錶使用借貸契約書」，B 仍將金錶配戴使用，就修正物權法條文而言，經營當舖業的 A 不可取得營業質權，主要理由是質權人以取得「占有」為必要，如果金錶仍由物主 B 配戴，當舖業 A 並未占有金錶，則不符合質權設定要件。

物權法承認營業質權，但仍應以質權人取得占有為必要，否則不符合質權設定要件。

第二節　權利質權

第一項　意義及準用

質權的標的物，除動產以外，以「權利」亦可設質，稱權利質權，包括「以可讓與的債權」設質，稱「債權權利質權」，例如 A 急向 B 借款 5 百萬元，為擔保該債務可獲清償，以 A 另有對 C 的債權 5 百萬元，設定質權予 B，並通知 C。此時 A 和 B 應以書面設定權利質權。若 A 持有對 C 的借據，應否交付於 B？因該權利質權之設定，應以「書面」為之，至於借據為「債權證書」，只是債權存在的證明方法，故借據的交付，並非權利質權成立或生效要件，如 A 對 C 有借據，自有交付於 B 的義務，若未交付，亦不影響 A 和 B 間之債權權利質權的成立及生效。

至於「以其他權利」設質，如以有價證券設質，稱「證券債權質權」，簡稱「證券質權」。舉例而言，A 持有 B 公司發行的記名股票，向 C 設定權利質權，若 B 公司股票除分派股東盈餘外，並有增資配股，質權人 C 的質權效力，及於附屬證券。

第二項　債權質權

債權質權的設定，應以書面為之，依第 904 條規定：

1. 以債權為標的物之質權，其設定應以書面為之。

2. 前項債權有證書者，出質人有交付之義務。

故有無交付證書，與質權成立、生效無關，若有證書，出質人負有交付的義務。至於債權質權的實行方法，視其給付之內容，修正條文依是否以金錢給付為

內容，或以動產給付為內容，或以不動產物權之設定或移轉為內容者，而有不同的實行方法，說明如下：

一、以金錢給付為內容者

依第 905 條規定：

1. 為質權標的物之債權，以金錢給付為內容，而其清償期先於其所擔保債權之清償期者，質權人得請求債務人提存之，並對提存物行使其質權。

2. 為質權標的物之債權，以金錢給付為內容，而其清償期後於其所擔保債權之清償期者，質權人於其清償期屆至時，得就擔保之債權額，為給付之請求。

亦即，視質權標的物債權的清償期而定，有兩種情況：

1. 清償期先屆至者，質權人得請求第三債務人提存，繼而對提存物行使其質權。

2. 清償期後屆至者，質權人應待其屆至時，得逕行請求給付。

二、以動產給付為內容者

依第 906 條規定，「為質權標的物之債權，以金錢以外之動產給付為內容者，於其清償期屆至時，質權人得請求債務人給付之，並對該給付物有質權。」不論質權所擔保債權的清償期如何，均須待質權標的物債權的清償期屆至時，質權人始得請求債務人給付該動產，並對該動產有質權。

此際，「權利質權」轉換為「動產質權」，其質權具備實行要件時，依動產質權之實行為方法而實行質權。

三、以不動產物權之設定或移轉為內容者

第 906-1 條規定：

1. 為質權標的物之債權，以不動產物權之設定或移轉為給付內容者，於其清償期屆至時，質權人得請求債務人將該不動產物權設定或移轉於出質人，並對該不動產物權有抵押權。

2. 前項抵押權應於不動產物權設定或移轉於出質人時，一併登記。

本條亦稱「特殊抵押權」的規定。若有以「土地所有權之設定請求權」或「地上權之移轉請求權」為質權標的物，不論質權所擔保的債權清償期如何，均

須等待質權標的物債權的清償期屆至時，質權人始得請求債務人將該「土地所有權物權設定」或「地上權之移轉」於出質人時，此時，「債權質權」轉換為「不動產抵押權」或「準抵押權」，性質上係法定抵押權，不以登記為生效要件。

但為保障交易安全，應於該不動產物權設定或移轉於出質人時，一併為抵押權之登記，此項登記無須得出質人之同意，但質權人應通知出質人（§906-4）。

第三項　證券質權

有價證券的種類甚多，可以設定權利質權者，包括記名證券及無記名證券。惟若以「未記載權利人之有價證券」設定質權，應符合「交付」及「背書」兩項要件。第 908 條規定：

1. 質權以未記載權利人之有價證券為標的物者，因交付其證券於質權人，而生設定質權之效力。以其他之有價證券為標的物者，並應依背書方法為之。

2. 前項背書，得記載設定質權之意旨。

至於第 2 項規定「設質背書」的方式如何？究係僅在證券背面「背書簽名」即可，抑或應記明設質之本旨，如背書載明「本證券設定質權予〇〇人」，在解釋上本條文規定「得」，故原則上僅在背面背書簽名即可，但若為表明不是「讓與背書」，得記載設定質權之意旨（參見立法理由）。

第八章　留置權

第一節　意義及特性

留置權為擔保物權的一種，具有「留置權能」與「優先受償權能」，屬於法定的擔保物權，在符合法律規定構成要件，即當然發生留置權，不能由當事人間合意設定。

物權編有關擔保物權有重大修正

留置權的特性，包括不可分性、物上代位性及留置權優先性，說明如下：

一、不可分性

留置權在原則上具有「不可分性」，但物權編修正突破此一原則，在例外，得依比例行使。第 932 條但書規定，「債權人於其債權未受全部清償前，得就留

置物之全部，行使其留置權。但留置物為可分者，僅得依其債權與留置物價值之比例行使之。」主要理由謂，「留置權之作用乃在實現公平原則，過度之擔保，反失公允」，以兼顧保障債務人或留置物所有人之權益。

二、物上代位性

留置權為擔保物權，其物上代位性準用「動產質權」規定（§937Ⅱ），其兩者目的均在於由債權人「占有」債務人或第三人所有之動產，以確保債務之受償，性質近似，原則上留置權會因留置物滅失、毀損而消滅，但留置人因此而得受賠償者，留置權人仍可就其物上權利加以主張，此即物上代位性。物上代位性準用動產質權之條文，參見圖十：

留置權
（§937Ⅱ）
- 質置權人返還留置物，留置權消滅（§897）
- 留置權人喪失留置物之占有，留置權消滅（§898）
- 留置物滅失或毀損，留置人得受賠償者，留置權人得主張（§899）

圖十：物上代位性準用動產質權之條文

三、留置權優先性

物權的優先效力係以物權成立之先後，但擔保物權成立目的和性質不同，一般而言，「費用性擔保物權」（即以擔保因保存或增加標的物價值所生的債權為目的）雖發生在後，應優先於「融資性擔保物權」（即以擔保因融資所生的債權為目的）。在留置物上存有所有權以外的物權，例如，留置物上有質權，則原本成立先後的次序而決定物權之優先效力，但留置權人在債權發生前已占有留置物，如其為善意，應獲較周全的保護，該留置權優先於其上的其他物權，質權人應不得主張優先受償，而由留置權人取得優先受償次序。

此一規定，稱為「費用性擔保物權之特別優先次序」，第 932-1 條規定，「留置物存有所有權以外之物權者，該物權人不得以之對抗善意之留置權人。」

類似的規定在動產擔保交易法（第 25 條）及抵押權（§513Ⅳ「承攬人之法定抵押人」、§871Ⅱ「抵押權之受償次序」）均有之。且因第 932-1 條的規定，具有溯及的效力（物權編施行法§23），亦即，在物權編修正施行前的留置物存有所有權以外的物權，亦適用之，以保障善意留置權人的權益。

第二節　留置權成立的要件

留置權的成立要件，與留置權的定義有關，分析其可包括積極要件及消極要件。所謂積極要件，指留置權成立，所必須存在的要件；所謂消極要件，指法律禁止的情況，不得成立留置權，留置權成立要件，參見表十八：

表十八：留置權成立要件

積極要件	一、債權人占有他人動產
	二、牽連及擬制牽連關係
	三、債權已屆清償期而未受清償
消極要件	一、因侵權行為或不法原因占有
	二、明知或重大過失不知
	三、違反公序良俗
	四、與約定牴觸

第一項　積極要件

一、須債權人占有他人的動產

依第 928 條規定留置權之定義，「謂債權人占有他人之動產，而其債權之發生與該動產有牽連關係，於債權已屆清償期未受清償時，得留置該動產之權。」

此為物權性留置權之基本規定，至於優先受償權，另於第 936 條規定。留置物的占有人不以屬於債務人所有者為限。舉例而言，A 弟未得其兄 B 的同意，將 B 的 BMW 汽車借友人 C 使用，因 C 駕駛不慎而有嚴重車損，送至 D 修車廠，但 C 未支付修理費五萬元，在所有權人 B 請求 D 修車廠返還汽車時，D 可否主張留置權？

若「債權人占有屬於其債務人所有的動產」，當然可發生留置權，但本例中，債權人 D「占有非屬於其債務人(C)所有的動產」，而係第三人(B)的動產，故仍需進一步分析 D 修車廠占有之始，是否明知或因重大過失而不知該汽車不是債務人 C 所有（§928 II 後段）。若 D 為善意，則可以主張未支付修理費用而行使留置權。

二、須債權之發生與該動產有牽連關係

所謂牽連關係，包括「債權之發生與該動產有牽連關係」（§928）及「營業牽連關係」（§929）兩種。

發生留置權與債權發生有牽連關係，舉例而言，A 出售冷氣機予 B，B 給付價金後經 A 安裝後使用，後因故障而由 A 運回修理，若 B 未付修理費用，A 可留置該冷氣機，此即「有牽連關係」；但若 A 主張原買賣契約的價金未支付而留置該冷氣機，則屬「無牽連關係」。

至於營業牽連關係，亦即「擬制牽連關係」，依第 929 條規定，「商人間因營業關係而占有之動產，與其因營業關係所生之債權，視為有前條所定之牽連關係」。例如，A 和 B 為經營電器買賣之上下游廠商，則其因營業所生的債權，縱債權與占有係基於不同關係而發生，且無任何因果關係，營業關係之下游廠商在符合動產留置權要件，因營業關係已占有動產，可行使對營業關係上游廠商的留置權。

三、須債權已屆清償期未受清償

此一要件可由留置權之定義（§928）得出，即在債權已屆清償期，而未受清償時，債權人得行使留置權，但若債務人無支付能力，縱在債權未屆清償，債權人亦有留置權（§931 I）。

第二項　消極要件

一、動產因侵權行為或其他不法之原因而占有者

依第 928 條第 2 項前段規定，「債權人因侵權行為或其他不法之原因而占有動產者」，不得行使留置權。舉例而言，A 出租 BMW 汽車予 B，租期屆滿，B 拒不返還，後來該 BMW 汽車故障，B 支出修繕費用 2 萬元，此時 B 為無權占有該 BMW 汽車，在 A 對 B 行使所有物返還請求權時，B 可否以其支出 2 萬元為必要費用，主張對該 BMW 汽車行使留置權？依條文規定「其他不法之原因而占有動產」的情形，不得行使留置權，而此例中，B 雖並「非因侵權行為而占有」，但屬於「不法原因而占有」該 BMW 汽車，故仍不符合留置權要件。

二、 債權人占有之始，明知或因重大過失而不知該動產非為債務人所有者

依第 928 條第 2 項後段規定，「其占有之始明知或因重大過失而不知該動產非為債務人所有者」，即不得行使留置權，否則，違反動產所有權或質權之善意取得制度（§801、§886）。

三、動產之留置，違反公序良俗者

依第 930 條規定，「動產之留置，違反公共秩序或善良風俗者，不得為之。」如果留置動產足以影響公序良俗，例如留置物為違禁品，或留置債務人即將在結婚場合中穿著的新娘禮服，均可認定為符合此一消極要件，不符合留置權要件。

四、 動產之留置，與債權人應負擔之義務或債權人債務人間之約定相牴觸者

依第 930 條後段規定，「其與債權人應負擔之義務或與債權人債務人間之約定相牴觸者」。

所謂「與債權人應負擔之義務相牴觸者」，例如，物品運送人，負有於約定或其他相當期間內，將物品運送至目的地之義務，運送人卻主張託運人之運費未付，而扣留其物，不為運送者，不得行使留置權。

至於「與債權人債務人間之約定相牴觸者」，例如，債務人將汽車交債權人修理，於交付時言明汽車修復後，須交由債務人試用數日，認為滿意，始給付修理費者，債權人於汽車修畢後，仍以債務人之修理費未付而留置汽車，即不得行使留置權。

第三節　留置權人的權利義務

留置權人的權利義務準用質權人的規定（§933），留置權人權利義務準用質權人，參見圖十一：

```
                ┌─ 善良管理人注意保管留置物，原則不得使用或出租（§888）
    留置權人     ├─ 收取留置物孳息（§889）
    （§933）    ├─ 收取孳息及抵充原則（§890）
                └─ 留置物變價權（§892）
```

圖十一：留置權人權利義務準用質權人

第四節　留置權的實行及擔保範圍

第一項　留置權的實行

留置權實行的方法，指如何實行此項擔保物權，而就其債權清償。留置權實行的方法，依第 936 條規定：

1. 債權人於其債權已屆清償期而未受清償者，得定 1 個月以上之相當期限，通知債務人，聲明如不於其期限內為清償時，即就其留置物取償；留置物為第三人所有或存有其他物權而為債權人所知者，應併通知之。

2. 債務人或留置物所有人不於前項期限內為清償者，債權人得準用關於實行質權之規定，就留置物賣得之價金優先受償，或取得其所有權。

3. 不能為第一項之通知者，於債權清償期屆至後，經過 6 個月仍未受清償時，債權人亦得行使前項所定之權利。

說明此一規定的其重點如下：

一、留置權優先受償程序

為符合執行之效率，特別縮短法定期間均予縮短，以避免留置權之實行耗費時日，對長期負保管責任之債權人過苛。實行留置權之通知期間，參見表十九：

表十九：通知法定期間

通　　知	修正條文	原條文
債權人通知債務人清償之期限	1 個月（§936 I）	6 個月（§936 I）
債權清償期屆至後，經一定期限仍未受消償	6 個月（§936Ⅲ）	2 年（§936Ⅱ）

二、一併通知債權人

留置物如為第三人所有或存有其他物權而為債權人所知者，債權人應一併通知之，以維護其權益。

三、留置權的實行方法

準用「關於實行質權之規定」，即有三種結果：

1. 拍賣留置物。

2. 以訂約取得留置物之所有權。

3. 訂約以拍賣以外的方法處分留置物。

第九章　占　有

第一節　占有之意義及種類

一、占有之意義

占有是指對「物」有「事實上的管領力」。民法對占有未規定其意義，第940條規定「占有人」之定義，指「對於物有事實上管領之力者」，所謂事實上的管領能力，應依社會觀念，考量時空因素，就個案認定如何對物支配，並可排除他人的干涉。舉例而言，對不動產，占有人可居住房屋或對土地架設圍牆，並加裝防盜等安全設施；對動產，占有人可穿著衣服、名錶，或將鑽石手飾等裝入保險櫃，其重點是占有人可排除他人的干涉。重點包括第943條「依占有而推定其權利適法原則」、第944條明確規定合法的占有以為無過失」占有、第948~951條對於善意受讓原則及例外對盜贓遺失物之規定、第959條規定惡意占有人之認定。

原則上占有的標的為「物」，包括「動產」及「不動產」；如果占有的標的為「權利」時，則稱為「準占有」（§966）。

又支配不以占有人親自為之為限，可以他人為「輔助人」而占有，即占有輔助人，依第942條規定：「受僱人、學徒、家屬或基於其他類似之關係，受他人之指示，而對於物有管領之力者，僅該他人為占有人。」

二、占有之取得

占有之取得，有「原始取得」與「繼受取得」，所謂原始取得，如無主物之先占是；所謂繼受取得，如占有讓與或繼承，則受讓人或繼承人之取得占有，即為繼受取得。至於占有讓與，即為占有之移轉，移轉的方法，準用「第761條動產物權讓與之生效要件」的規定，包括「現實交付、簡易交付、占有改定及指示交付」等。

占有若由繼受而取得者，該繼承人或受讓人得就自己之占有，或將自己之占有與前占有人之占有合併，而為主張；合併前占有人之占有而為主張者，並應承繼其瑕疵（§947）。所謂瑕疵即指惡意、強暴、隱密，不繼續及有過失占有；一旦占有有此等瑕疵情形，則影響因占有而取得權利。

法律上有不同的占有種類，以其區別標準而分，其種類及意義，參見表二十：

表二十：占有之種類

種　　類	意　　義
有權占有	基於某種權利（如所有權、質權）而占有
無權占有	未基於任何權利而占有
直接占有	對他人之物為占有，占有人為直接占有
間接占有	他人為間接占有（§941 包括地上權人、農育權人、典權人等）
自主占有	以所有之意思而占有
他主占有	非以所有之意思而占有
自己占有	占有人親自對於其物為事實上之管領
輔助占有	基於特定之從屬關係，受他人之指示而為占有（§942）
善意占有	不知其為無權占有（§952）
惡意占有	明知其為無權占有（§956）
和平占有	不藉暴力以維持其占有
強暴占有	以強暴手段維持其占有
公然占有	不用隱密之方法之占有
隱密占有	對於特定人用隱密之方法，以避免該人發現
繼續占有	在一定時間內繼續不斷占有（§944Ⅱ）
不繼續占有	在一定期間內未繼續不斷占有
單獨占有	一人單獨占有一物
共同占有	數人共同占有一物（§965）
占有	對物有事實上之管領能力，推定善意、和平、公然及無過失
準占有	權利占有，不因物之占有而成立之財產權（§966Ⅰ）

第二節　占有之效力

一、占有之推定

　　占有之推定，包括「占有權利之推定」及「占有事實之推定」。前者指占有人於占有物上行使之權利，推定其適法有此權利（§943Ⅰ）；後者指推定以所有之意思，善意、和平、公然及無過失占有，能證明前後兩時為占有時，推定前後兩時之間繼續占有（§944）。法律設有「推定制度」，主要是貫徹占有制度，以維持社會現狀。但「前項推定，於下列情形不適用之：一、占有已登記之不動產而行使物權。二、行使所有權以外之權利者，對使其占有之人。」（§943Ⅱ）

關於物權之變動，動產以交付占有為生效要件，不動產則非經登記，不生效力，二者之公示方法不同。而就通常交易習慣而言，對於已登記之不動產物權，交易相對人所信賴者為地政機關之登記，不能依不動產之現時占有狀態而為權利之推定。為維護不動產之交易安全，已登記之不動產物權並不適用於占有之推定。

至於原本占有人依第一項規定，於占有物上行使權利，僅須證明其為占有人，即受本條權利之推定，就其占有物上行使之權利，不負舉證責任。惟於根據債權（如租賃或借貸）或限制物權（如動產質權）等所有權以外之權利而占有他人之物者，在占有人與使其占有人間，如逕依第一項規定而為權利適法之推定，其結果殊欠合理。例如甲將物交付乙占有，嗣甲以所有物返還請求權請求乙返還，乙認為其間有租賃關係存在，主張因租賃權而占有。依訴訟法上舉證責任分配之法則，原本乙必須對有權占有之事實負舉證責任，惟如依本條現行規定即得主張有租賃權而無庸另負舉證之責，顯與訴訟法上舉證責任分配之法則有違，且有欠公平。故第二項第二款明定於占有人行使所有權以外之權利時，占有人不得對使其占有之人主張權利推定之效果，以符公平。

二、權利之取得

占有人憑占有而取得權利，包括時效取得及善意取得兩種：

（一）取得時效

取得時效即以占有為要件，於一定狀態下占有達法定期間，而取得所有權，故占有為取得權利之一種方法。

（二）善意受讓

善意受讓，或稱「即時取得」，依第 948 條規定：「（第 1 項）以動產所有權或其他物權之移轉或設定為目的，而善意受讓該動產之占有者，縱其讓與人無讓與之權利，其占有仍受法律之保護。但受讓人明知或因重大過失而不知讓與無讓與之權利者，不在此限。（第 2 項）動產占有之受讓，係依第 761 條第 2 項規定為之者，以受讓人受現實交付時善意為限，始受前項規定之保護。」本條係平衡「動產交易之安全」與「所有權靜的安全」。限於「動產」適用，因「不動產」須經「登記」才能移轉或設定權利，與動產權利之移轉或設定，僅依占有為之者，有所不同。但書規定係基於受讓人有疏失，明文排除於保護範圍之外。

善意受讓制度的立法目的基於占有的公信力，並保障交易安全。本條所稱「縱讓與人無讓與之權利」，原係指「無權處分」，依第 118 條規定，須經有權利

人之承認，始生效力，但具備本條要件時，即不需要經過有權利人的承認，其占有即受保護。

所謂「其占有仍受法律之保護」，指第 801 條及第 886 條，可取得動產所有權及質權。其情形有二：其占有是以移轉所有權為目的者，則其受讓人即取得該動產之所有權；若其以設定質權為目的，則動產之受質人占有動產，受質人取得其質權。

善意受讓的原則，適用在所有權、質權及占有，其因而取得動產之權利，但有例外，即占有物如係「盜贓或遺失物或其他非基於原占有人之意思而喪失其占有者」，原占有人自喪失占有之時起 2 年以內，得向善意受讓之現占有人請求回復其物。依前項規定回復其物者，自喪失其占有時起，回復其原來之權利。」（§949）。不過，這類非基於原占有人之意思而喪失其占有之物，如現占有人由公開交易場所，或由販賣其物同種之物之商人，以善意買得者，非償還其支出之價金，不得回復其物（§950）。如係金錢或未記載權利人之有價證券，不得向其善意受讓之現占有人請求回復（§951），以保護金錢或未記名有價證券的流通。動產善意受讓之規定，參見圖十二：

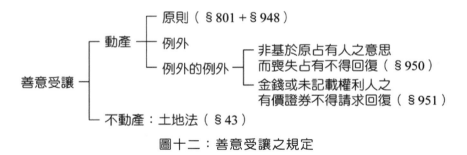

圖十二：善意受讓之規定

三、占有之回復

占有人的權利義務，法律規定依占有人的善、惡意而加以區別，即有本權之人向占有人請求回復占有物時，應如何返還，範圍如何，視占有人為「善意」或「惡意」而有不同。

（一）善意占有人

1. 占有物滅失毀損之損害賠償

善意占有人如占有之原物仍存在時，應返還原物，若不存在時，依第 953 條規定，「善意占有人，因可歸責於自己之事由，致占有物滅失或毀損者，對於回復請求人，僅以因滅失或毀損所受之利益為限，負賠償之責。」亦即，若占有人未受利益，不必賠償；因不可歸責於自己之事由，如不可抗力等，則善意占有人不必賠償。

2. 孳息不必返還

善意占有人之權利推定，包括占有物之使用收益，依第 952 條規定：「善意占有人於推定其為適法所有之權利範圍內，得為占有物之使用、收益。」故知善意占有人不必返還孳息。

3. 費用償還

善意占有人因保存占有物所支出之必要費用，得向回復請求人請求償還；但已就占有物取得孳息者，不得請求償還通常必要之費用（§954），亦即必要費用可與孳息互抵。至於有益費用，依第 955 條規定：「善意占有人，因改良占有物所支出之有益費用，於其占有物現存之增加價值限度內，得向回復請求人，請求償還。」

（二）惡意占有人

所謂惡意占有人，係指明知其為無權占有之人，且善意占有人自確知其無占有本權時起，或於本權訴訟敗訴時，自起訴狀送達之日起，為惡意占有人（§959）。有本權之人向惡意占有人請求返還之範圍如何：

1. 占有物之滅失或毀損之損害賠償

惡意占有人占有之原物仍存在時，亦應返還原物，若原物不存在時，依第 956 條規定：「惡意占有人或無所有意思之占有人，就占有物之滅失或毀損，如係因可歸責於自己之事由所致者，對於回復請求人，負損害賠償之責。」即惡意占有人必須全部負賠償責任。

2. 孳息返還義務

惡意占有人負返還孳息之義務，其孳息如已消費，或因其過失而毀損或怠於收取者，負償還其孳息價金之義務（§958）。

3. 必要費用償還

惡意占有人因保存占有物所支出之必要費用，對於回復請求人，得依關於無因管理之規定，請求償還（§957）。所謂依無因管理之規定，即該項必要費用之支出，須以有利本人之方法，並不違反本人明示或可得推知之意思始可（§176 I）。占有人善惡者之區別，參見表二十一：

表二十一：占有人善、惡意之區別

	善意占有人		惡意占有人
使用收益	依推定其為適法所有之權利範圍內，得為占有物之使用收益（§952）		1. 負返還孳息之義務 2. 孳息如已消費，或因過失而毀損，或怠於收取者，負償還其孳息價金之義務（§958）
因可歸責事由導致占有物毀損滅失的損害賠償責任	自主占有	僅依因滅失或毀損所受之利益為限，負賠償責任（§953）	負全部賠償責任（§956）
	他主占有	負全部賠償責任（§956）	
費用	必要費用	得請求回復請求權人償還，但已就占有物取得孳息者，不得請求償還通常必要費用（§954）	對於回復請求人，得依關於無因管理之規定請求償還（§957）
	有益費用	與占有物現存之增加價值限度內，得向回復請求人請求償還（§955）	法無明文規定。是否可依不當得利規定求償，學說上有爭議

四、占有人之物上請求權

占有人，其占有被侵奪者，得請求返還其占有物。占有被妨害者，得請求除去其妨害。占有有被妨害之虞者，得請求防止其妨害（§962），此即為占有人之物上請求權。舉例而言，A 有金錶一只平日即常配戴使用，在出國期間寄放在其友 B 處，此時，A 為金錶占有人（間接占有人），B 係基於寄託關係而占有金錶，亦為占有人（直接占有人）。若 B 之夫 C 為餐廳大廚師，亦對該金錶愛不釋手，常向 B 取來金錶配戴，但 C 為無權占有人。

若 A 返國後，可基於占有人請求 C 返還該金錶；B 亦可基於占有人請其夫 C 返還金錶；若 C 戴上金錶在餐廳廚房，金錶可能因而受潮受損者，A 及 B 均可主張除去妨害或防止妨害占有請求權（當然，A 為金錶所有權人，亦可基於§767 條主張所有物返還請求權，消滅時效是 15 年）。

占有物上請求權，自侵奪或妨害占有或危險發生後 1 年間不行使而消滅（§963）。至於共同占有人之自力救濟及物上請求權，第 963 條之 1 規定「數人共同占有一物時，各占有人得就占有物之全部，行使第 960 條或第 962 條之權利。依前項規定，取回或返還之占有物，仍為占有人全體占有。」在「共同占有」的情形，即數人共同占有一物時，各占有人就其占有物使用之範圍，不得互相請求占

有之保護（§965），占有人相互間，對於占有物之使用範圍，不得行使物上請求權。占有人之物上請求權，參見圖十三：

```
                        ┌─ 返還占有物請求權（§962前段）
        占有人之物上請求權 ─┼─ 除去妨害占有請求權（§962中段）
                        └─ 防止妨害占有請求權（§962後段）
```

圖十三：占有人之物上請求權

第二篇 案例解析

一、物權變動原則

> **案例**
>
> A 有房屋出售予 B，在 B 給付價金後 A 移交房屋，B 是否取得房屋所有權？若該屋屬於未經登記的違章建築，但有房屋稅稅籍登記，A 和 B 買賣行為之後，納稅義務人已變更為 B，今有 A 之債權人 C 聲請法院拍賣該屋，由 D 拍定，並領得權利移轉證書，B 請求 A 協辦所有權移轉登記之訴，並獲勝訴判決確定，D 是否取得該違章建築房屋所有權？

解析

1. 不動產物權，依法律行為而取得、設定、喪失及變更者，非經登記，不生效力。前項行為，應以書面為之。（§758），此稱「登記生效要件主義」，物權有強大效力，得對抗一般人。關於不動產的取得、設定、喪失及變更等法律行為，若沒有一定公示，第三人未必知悉，可能蒙受損害，有違交易安全之保護，為保障第三人利益及維護交易安全，不動產物權之變動，須經書面登記，始生效力。此為不動產物權的「要式性」。

   本例移轉房屋不動產的物權，A 及 B 必須要就物權行為做成書面契約，B 必須依土地法及土地登記規則等規定，完成相關的登記，不動產物權移轉才會生效。若僅給付價金，移交房屋，B 尚未取得房屋所有權。

2. 違章建築無法為不動產之登記，但在實務上有房屋稅籍登記，也可以成為買賣之標的物，A 之債權人 C 可聲請法院拍賣。但因繼承、強制執行、徵收、法院之判決或其他非因法律行為，於登記前已取得不動產物權者，應經登記，始得處分其物權（§759），主要理由係透過這些行為，已經取得不動產所有權，法律規定未經登記，不得處分，以貫徹登記要件主義之本旨。

   D 拍定該不動產，其取得係因法院強制執行的結果，於領得權利移轉證書時即取得所有權，不以登記為必要，D 可取得房屋所有權。

二、動產善意受讓

> **案例**
>
> A 向 B 借流行某歌手的 CD 片來聽，結果 A 的朋友 C 是，歌手的歌迷，因該 CD 片有歌手簽名，出高價碼希望 A 出售，A 便將 CD 片出售予 C。之後，B 發現 CD 片被 A 無權出賣，萬分生氣，要求 C 歸還 CD 片，有無理由？

解析

　　本例無權處分與善意受讓有關，動產之受讓人占有動產，而受關於占有規定之保護者，縱讓與人無移轉所有權之權利，受讓人仍取得其所有權（§801），所謂「受關於占有規定之保護」，指的是第 948 條規定。

　　而第 948 條規定：「以動產所有權，或其他物權之移轉或設定為目的，而善意受讓該動產之占有者，縱其讓與人無讓與之權利，其占有仍受法律之保護。但受讓人明知或因重大過失而不知讓與人無讓與之權利者，不在此限。」所謂「讓與人無讓與之權利」，即指「無權處分」。但書規定係保護原所有權「靜的安全」，指受讓人對於「讓與人無讓與之權利」如有疏失，則不受善意受讓之保護。本例 A 為無權處分，基於保護交易安全，如果無權處分的相對人是善意的話，可以適用善意受讓的規定，而取得動產的所有權。但若善意受讓人 C 有疏失，則不受善意受讓之保護。

　　C 是善意受讓 CD 片占有，雖然 A 沒有出售 CD 片的權利，但是 C 對 CD 片的占有，如無疏失仍受到第 948 條規定的保護。依善意受讓規定，C 可取得 CD 片的所有權，則 B 對 CD 片的所有權已經歸於消滅，B 無法依第 767 條規定，主張所有物返還請求權，請求 C 返還 CD 片。B 只能依借貸契約，請求 A 違反借貸契約之賠償損害，或依不當得利，主張 A 歸還出賣 CD 片的利益。

三、抵押權之實行

 案例

1. A 向 B 借款 1 千萬元，約定 1 年後償還，並以 A 所有的「甲房屋二層樓」及「基地」設立抵押權予 B，作為擔保。問：
   (1) 在 1 年期滿後，A 無能力清償，B 應如何主張自己權利？
   (2) 若在半年後，A 因投入股市投資獲利，即全數清償 1 千萬元，A 如何處理已設定之抵押權？
   (3) 若 B 亦對 C 亦有負債 1 千萬元，可否不讓與債權，而把抵押權讓與給 C？
   (4) 若 A 在使用「甲房屋」時，於「第三層加蓋違章建築」，B 應如何主張拍賣？

2. (1) A 對 B 有 20 萬元的借款債權，B 提供甲地設定抵押權予 A，若其後 B 將甲地分割為地號「甲之 1」及地號「甲之 2」兩筆土地，並將「甲之 1」出售予 C，抵押權效力是否及於「甲之 1」？
   (2) 若 A 將 20 萬元債權的其中 10 萬元讓與 D，若 B 無法清償 D 的 10 萬元債權，B 是否可訴請法院拍賣甲地？

3. A 對 B 有一筆 20 萬元的債權，B 以房屋設定抵押權，作為擔保。之後，房屋因為 C 的縱火而滅失，B 向 C 訴請損害賠償，獲得賠償 50 萬元，若 B 未清償債務，A 可否就該 50 萬元求償？

4. A 因經商失敗而負債累累，財產僅有甲屋一棟，市價約 5 百萬元。A 分別向 B、C、D 借款 2 百萬元，並先後就 B、C、D 的債權，各以甲屋設定 2 百萬元的抵押權。之後，A 無力償還債務，B、C、D 聲請法院拍賣甲屋，拍賣僅得價金 3 百萬元，應如何分配？

解析

1. (1) 清償期屆至，債務人不清償其債務，抵押權人可實行其抵押權，聲請法院，拍賣抵押物，就其賣得價金而受清償（§873），實行之方法，以抵押物變價為適當者，變價之方法，即依執行法律而拍賣抵押物。在 1 年清償期屆至，A 無力清償債務，B 可將 A 之二層樓房屋及基地加以拍賣，就拍定價金使其債權獲得清償。

   (2) 原則上，在抵押權約定的存續期間內，所有發生的債務，債權人均得就抵押物主張抵押權，除非債權人拋棄為其擔保權利，或擔保債權所由生的契約已合法終止或因其他事由而消滅，且無既存的債權，而將來亦確定不再發生債權，抵押人始得主張塗銷抵押權。否則，縱抵押人在權利存續期間屆滿前終止契約，仍不得主張塗銷抵押權。

若半年後，A 因股市投資獲利 1 千萬元，全數清償債務，致 A 與 B 的債權債務關係消滅，由於抵押權具有「從屬性」，債權消滅，抵押權也跟著消滅，抵押人 A 可要求抵押權人 B 塗銷抵押權之登記。

(3) 抵押權具有從屬性，必須和其所擔保的債權一起讓與，不得為他債權之擔保（§870），若抵押權與債權分離而為他債權之擔保，或債權人為同一債務人之他債權人之利益，得讓與或拋棄其抵押權及次序，非但實際上無異，且有使法律關係趨於複雜。因抵押權從屬於債權，所以 B 必須移轉債權，抵押權才會隨著債權而移轉，若 B 不讓與債權，僅單獨讓與抵押權予 C，違反從屬性的規定，並不發生效力。

(4) 抵押權之效力，及於抵押物之從物與從權利（§862 I），抵押物之從物，若屬抵押物所有人之所有，抵押權之效力，亦能及之，以使抵押權之信用，更加鞏固。但土地及房屋分別為二個獨立的不動產，以其一設定抵押權時，另一是否併付拍賣，在實務上滋生爭議，究指抵押權人僅得聲請執行法院併付拍賣，抑由抵押權人自行併付拍賣，第 877 條第 1 項明定「得於強制執行程序中由抵押權人聲請執行法院決定之」，以杜爭議。

至於 A 於所有之房屋設定抵押權的效力，是否及於第三層樓加蓋之違章建築？視其加蓋之一層房屋有無「獨立性」而定，若 A 於原有之建築物增建違章建築，增建的部分和原有的建築並無可資區別之處，而為一體適用，不具有使用上的獨立性，則屬於原有房屋的所有權範圍擴張，應為抵押權效力所及（§862 III 本文）。但若 A 於該屋第三層興建違章建築，另有出入口，具有獨立性，再區別是否為從物，若為從物，設定抵押權後增加之從物，亦為抵押權效力所及（§68 II、§862 I）；若非從物，為處理抵押物的有效拍賣事宜，特別明定「但其附加部分為獨立之物，如係於抵押權設定後附加者」，亦準用併付拍賣之規定（§862 III 但）。

2. (1) 抵押權具不可分性，抵押之不動產，如經分割或讓與其一部，或擔保一債權之數不動產而以其一讓與他人者，其抵押權不因此而受影響（§868），B 將甲地分割成「甲之 1」及「甲之 2」兩筆土地，仍然是以「甲之 1」及「甲之 2」擔保全部的債權，不因為抵押物的分割，而使抵押權人 A 的權利受到影響。

(2) 以抵押權擔保之債權，如經分割或讓與其一部者，其抵押權不因此而受影響（§869 I），D 所擁有的 10 萬元債權，仍然以甲地全部作為擔保。也就是說，如果 D 無法獲得清償，可以就甲地全部拍賣，以賣得的價金受償。

3. 抵押物滅失而得受賠償者，抵押權具有「物上代位性」，因為擔保標的物的滅失、毀損，而得受賠償，此時賠償即成為擔保物權標的物的代替品，權利人可該項賠償行使權利。A 的抵押權雖然因為房屋的滅失而消滅，但因 C 賠償 B 的 50 萬元，A 可行使賠償金的物上代位權，可獲得 20 萬元債權的清償。

4. 拍賣價金僅得 3 百萬元，因不足以清償 A 所積欠的債務，此時抵押權的「次序」即十分重要。不動產所有人，因擔保數債權，就同一不動產，設定數抵押權者，其次序依登記之先後定之（§865），故 B、C、D 的抵押權次序的決定，必須依照抵押權登記的先後次序決定。

　　最先登記的，就是第一順位的抵押權人，第二登記的，就是第二順位的抵押權人，以此類推。抵押物賣得之價金，除法律另有規定外，按各抵押權成立之次序分配之，其次序相同者，依債權額比例分配之（§874）。假設 B 是第一順位抵押權人，C 是第二順位抵押權人，D 是第三順位抵押權人，則 B 可以就 3 百萬元價金中的 2 百萬元受清償，也就是 B 的債權可以全部獲得清償。C 則必須就剩下的 1 百萬元受償，所以 C 有 1 百萬元的債權無法獲得清償。分配到 D 的時候，因為甲屋拍賣僅得 3 百萬元價金，已經被前順位的抵押權人分配完畢，所以 D 的 2 百萬元債權，完全無法獲得清償。

四、最高限額抵押權之確定

案例

　　A 公司於 2014 年 1 月就其產品與 B 商行訂立「經銷契約」，約定經銷期間 3 年，由 A 提供甲屋及基地設定抵押權於 B，其最高限額 5 百萬元，在經銷期間中，A 陸續向 B 購進貨物，在 2014 年共買進 2 百萬元的貨物，2015 年共買進 1 百萬元的貨物，2016 年買進 150 萬元的貨物，2017 年再買進 1 百萬元的貨物。雙方在 2016 年底結算利息，總計貸款利息是 70 萬元。最高限額抵押權所擔保的總金額為何？

解析

　　「最高限額抵押權」在物權編明定其定義、約定額度、原債權之確定等（§881-1~§881-17）。在實務操作上，依債權人一定範圍之內的不特定債權，預定一個最高額度，由債務人或第三人提供抵押物予以擔保。

　　本例中，A、B 雙方設定的抵押權，以 5 百萬元為最高限額，所以在 5 百萬元範圍內的債權，都會受到抵押權的擔保。本案主要問題就在於，哪一些債務屬於最高限額抵押權擔保的債務，及最後確定的債務數額為何？

　　首先，抵押權確定的期日是 2016 年 12 月底，所以在這之後發生債權，並不在抵押權擔保的範圍內。因此 2017 年的 1 百萬元貨款不可以加入計算。其次，貨款的利息是否要算入？依第 881-2 條第 2 項規定：「前項債權之利息、遲延利息、違約金，與前項債權合計不逾最高限額範圍者，亦同。」採債權最高限額說，故 70 萬元的利息在不逾最高限額範圍內必須算入。

　　綜上，此一最高限額抵押權的擔保範圍包括：2014 年的 2 百萬元債權、2015 年的 1 百萬元債權、及 2016 年的 150 萬元債權，外加 70 萬元的利息。故債權總額是 520 萬元(200＋100＋150＋70＝520)。因為雙方約定抵押權最高限額是 5 百萬元，所以超過的 20 萬元，並不在抵押權擔保的範圍內，最高限額抵押權擔保的總金額是 5 百萬元。B 如果拍賣甲地，只可以就 5 百萬元優先受償。

五、營業質權

案例

　　A 有全新 BMW 汽車一輛，因急需資金投入股市，以 1 百萬元典當給 B 當鋪，約定在 2 個月內回贖，如果到時未回贖，BMW 車的歸屬於 B。結果在股市行情急跌情勢下，在 3 個月後，A 無力清償 1 百萬元，請問下列問題：
1. BMW 車的所有權如何處理？
2. 如果 C 想購買該 BMW 車，B 未通知 A 即將 BMW 汽車出售予 C，請問 A 可否請求 C 返還 BMW 汽車？

解析

1. 民眾到當鋪典當物品，事實上也是一種「設質行為」，此種以受質作為營業者稱為「營業質」。在法律上，營業質就是「當鋪」或「其他以受質為營業者」所設定之質權，乃一般民眾籌措臨時應急小額資金的簡便方式，自有其存在的價值。故營業質權為「動產質權」的一種，具有「擔保物權」的功能。

　　第 899-2 條明定「營業質」，主要為便於行政管理，以受質為營業之質權人以經主管機關許可者為限。依第 1 項：「質權人係經許可以受質為營業者，僅得就質物行使其權利。出質人未於取贖期間屆滿後 5 日內取贖其質物時，質權人取得質物之所有權，其所擔保之債權同時消滅。」即在營業質的情況下，質權人（當鋪業 B）不得請求出質人（即 A）清償債務，僅得專就質物（即 BMW 車）行使權利，若 A 未於取贖期間屆滿後 5 日內取贖其車，B 當鋪可取得該車的所有權，其所擔保的債權 1 百萬元，同時消滅。

　　本例中，A 在 3 個月後因股市失利，無法清償 1 百萬元，質權人 B 於出質人取贖時間 2 個月屆滿後 5 日內，即可取得質物 BMW 車的所有權，且其所擔保之債權同時消滅。

2. 依當舖法規定，不禁止流質契約，或依現行物權法營業質不適用「拍賣之通知」（§899-2Ⅱ規定不適用§894），如果在法定取贖時間屆滿後，C 想購買該 BMW 車，B 不必在出賣 BMW 之前通知 A，所以 B 的處分是合法的，A 不可以向 C 要回 BMW。

六、占有與動產善意取得

　　A 於 2014 年 5 月 10 日拾得 B 遺失之手機一只，但未交給警察，請問：

1. 若 A 拾得手機後，即上網拍賣，由不知情的 C 競價買到該手機，B 可否於 2016 年 3 月 10 日向 C 請求返還手機？
2. 若 A 係自己使用，B 費盡心血循線查到，可否於 2016 年 7 月 10 日向 B 請求返還手機？
3. 如果 A 是從 B 家中偷取該手機，其情況如何處理？
4. 如果 B 是在 A 所開的商店消費，但離去時手機遺落在 A 店中，其情況如何處理？
5. 若 B 因出國，將手機寄放於 A 處，A 的外傭 D，未經主人同意即自行使用，最後竟遺失該手機，其情況應如何處理？

解析

1. 基於交易安全之保護和占有的公信力，而占有的公信力來自於占有表彰本權的機能，故占有為物權之公示方法，占有具有權利之外觀，則善意信賴此種公示方法，而與動產占有人為交易之第三人，應受法律之保護（§948、§801）。但是，依第 949 條規定，盜贓物與遺失物「非基於原占有人之意思而喪失占有，故所有人得追及物之所在，向第三人請求返還，此即善意受讓之例外，其須具備以下要件：

(1) 須為盜贓物或遺失物。

(2) 現占有人須屬善意受讓。

(3) 須於 2 年以內請求。

　　本例中，A 取得 B 遺失的手機一支，該手機屬於遺失物，而 C 不知 A 無讓與該手機之權限，信賴 B 之占有，故 C 為善意占有該手機，B 於 2016 年 3 月 10 日向 C 請求返還手機，仍於 2 年期限之內，故 B 可向第三人 C 請求返還手機。

　　因為善意取得係在犧牲原所有人之所有權的安全，以保護交易安全，然而為了保護交易安全，仍不得過度忽略原所有人之所有權，究應各自保護到

何種程度，就相關的利益來衡量，如果盜贓物或遺失物是在公開交易所買得之情形，基於交易的公開性，交易安全之保護應重於標的物原所有人權利之保障，法律特設第 950 條「盜贓物或遺失物回復請求權的限制」，為動產善意取得的例外之例外。

　　本例中，由於 C 買得該手機是透過網路之公開拍賣取得，因此如果 B 欲取回該手機，必須對該標的物的占有人即買受人 C，支付 C 於買受該物時所支出價金。

2. 占有以是否具有法律上之原因為標準而區分為有權占有和無權占有，具有法律上之原因而為占有屬有權占有；沒有法律上之原因而占有即屬無權占有，因為無權占有之占有並無權源之存在，若遇到有權源之人請求交還占有物時，無權拒絕之，而有返還之義務。

　　本例中，拾得人 A 對於遺失物手機之占有，須依第 807 條遺失物或動產取得時效之規定，方能取得其所有權。但是 A 並無將遺失物送交警局待 6 個月後無人認領才可取得物之所有權，故 A 不能取得所有權，即屬無權占有，有權源之占有人 B 仍得請求 A 返還占有之標的物。

3. 若以占有人對於是否知悉「自己是否具備占有權」而為區別，故誤以為自己具有占有權的，是「善意占有」；明知道自己沒有占有權的，就是「惡意占有」。本例中，由於手機是 A 偷取而來，A 明知自己並無占有權限，則 A 為惡意占有人，應該適用關於惡意占有的規定，所以 A 對於手機負有返還的義務，如果無法返還的話，必須償還價金。

4. 占有以對物有事實上之管領力而取得與存續，第 964 條規定，「占有，因占有人喪失其對於物之事實上管領力而消滅。」可見占有人喪失占有物之事實上的管領力者，乃占有的消滅原因。

　　至於何種情形為喪失對於物之事實管領力？仍應就具體事實，依一般社會觀念定之。如僅一時不能實行管領力者，其占有仍不消滅。如果是物品的遺失，原則上會被認為是占有的消滅，但如果只是一時忘記，隨即想起，依照第 964 條但書的規定：「但其管領力僅一時不能實行者，不在此限。」故占有並未消滅。

　　本例中，B 對於該手機的占有有無消滅，必須依照實際的情況具體認定，B 遺忘手機在 A 店中，應認為 B 僅一時不能實行占有，因此 B 對手機的占有尚未消滅，B 對手機仍為有權占有人，B 能向 A 請求返還手機。

5. 以占有人是否直接占有為區分標準，可以區分為直接占有以及間接占有，直接對於物有事實上之管領力的是「直接占有」；自己不直接占有其物，但是對

於直接占有該物的人，可以本於一定法律關係請求返還該物，稱對物有「間接的管領力」，也就是「間接占有」。

如果占有人親自對於該物為事實上的管領時，為「自己占有」；如果對於該物，是基於特定的從屬關係，受他人指示而占有的，就是「輔助占有」，除了法律特別規定外，占有輔助人不能適用關於占有的規定。

本例中，B 為手機的間接占有人，A 基於寄託關係而占有手機，是手機的直接占有人，外傭 D 為 A 的受僱人，屬於占有輔助人。但是直接占有人 A 和間接占有人 B 可依第 949 條，行使遺失物返還請求權。但是輔助占有人外傭 D 則無法行使該權利。

第三篇　實用 Q&A

Q1 何謂「物權法定之主義」？

A 物權除依法律或習慣外，不得創設（§757）。物權為一種「絕對權」，有物權的權利人得要求他人不得侵犯，法律上設計應將物權「公示」，使人人知曉，以確保交易安全。物權法定主義仍有維持必要，然為免過於僵化，若新物權秩序法律秩序未及補充時，以習慣可以形成新物權。

Q2 何謂「一物一權主義」？

A 即「一個物權客體」，應以「一物」為原則，此乃因物權在於支配其物，享受其利益，為使法律關係明確，便於公示，以保護交易安全，故民法採取一物一權主義。

Q3 何謂「登記生效要件主義」？不動產經登記有何推定效力？

A 辦理登記為不動產物權行為生效要件，欲依法律行為使不動產物權發生變動者，必須辦理書面登記，才發生效力，稱登記生效要件。至於不動產經登記者，推定登記權利人適用法有此權利，為貫徹土地法第 43 條登記有絕對效力，增訂第 759 條之 1 以保護信賴登記之第三人。

Q4 為何物權採取公示原則？

A 物權變動，必須有可以使外界辨認的徵象，稱為公示原則，在不動產物權以「登記」，動產物權以「交付」為公示方法，以利外界辨識。

Q5 何謂動產的現實交付？

A 通常動產物權交付採此種方式，指動產物權的讓與人，將其對於動產的直接管理能力，「現實的移轉」於受讓人，為動產占有狀態的現實移轉。動產交付方式，參見圖十四：

圖十四：動產交付

Q6 何謂物權的排他效力？

A 指在同一標的物上，不容許性質不兩立的二種以上物權同時併存，同一不動產設定兩個互不相容的同種物權者，以設定在先者有效。

Q7 物權法上有「管線安設權」嗎？在情事變更時如何調整當事人間的相鄰關係？

A 管線安設權為在物權法因「相鄰關係」所產生的權利，即土地所有人非通過他人之土地，不能設置電線，水管，煤氣管或其他管線，或雖能設置而需費過鉅者，得通過他人土地之上下而設置之。

在「情事變更」時可加以調整，如管線設置後，其裝設原因或路線已有變更，或因土地所有人之土地情形有變更，可能是土地所有人已購入相鄰土地，而無須再經過他人之土地，也有可能是他土地所有人之土地利用情形變更，如他土地所有人須利用通過水管之土地，開設蓄水池室等。在鄰地所有人有異議時，有通過權之人或異議人得請求法院判決準用第 779 條第 4 項，準用範圍限於損害最少處所及方法有關之異議程序規定，不包括償金（§786）。

Q8 越界建築應如何處理？

A 物權法規定越界建築相關規定（§796、796-1、796-2），所謂越界建築，指土地所有人建築房屋「非因故意或重大過失」逾越地界，如興建圍牆侵

入鄰地者，鄰地所有人如知其越界而不即提出異議，不得請求移去或變更房屋；並請求償金。對於越界部分之土地及因此形成之畸零地，當事人不能協議者，得請求法院判決定之。鄰地所有人請求移去或變更時，法院得斟酌公益及當事人利益有裁量權。而且越界建築於與有房屋價值相當之其他建築物準用之。

Q9 共有分為哪三種？區分所有的觀念在現代社會有何重要性？

A 共有包括分別共有、公同所有和準共用（§817-831）。由於社會生活之需要，兩人以上同時共同享有一物所有權者，所在多見。數人按其應有部分，對於一物有所有權者，為分別共有，例如二人合買不動產，各有二分之一應有部分。公同共有之成立則係依法律規定、習慣或法律行為，成為「公同關係」之數人，基於其公同關係，而共有一物，各公同共有人之權利，及於公同共有物之全部，例如遺產未分割前，各繼承人構成公同共有關係。準共有指共有所有權以外之財產權，如二人以上共有商標權。

區分所有是不動產所有權的觀念（§799、799-1、799-2），在公寓大廈管理條例有類似概念，如公寓大廈有住戶數人，區分所有該建築物，數人各「專有」其部分，如各層樓屋主之所有權坪數，所有住戶可就該建築物及其附屬物之共同部分「共有」，如大廳、電或休閒設施等。

Q10 何謂共有物上之應有部分？

A 「應有部分」，指共有人對共有物所有權所享權利之比例，亦即係各共有物所有權在份量上應享之部分（§817），其重點如下：

1. 應有部分是抽象，而非具體，故非具有物在量上之劃分，非就共有具體劃分使用部分。

2. 應有部分系所有權之量之分割，而非所有權能劃分。

3. 應有部分非侷限於共有物之特定部分，而是抽象存在共有物之任何微小部分。

Q11 如何處分公同共有物？

A 公同共有物之處分，應得公同共有人全體之同意。共有物的處分包括事實
上之處分及法律上處分。事實上處分，如興建或拆除房屋。法律上處分，
如共有物所有權之讓與，用益物權或擔保物權之設定。公同共有物之管
理、請求權之行使及管理或協議分割契約之效力，準用分別共有之規定
（§828）。

Q12 何謂地上權？分為哪兩類？

A 地上權分為：一、普通地上權，以在他人土地上下有建築物或者其他工作
物，或竹木為目的，而使用其土地之權（§832）。二、區分地上權，以在
他人土地上下之一定空間範圍內設定之地上權（§841-1）。增修區分地上
權的理由為符合地上權空間化的趨勢，例如「以公共建設為目的成立地上
權」，如捷運、高鐵，以該建設使用目的完畢時，為地上權之存續期限
（§833-2）；區分地上權得約定土地上下有使用、收益權利，相互間使用
收益之限制，如限制土地所有人對土地之使用收益，約定土地所有人於地
面上不得設置若干噸以上重量之工作物或區分地上權人工作物之重量範圍
（§841-2）。

Q13 何謂地役權？物權法現行名稱為何改為「不動產役權」？其種類及效
力如何？

A 舊法原稱「地役權」，但由於需役及供役客體已從土地擴張至其他不動
產，章名改為「不動產役權」，依第 851 條規定，「稱不動產役權者，謂以
他人土地供自己不動產通行、汲水、採光、眺望、電信或其他特定便宜之
用為目的之權。」其種類包括「積極地役權」，例示如通行、汲水，不動
產役權人得於供役不動產為一定行為；「消極地役權」，如採光、眺望，負
有一定不作為之義務。地役權之效力，參見表二十二：

表二十二：地役權之效力

不動產役權人之權利義務	1. 不動產之使用（§851） 2. 得為必要之行為（§854） 3. 設置物之維持（§855） 4. 物上請求權（§858）
供役不動產所有人之權利義務	1. 有償使用時，供不動產地所有人請求對價 2. 消極容忍使用之義務 3. 分擔設置費用（§855Ⅱ）

Q14 何謂農育權？此項新設物權之重要內容為何？

A 增訂第四之一章農育權（§850-1~850-9），在他人土地為農作、森林、養殖、畜牧、種植竹木或保育之權，期限原則不逾 20 年。此項新設物權係以農業使用及土地保育為重要內容，參考農業發展條例規定，單純種農作，故稱農育權。

Q15 抵押權的定義為何？

A 抵押權分普通抵押權、最高限額抵押權及其他抵押權三種，第 860 條「稱普通抵押權者，謂債權人對於債務人或第三人不移轉占有而供其債權擔保之不動產，得就該不動產賣得價金優先受償之權。」

Q16 最高限額抵押權規定如何？

A 物權法原未規定，但實務上承認之，現行第 881-1 條～第 881-17 條明定「最高限額抵押權」，謂債務人或第三人提供其不動產為擔保，就債權人對債務人一定範圍內之不特定債權，在最高限額內設定之抵押權。例如，甲公司就其產品與乙商行訂立經銷契約，約定經銷期間為 5 年，為擔保後各筆貸款之清償，提供土地一筆設定抵押權，其最高限額為 5 百萬元。

Q17 何謂法定地上權？

A 土地及其土地上之建築物同屬於一人所有，而僅以其一為抵押者，於抵押物拍賣時或土地建築物同屬於一人所有，而均為抵押物，如經拍賣其所有人各異時，均是為建築所有人舊建築物之基地，有地上權存在，此即為因抵押物拍賣而生之法定地上權（§876），實務上承認的「法定地上權」包括下列情況：

1. 設定抵押權時，建築物須已存在（57 台上 1303）。

2. 須以土地或建築物為抵押，或以兩者同為抵押（47 台上 1457）。

3. 地上權之範圍，不以建築物本身所占有者為限，在利用必要範圍內，其所為附屬地，如房屋原有之庭院，或者屋後之空地等均屬之（48 台上 928）。

Q18 何謂流押契約，其效力如何？

A 第 873-1 條之 1 第 1 項「約定於債權已屆清償期而未為清償時，抵押物之所有權移屬於抵押權人者，非經登記，不得對抗第三人。」故流押契約原則有效，但未經登記，不得對抗第三人；如果顯失公平或情事變更者，得由當事人一方聲請法院宣告其無效。舊物權法對流押契約，係明文禁止。此種規定在動產設定質權之「流質契約」亦適用之（§893 II 準用§873-1）。

Q19 留置權之定義如何？

A 依第 928 規定，「稱留置權者，謂債權人占有他人之動產，而其債權之發生與該動產有牽連關係，於債權已屆清償期未受清償時，得留置該動產之權。」留置權屬於法定擔保物權，舉例而言，A 替 B 修理手機，修畢後，若 B 未償還修理費即向 A 請求交還手機，A 即得留置該手機。

Q20 何謂無權占有？

A 以占有是否有法律上之權源為標準，可分為有權占有與無權占有。有權占有乃具有法律上之權源占有，故對於物有事實上管領之力者，為占有人

（§940），如所有權人占有所有物。無權占有是未有法律上原因之占有，如強盜對於贓物之占有。

Q21 何謂占有輔助人？

A 占有以占有人是否親自占有為標準，可分為自己占有與輔助占有。占有人未親自占有，僅係基於特定之從屬關係，受他人指示而為占有者，稱為輔助占有，如受僱人、學徒、家屬等，均為占有輔助人（§942）。

Q22 何謂占有人之物上請求權？

A 依第 962 條規定，占有人之物上請求權，可分為占有物返還請求權，占有妨害排除請求權及占有妨害防止請求權三種。其請求權主體，限於占有人始得行使之。

Q23 民法物權編頻繁修正之情形如何？

A 民法物權頻繁，特別是民國 90 年有 3 次大幅度修正，主要理由包括時間、社會及經濟等因素，物權法修正重點與經濟因素最有關係，攸關財產保護、交易活動，故在所有權、擔保物權和用益物權均有大幅修正：

1. 用益物權部分，99.2.3 修正，公布後 6 個月施行。

2. 通則章及所有權章，98.1.23 修正，公布後 6 個月施行。

3. 擔保物權部分，96.3.28 修正，公布後 6 個月施行。

第4編

親　屬

第一篇　法律導覽
第二篇　案例解析
第三篇　實用 Q&A

CIVIL
LAW
★★★

■ 本編圖目錄

■ 本編表目錄

第一章　通　則

　　親屬編乃規範親屬間身分關係之發生、變更或消滅，以及基於此等身分關係所生之權利義務，對於人倫關係、家庭生活及社會秩序，均有重大影響。基於以上原因關於親屬法上之規定多屬強行規定，較不容許當事人自行創設，「家事事件法」施行及修訂反映親屬、身分之權利義務，影響層面非僅存在當事人間，對於公益有重大影響。

　　親屬編係 19 年國民政府制定公布，共分為通則、婚姻、父母子女、監護、扶養、家、親屬會議 7 章，全文 171 條。

　　綜合歷來修正趨勢，重點如下：

1. 子女姓之書面約定從父姓或母姓（§1059、§1059-1）。

2. 法院得減輕負扶養義務顯失公平之情形（§1118-1）。

3. 夫妻財產制，改為所得分配制，因此排除夫妻以外之第三人介入影響夫妻財產制之可能（§1030-1）。

4. 因應「家事事件法」之公布施行，夫妻離婚時，未成年子女之親權歸屬及子女最佳利益之衡量（§1055-1）。

5. 得聲請法院處理有關親屬會議召開事宜（§1132）。

6. 監護人資格之限制（§1112-2）。

7. 解除婚約之事由（§976）。

　　親屬編通則規定「血親」和「姻親」，其定義，參見表一：

表一：親屬之定義

名　　稱	定　　義	條　　文
直系血親	己身所從出或從己身所出之血親。	§967 I
旁系血親	非直系血親，而與己身出於同源之血親。	§967 II
姻　　親	血親之配偶、配偶之血親及配偶之血親之配偶。	§969

一、血　親

（一）意義

1. 直系血親

　　稱直系血親者，謂己身所從出或從己身所出之血親（§967 I）。血親關係原非當事人間所能以同意使其消滅，縱有脫離父子關係之協議，亦不生法律上之效力（最高法院 41 台上 1151 判例）。

2. 旁系血親

　　稱旁系血親者，謂非直系血親，而與己身出於同源之血親（§967 II）。子女因父為贅夫從母姓時，父之直系血親尊親屬仍不失為己身所從出之血親，父之旁系血親仍不失為與己身出於同源之血親，是該子女與其父之血親間之血親關係，並不因從母姓而受影響（最高法院 27 滬上 117 判例）。

（二）血親親等之計算：直系血親，從己身上下數，以一世為一親等；旁系血親，從己身數至同源之直系血親，再由同源之直系血親，數至與之計算親等之血親，以其總世數為親等之數（§968）。

　　至於如何認定親等、計算親系親等，參見圖一。

二、姻　親

（一）意義：稱姻親者，謂血親之配偶、配偶之血親及配偶之血親之配偶（§969）。父所娶之後妻為父之配偶，而非己身所從出之血親，故在舊律雖稱為「繼母」，而在民法上則為「直系姻親」而非直系血親（最高法院 28 上 2400 判例）。

（二）姻親之親系及親等之計算（§970）：

1. 血親之配偶，從其配偶之親系及親等。

2. 配偶之血親，從其與配偶之親系及親等。

3. 配偶之血親之配偶，從其與配偶之親系及親等。

（三）**姻親關係之消滅**：姻親關係，因離婚而消滅；結婚經撤銷者亦同（§971）。妻於夫死亡後再婚，不過姻親關係因而消滅，其所生之子則為從己身所出之血親，此項血親關係並不因此消滅（最高法院 27 上 83 判例）。

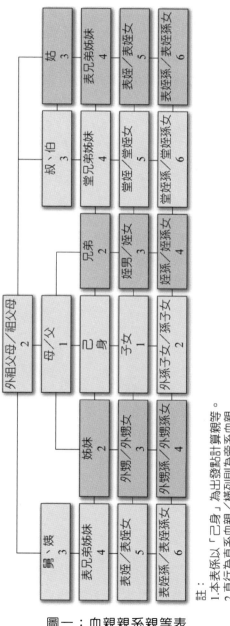

圖一：血親親系親等表

第二章　婚　姻

本章包括婚約、結婚、婚姻之普通效力、夫妻財產制及離婚，規定整個流程，由婚姻之預約、婚姻關係之開始、存續至婚姻關係之解消。

第一節　婚　約

一、婚約之訂定

（一）**當事人自行訂定**：婚約為男女當事人約定將來應互相結婚之契約，應由男女當事人自行訂定（§972）。如果由父母代為訂定婚約者，當然無效；且婚約為「不許代理」之法律行為，縱使本人對於父母代訂的婚約有承認，也不適用關於無權代理行為得由本人一方承認之規定，若經當事人雙方承認，應認為屬於「新訂婚約」（最高法院 33 上 1723 判例）。

（二）**年齡限制**：未滿 17 歲，不得訂定婚約（§973）。而且未成年人訂定婚約，應得法定代理人之同意。

（三）**不得強迫**：婚約，不得強迫履行（§975）。婚約當事人之一方，無第 976 條之理由而違反婚約者，僅得依第 978 條對之為損害賠償之請求，其訴請履行婚約，若有主張應依婚約履行者，因第 975 條有不得強迫履行之限制，法院應駁回此種訴訟（司法院院字 1135 號解釋）。

二、婚約之解除與賠償

（一）**要件**：婚約當事人之一方，有下列情形之一者，他方得解除婚姻（§976Ⅰ）：

1. 婚約訂定後，再與他人訂定婚約或結婚。

2. 故違結婚期約。

3. 生死不明已滿 1 年。

4. 有重大不治之病。

5. 婚約訂定後與他人合意性交。

6. 婚約訂定後受徒刑之宣告。

7. 有其他重大事由。

（二）**效力**：依規定解除婚約者，如事實上不能向他方為解除之意思表示時，無須為意思表示，自得為解除時起，不受婚約之拘束（§976Ⅱ）。

（三）**賠償責任**：婚約解除時，無過失之一方，得向有過失之他方，請求賠償其因此所受之損害。前項情形，雖非財產上之損害，受害人亦得請求賠償相當之金額。前項請求權不得讓與或繼承。但已依契約承諾，或已起訴者，不在此限（§977）。

三、違反婚約之損害賠償

（一）**賠償責任**：婚約當事人之一方，無第 976 條之理由而違反婚約者，對於他方因此所受之損害，應負賠償之責（§978）。

（二）**非財產上之損害**：在違反婚約時，雖非財產上之損害，受害人亦得請求賠償相當之金額。但以受害人無過失者為限。前項請求權，不得讓與或繼承。但已依契約承諾或已起訴者，不在此限（§979）。

四、贈與物之返還

在民間習俗上，訂立婚約時，常有聘金或訂婚禮物等的「贈與行為」，在雙方解除婚約時，應否返還，實務上甚有爭議，74 年修法增訂，「因訂定婚約而為贈與，婚約無效、解除或撤銷時，當事人之一方，得請求他方返還贈與物」（§979-1）。

五、請求權時效

因解除婚姻所生之損害賠償請求權（即§977~§979-1），為避免久延不決，採取短期時效之規定，明定 2 年間不行使而消滅（§979-2）。

第二節　結　婚

結婚者，乃男女雙方以夫妻永久生活為目的，所訂立之身分契約。

第一項　結婚之實質要件

有關結婚之實質要件，親屬法規定散見各條文，參見圖二，並說明如下：

- 1. 結婚的合意：身分上的契約，必須要有當事人的意思表示一致才能成立
- 2. 須符合結婚年齡：男滿18歲、女滿16歲（§980）
- 3.「近婚親」之禁止（§983）
- 4. 無監護關係：監護人與受監護人在監護關係存續中不能結婚（§984）
- 5.「重婚」或「同時婚」之禁止（§985）
- 6. 必須不是於結婚時不能人道而不能治（§995）
- 7. 必須不是在無意識或精神錯亂的狀況下結婚（§996）
- 8. 必須不是因為被詐欺或被脅迫而結婚（§997）

圖二：結婚之實質要件

一、年齡限制：未滿 18 歲者，不得結婚（§980）。（112 年 1 月 1 日施行）。

二、「近婚親」之禁止

（一）基於優生學之考慮，規定與下列親屬，不得結婚（§983）：

1. 直系血親及直系姻親。

2. 旁系血親在 6 親等以內者。但因收養而成立之 4 親等及 6 親等旁系血親，輩分相同者，不在此限。

3. 旁系姻親在 5 親等以內，輩分不相同者。
   前項直系姻親結婚之限制，於姻親關係消滅後，亦適用之。

   第 1 項直系血親及直系姻親結婚之限制，於因收養而成立之直系親屬間，在收養關係終止後，亦適用之。

（二）違反者，結婚無效（§988②）。

三、無監護關係：監護人與受監護人，於監護關係存續中，不得結婚。但經受監護人父母之同意者，不在此限（§984）。

四、 重婚或同時婚之禁止

（一）有配偶者，不得重婚。1 人不得同時與 2 人以上結婚（§985）。違反者，結婚無效（§988③本文）。

（二）修正：為因應兩岸民間往來，處理來台前之婚姻及來台後再婚之問題。參考大法官解釋第 362 號[1]及 552 號[2]有關重婚之雙方當事人，因善意且無過失，信賴離婚確定判決及兩願離婚登記而致前後婚姻關係同時存在，96 年修法增列第 988 條第 3 款但書規定，即「重婚之雙方當事人因善意且無過失信賴一方前婚姻消滅之兩願離婚登記或離婚確定判決而結婚者，不在此限[3]（§988③但書）。」

（四）溯及適用：修正之第 988 條之規定，於民法修正前重婚者，仍有適用（親屬編施行法§4-1Ⅱ）。

（五）前後婚之效力：善意且無過失信賴離婚確定判決及兩願離婚登記之前後婚姻效力，其情形如下：

---

[1] 大法官解釋 362 號解釋文：「民法第 988 條第 2 款關於重婚無效之規定，乃所以維持一夫一妻婚姻制度之社會秩序，就一般情形而言，與憲法尚無牴觸。惟如前婚姻關係已因確定判決而消滅，第三人本於善意且無過失，信賴該判決而與前婚姻之一方相婚者，雖該判決嗣後又經變更，致後婚姻成為重婚，究與一般重婚之情形有異，依信賴保護原則，該後婚姻之效力，仍應予以維持。首開規定未兼顧類此之特殊情況，與憲法保障人民結婚自由權利之意旨未盡相符，應予檢討修正。在修正前，上開規定對於前述因信賴確定判決而締結之婚姻部分，應停止適用。如因而致前後婚姻關係同時存在，則重婚者之他方，自得依法請求離婚，併予指明。」

[2] 大法官解釋 552 號解釋文：「本院釋字第 362 號解釋謂：『民法第 988 條第 2 款關於重婚無效之規定，乃所以維持一夫一妻婚姻制度之社會秩序，就一般情形而言，與憲法尚無牴觸。惟如前婚姻關係已因確定判決而消滅，第三人本於善意且無過失，信賴該判決而與前婚姻之一方相婚者，雖該判決嗣後又經變更，致後婚姻成為重婚，究與一般重婚之情形有異，依信賴保護原則，該後婚姻之效力，仍應予以維持。首開規定未兼顧類此之特殊情況，與憲法保障人民結婚自由權利之意旨未盡相符，應予檢討修正。』其所稱類此之特殊情況，並包括協議離婚所導致之重婚在內。惟婚姻涉及身分關係之變更，攸關公共利益，後婚姻之當事人就前婚姻關係消滅之信賴應有較為嚴格之要求，僅重婚相對人之善意且無過失，尚不足以維持後婚姻之效力，須重婚之雙方當事人均為善意且無過失時，後婚姻之效力始能維持，就此本院釋字第 362 號解釋相關部分，應予補充。如因而致前後婚姻關係同時存在時，為維護一夫一妻之婚姻制度，究應解消前婚姻或後婚姻、婚姻被解消之當事人及其子女應如何保護，屬立法政策考量之問題，應由立法機關衡酌信賴保護原則、身分關係之本質、夫妻共同生活之圓滿及子女利益之維護等因素，就民法第 988 條第 2 款等相關規定儘速檢討修正。在修正前，對於符合前開解釋意旨而締結之後婚姻效力仍予維持，民法第 988 條第 2 款之規定關此部分應停止適用。在本件解釋公布之日前，僅重婚相對人善意且無過失，而重婚人非同屬善意且無過失者，此種重婚在本件解釋後仍為有效。如因而致前後婚姻關係同時存在，則重婚之他方，自得依法向法院請求離婚，併此指明。」

[3] 修正立法理由略謂：為因應大法官解釋 362 號及 552 號有關重婚之雙方當事人因善意且無過失信賴離婚確定判決及兩願離婚登記而致前後婚姻關係同時存在之解釋意旨，同時限定「信賴兩願離婚登記或離婚確定判決」二種情形，避免重婚有效之例外情形無限擴大，以致違反一夫一妻制度。至於信賴死亡宣告判決部分，因民事訴訟法第 640 條已有明文，且學說與實務在適用上尚無爭議，故依民事訴訟法相關規定處理即可，未予增列。

1. 前婚視為消滅：有第 988 條第 3 款但書之情形，前婚姻自後婚姻成立之日起視為消滅。前婚姻視為消滅之效力，除法律另有規定外，準用離婚之效力。但剩餘財產已為分配或協議者，仍依原分配或協議定之，不得另行主張（§988-1Ⅰ、Ⅱ）。

2. 剩餘財產差額分配請求權時效：依第 1 項規定前婚姻視為消滅者，自請求權人知有剩餘財產之差額時起，2 年間不行使而消滅。自撤銷兩願離婚登記或廢棄離婚判決確定時起，逾 5 年者，亦同（§988-1Ⅲ）。

3. 賠償之請求：前婚姻依第 1 項規定視為消滅者，無過失之前婚配偶得向他方請求賠償[4]。前項情形，雖非財產上之損害，前婚配偶亦得請求賠償相當之金額。前項請求權，不得讓與或繼承。但已依契約承諾或已起訴者，不在此限（§988-1Ⅳ、Ⅴ、Ⅵ）。

第二項　結婚之形式要件

有關婚姻之形式要件，96 年修法改採「登記主義」，第 982 條規定：「結婚應以書面為之，有 2 人以上證人之簽名，並應由雙方當事人向戶政機關為結婚之登記。」舊法採「儀式婚」主義公示效果薄弱，衍生是否符合結婚形式要件，如何認定公開儀式及易導致重婚等問題，進而影響結婚的法律效力。另，離婚制度採取「登記主義」，有時造成未辦理結婚登記欲離婚者，必須先補辦結婚登記，再同時辦理離婚登記的現象[5]。「儀式婚」改為「登記婚」的規定，對社會制度及民眾日常生活均有重大影響，施行法明定「日出條款」：自公布後 1 年施行。」（§4-1Ⅰ），亦即自 97 年 5 月後施行。

---

[4] 修正立法理由略謂：為保障前婚配偶之權益，參酌第 1056 條規定，於本條第 4 項至第 6 項明定重婚配偶雖無過失，無過失之前婚配偶（如前婚配偶對於兩願離婚登記知有瑕疵，則非無過失）亦得向其請求賠償，以符第 552 號保障婚姻被解消者之意旨。

[5] 實務上曾發生的案例：甲男與乙女結婚，具備民法第 982 條所定之要件，但未向戶政機關理結婚登記，二個月後雙方因意見不合，協議離婚，立有書面及有 2 人以上之證人簽名，仍應依戶籍法第 25 條規定，先補辦結婚之登記後，再辦理離婚之登記向戶政機關為離婚之登記，其離婚始生效力（司法院(76)廳民一字第 1998 號函）。

第三項　結婚之撤銷

　　親屬編屬於國家法律介入私領域，對於當事人間的結婚效力，法律基於人倫及公序良俗的考量，嚴格規定結婚撤銷的情形，散見各條文，參見表二，並說明如下：

表二：結婚之撤銷

撤銷事由	撤銷權人	撤銷權消滅原因
當事人未達最低法定年齡（§989）	1. 夫妻本身 2. 夫或妻之法定代理人	1. 當事人已達該條所定年齡 2. 已懷胎者
未得法定代理人同意（§990） （本條已於 110 年 1 月 13 日修正之民法公布刪除，並於 112 年 1 月 1 日施行）	夫或妻之法定代理人	1. 知悉其事實之日起已逾 6 個月 2. 結婚已逾 1 年 3. 已懷胎者
未經受監護人父母之同意。監護人與受監護人結婚（§991）	1. 受監護人 2. 受監護人之最近親屬	結婚已逾 1 年
結婚時不能人道而不能治（§995）	他方	知悉不能治起已逾 3 年
當事人之一方在結婚時係無意識或精神錯亂中（§996）	無意識或精神錯亂之當事人	常態回復後 6 個月
被詐欺脅迫而結婚（§997）	被詐欺脅迫之一方	發見詐欺或脅迫終止後 6 個月

一、　結婚違反年齡限制者（違反§980）：當事人或其法定代理人得向法院請求撤銷之。但當事人已達該條所定年齡或已懷胎者，不得請求撤銷（§989）。所謂已達法律所規定的年齡之當事人，包括「雙方」而言，必雙方當事人於起訴時俱達結婚年齡，其撤銷請求權始行消滅，若一方於起訴時已達結婚年齡，他方未達結婚年齡者，仍得請求撤銷其結婚（最高法院 33 上 2863 判例）。

二、　未得法定代理人同意而結婚者（違反§981）：法定代理人得向法院請求撤銷之。但自知悉其事實之日起，已逾 6 個月，或結婚後已逾 1 年，或已懷胎者，不得請求撤銷（§990）。所謂結婚後已逾 1 年者不得請求撤銷，專指法定代理人，就違反第 981 條規定之結婚請求撤銷時而言，當事人就違反民法第 980 條規定之結婚請求撤銷時，自不適用（最高法院 29 上 555 判

例）。惟本條§981 及§990，已於 110 年 1 月 13 日修正公布之民法刪除，並於 112 年 1 月 1 日施行。

三、 在監護關係存續中結婚（違反§984）：受監護人或其最近親屬得向法院請求撤銷之。但結婚已逾 1 年者，不得請求撤銷（§991）。

四、 因不能人道之撤銷：當事人之一方，於結婚時不能人道而不能治者，他方得向法院請求撤銷之。但自知悉其不能治之時起已逾 3 年者，不得請求撤銷（§995）。夫妻之一方有不治之惡疾者，依第 1052 條規定，他方固得隨時請求離婚，惟一方於結婚時不能人道而不能治者，非同條款所謂不治之惡疾，婚姻當事人之一方因不能人道而不能治者，他方當事人依法僅得向法院請求撤銷婚姻，而不得據以請求離婚（最高法院 29 上 1913、37 上 7832 判例）。

五、 結婚時係在無意識或精神錯亂中：當事人之一方，於結婚時係在無意識或精神錯亂中者，得於常態回復後 6 個月內向法院請求撤銷之（§996）。

六、 被詐欺或脅迫結婚者：因被詐欺或被脅迫而結婚者，得於發見詐欺或脅迫終止後，6 個月內向法院請求撤銷之（§997）。身心健康為一般人選擇配偶之重要條件，倘配偶之一方患有精神病，時癒時發，必然影響婚姻生活，故在一般社會觀念上，應認有告知他方之義務，如果一方當事人隱瞞此項婚姻成立前已存在的痼疾，致他方當事人誤信而與之結婚，即屬因被詐欺而為結婚，得請求法院撤銷（最高法院 70 台上 880 判例）。

七、 結婚撤銷之效力，不溯及既往（§998）。

第四項　結婚無效或被撤銷之損害賠償

當事人之一方，因結婚無效或被撤銷而受有損害者，得向他方請求賠償。但他方無過失者，不在此限。前項情形，雖非財產上之損害，受害人亦得請求賠償相當之金額。在實務上非財產上之損害賠償的範圍，亦包括慰撫金。但以受害人無過失者為限。前項請求權，不得讓與或繼承。但已依契約承諾或已起訴者，不在此限（§999）。而且在結婚無效時，準用給付贍養費（§1057）及當事人雙方各自取回財產（§1058）的規定（§999-1 I）。結婚無效之情形，參見圖三：

結婚無效 ┬ 違反近親禁婚規定 ┬ 自始、當然、確定無效
　　　　 └ 違反重婚或同時婚 └ 無待當事人的主張

圖三：結婚無效

結婚經撤銷時，有關雙方重大權利義務，準用離婚之規定，如未成年子女權利義務之行使或負擔、子女最佳利益之審酌、法院指定監護人、給與贍養費及當事人各自取回財產等（§999-1Ⅱ）。

第五項　同性婚姻

106 年 5 月 24 日司法院公布大法官釋字第 748 號解釋：「民法第 4 編親屬第 2 章婚姻規定，未使相同性別二人，得為經營共同生活之目的，成立具有親密性及排他性之永久結合關係，於此範圍內，與憲法第 22 條保障人民婚姻自由及第 7 條保障人民平等權之意旨有違。有關機關應於本解釋公布之日起 2 年內，依本解釋意旨完成相關法律之修正或制定。至於以何種形式達成婚姻自由之平等保護，屬立法形成之範圍。逾期未完成相關法律之修正或制定者，相同性別二人為成立上開永久結合關係，得依上開婚姻章規定，持二人以上證人簽名之書面，向戶政機關辦理結婚登記。」

108 年 5 月 22 日總統公布司法院釋字第七四八號解釋施行法，並自 108 年 5 月 24 日施行，其中第 1 條開宗明義表示：「為落實司法院釋字第七四八號解釋之施行，特制定本法」。第 2 條則規定：「相同性別之二人，得為經營共同生活之目的，成立具有親密性及排他性之永久結合關係」。第 3 條：「未滿十八歲者，不得成立前條關係。未成年人成立前條關係，應得法定代理人之同意」。第 4 條：「成立第二條關係應以書面為之，有二人以上證人之簽名，並應由雙方當事人，依司法院釋字第七四八號解釋之意旨及本法，向戶政機關辦理結婚登記」。第 15 條：「第二條關係雙方當事人之財產制，準用民法親屬編第二章第四節關於夫妻財產制之規定」。第 16 條：「第二條關係得經雙方當事人合意終止。但未成年人，應得法定代理人之同意。前項終止，應以書面為之，有二人以上證人簽名並應向戶政機關為終止之登記」。第 17 條：「第二條關係雙方當事人之一方有下列情形之一者，他方得向法院請求終止第二條關係：一、與他人重為民法所定之結婚或成立第二條關係。二、與第二條關係之他方以外之人合意性交。三、第二條關係之一方對他方為不堪同居之虐待。四、第二條關係之一方對他方之直系親屬為虐待，或第二條關係之一方之直系親屬對他方為虐待，致不堪為共同生活。五、第二條關係之一方以惡意遺棄他方在繼續狀態中。六、第二條關係之一方意圖殺害他方。七、有重大不治之病。八、生死不明已逾三年。九、因故意犯罪，經判處有期徒刑逾六個月確定。有前項以外之重大事由，難以維持第二條關係者，雙方當事人之一方得請求終止之。對於第一項第一款、第二款之情事，有請求權之一方，於事前同意或事後宥恕，或知悉後已逾六個月，或自其情事發生後已逾二年

者，不得請求終止。對於第一項第六款及第九款之情事，有請求權之一方，自知悉後已逾一年，或自其情事發生後已逾五年者，不得請求終止」。第 23 條：「第二條關係雙方當事人有相互繼承之權利，互為法定繼承人，準用民法繼承編關於繼承人之規定。民法繼承編關於配偶之規定，於第二條關係雙方當事人準用之」。

第三節　婚姻的普通效力

一、**夫妻之冠姓**：夫妻各保有其本姓。但得書面約定以其本姓冠以配偶之姓，並向戶政機關登記。冠姓之一方得隨時回復其本姓。但於同一婚姻關係存續中以一次為限[6]（§1000）。

二、**同居義務**：夫妻互負同居之義務。但有不能同居之正當理由者，不在此限（§1001）。夫婦互負同居之義務，乃指永久同居而言，並不是說妻偶爾幾日或十數日住居夫的住所，即屬已盡同居之義務（最高法院 49 台上 990 判例）。

三、**住所**：夫妻之住所，由雙方共同協議之；未為協議或協議不成時，得聲請法院定之。法院裁定前，以夫妻共同戶籍地推定為其住所[7]（§1002）。

四、**日常家務之代理**：夫妻於日常家務，互為代理人。夫妻之一方濫用代理權時，他方得限制之。但不得對抗善意第三人（§1003）。夫妻日常家務代理權與一般意定代理權不同。日常家務乃指一般家庭通常所處理之事務而言，夫妻之一方逾越通常家務之事項，仍屬無權代理之範疇。至夫妻之一方逾越日常家務事項之行為，應否負表見代理之責任，仍應就夫妻之一方有無表見之事實決之（最高法院 92 台簡上 9 判決）。

五、**家庭生活費用之分擔**：夫妻基於獨立平等之人格，對於婚姻共同生活體之維持，均有責任，為貫徹男女平等原則，並兼顧夫妻婚姻生活本質之和諧，91 年增訂第 1003-1 條，「家庭生活費用，除法律或契約另有約定外，由夫妻各依其經濟能力、家事勞動或其他情事分擔之。因前項費用所生之債務，由夫妻負連帶責任。」

---

[6] 舊民法規定「以妻冠夫姓」為原則，有違男女平等原則且婚姻係二人共營生活，因為冠姓與否，對於婚姻本身並不生影響，同時婚姻是為共同生活彼此扶持而設之制度，現代社會少見「嫁娶婚」或「招贅婚」的區別，87 年修正廢除贅夫婚制度。

[7] 修正立法理由略謂：夫妻之住所為夫妻生活的重心，對訴訟之管轄及離婚惡意遺棄要件之認定具有相當之影響，故夫妻就住所之決定無法協議時，有由法院介入決定之必要。

第四節　夫妻財產制

　　現行夫妻財產制原則上採「法定財產制」，由夫妻各自所有，各自管理，各自清償。舊法「聯合財產制」係繼受歐陸法制，主要是「管理共同制」，建構於「夫對妻有監護權」的不平等觀念上，與憲法上保障男女平等意旨並不符合，歐陸各國早已紛紛廢棄聯合財產制，改採「淨益共同制」及「所得分配制」。91 年修正廢除聯合財產制，以符合時宜及貫徹憲法保障之男女平等原則。「夫妻財產制」條文規定一覽，參見表三：

表三：夫妻財產制規定條文一覽

規　　定	內　　容	條　　文
第四節　　夫妻財產制	以「契約」就「約定財產制」選擇其一，未以契約訂立，以法定財產制為夫妻財產制	§1004、§1005
第一項　　通則	原則性規定契約、登記、準用及改用	§1004~§1012
第二項　　法定財產制	依婚前與婚後財產，各自所有，各自管理，各自清償	§1017~§1030-4
第三項　　約定財產制	以契約定「共同財產制」或「分別財產制」，選擇其一，為夫妻財產制	§1031~§1046
第一款　　共同財產制	扣除特有財產外，合併為共同財產，屬公同共有	§1031~§1041
第二款　　分別財產制	分別財產，各保有所有權，各自管理、使用、收益及處分	§1044~§1046

第一項　　通　　則

一、書面契約登記對抗主義

1. 夫妻得於結婚前或結婚後，以契約就本法所定之約定財產制中，選擇其一，為其夫妻財產制（§1004）。

2. 夫妻財產制契約之訂立、變更或廢止，應以書面為之（§1007）。

3. 登記對抗主義：夫妻財產制契約之訂立、變更或廢止，非經登記，不得以之對抗第三人。夫妻財產制契約之登記，不影響依其他法律所為財產權登記之效力。第一項之登記，另以法律定之（§1008）目前後由非訟事件後規定相關登記事項。前 2 條之規定（書面及登記），於有關夫妻財產之其他約定準用之（§1008-1）。且前係由非訟事件法規定相關登記事項。

4. 夫妻於婚姻關係存續中，得以契約廢止其財產契約，或改用他種約定財產制（§1012）。

二、法律擬制

　　未約定者為法定財產制：夫妻未以契約訂立夫妻財產制者，除本法另有規定外，以法定財產制，為其夫妻財產制（§1005）。即僅有在夫妻未約定財產制之情形下，法律擬制為法定財產制，其餘皆從夫妻雙方之約定。

三、法院宣告分別財產制

　　夫妻之一方請求：夫妻之一方有下列各款情形之一時，法院因他方之請求，得宣告改用分別財產制（§1010）：

1. 依法應給付家庭生活費用而不給付時。

2. 夫或妻之財產不足清償其債務時。

3. 依法應得他方同意所為之財產處分，他方無正當理由拒絕同意時。

4. 有管理權之一方對於共同財產之管理顯有不當，經他方請求改善而不改善時。

5. 因不當減少其婚後財產，而對他方剩餘財產分配請求權有侵害之虞時。

6. 有其他重大事由時。

　　夫妻之總財產不足清償總債務或夫妻難於維持共同生活，不同居已達 6 個月以上時，前項規定於夫妻均適用之。

第二項　法定財產制

一、婚前財產與婚後財產（§1017）

1. 夫或妻之財產分為婚前財產與婚後財產，由夫妻各自所有。

2. 不能證明為婚前或婚後財產者，推定為婚後財產；不能證明為夫或妻所有之財產，推定為夫妻共有。夫或妻婚前財產，於婚姻關係存續中所生之孳息，視為婚後財產。

3. 夫妻以契約訂立夫妻財產制後，於婚姻關係存續中改用法定財產制者，其改用前之財產視為婚前財產。

二、夫妻財產之使用收益

1. 夫或妻各自管理、使用、收益及處分其財產（§1018）。

2. 夫妻於家庭生活費用外，得協議一定數額之金錢，供夫或妻自由處分（§1018-1）。此一規定係 91 年新增訂，改變傳統上「夫對妻支配服務」的觀念，本於「夫妻類似合夥關係」的精神，基於婚姻協力及家務有價的觀念。

三、有害之無償行為撤銷

（一）**聲請法院撤銷**：夫或妻於婚姻關係存續中就其婚後財產所為之無償行為，有害及法定財產制關係消滅後他方之剩餘財產分配請求權者，他方得聲請法院撤銷之。但為履行道德上義務所為之相當贈與，不在此限。夫或妻於婚姻關係存續中就其婚後財產所為之有償行為，於行為時明知有損於法定財產制關係消滅後他方之剩餘財產分配請求權者，以受益人受益時亦知其情事者為限，他方得聲請法院撤銷之（§1020-1）。

（二）**行使期間**：為避免漫無時間限制，使既存權利狀態長期不確定，危及利害關係人權益及交易安全，有害之無償行為撤銷權自夫或妻之一方知有撤銷原因時起，6 個月間不行使，或自行為時起經過 1 年而消滅（§1020-2）。

四、婚後財產之報告義務

夫妻就其婚後財產，互負報告之義務（§1022）。

五、自負債務清償責任

夫妻各自對其債務負清償之責。夫妻之一方以自己財產清償他方之債務時，雖於婚姻關係存續中，亦得請求償還（§1023），以貫徹男女平等原則及保護交易安全。

六、剩餘財產分配請求權

為貫徹男女平等原則，增訂第 1030-1 條～第 1030-4 規定，於法定財產關係消滅時，以夫妻雙方剩餘財產之差額，平均分配，才屬公平。例如夫在外工作，或經營企業，妻在家操持家務，教養子女，備極辛勞，使夫無內顧之憂，專心發展事業，其因此所增加之財產，不能不歸功於妻之協力，則其剩餘財產，除特定之財產外，妻自應有平均分配之權利；若妻屬在外工作，夫屬在家操持家務，亦然。但夫妻一方有不務正業，或浪費成習等情事，於財產之增加並無貢獻者，自

不能使之坐享其成，獲得非分之利益。如平均分配，顯失公平，應由法院得酌減其分配額。110 年 1 月 20 日修正公布相關規定說明如下：

（一）**財產扣除債務之分配**：法定財產制關係消滅時，夫或妻現存之婚後財產，扣除婚姻關係存續所負債務後，如有剩餘，其雙方剩餘財產之差額，應平均分配。但下列財產不在此限：1.因繼承或其他無償取得之財產；2.慰撫金（§1030-1 I）。

（二）**法院調整分配額**：夫妻之一方對於婚姻生活無貢獻或協力，或有其他情事，致平均分配有失公平者，法院得調整或免除其分配額。

（三）**法院裁判時衡量之點**：110 年修正公布增訂第 3 項，應綜合衡酌夫妻婚姻存續期間之家事勞動、子女照顧養育、對家庭付出之整體協力狀況、共同生活及分居時間之久暫、婚後財產取得時間、雙方之經濟能力等因素。

（四）**剩餘財產差額之分配請求權**：自請求權人知有剩餘財產之差額時起，2 年間不行使而消滅。自法定財產制關係消滅時起，逾 5 年者，亦同（§1030-1V），以免影響家庭經濟及社會交易之安全。

七、已清償債務之計算（§1030-2）

（一）夫或妻之一方以其婚後財產清償其婚前所負債務，或以其婚前財產清償婚姻關係存續中所負債務，除已補償者外，於法定財產制關係消滅時，應分別納入現存之婚後財產或婚姻關係存續中所負債務計算。

（二）夫或妻之一方以其第 1030-1 條第 1 項但書之財產清償婚姻關係存續中其所負債務者，適用前項之規定。

八、現存財產計算及不足額請求

為防止夫妻任意處分婚後財產，如何計算追加財產或有不足額之返還請求，條文規定如下（§1030-3）：

（一）現有財產計算：夫或妻為減少他方對於剩餘財產之分配，而於法定財產制關係消滅前 5 年內處分其婚後財產者，應將該財產追加計算，視為現存之婚後財產。但為履行道德上義務所為之相當贈與，不在此限。

（二）不足額之請求：分配權利人於義務人不足清償其應得之分配額時，得就其不足額，對受領之第三人於其所受利益內請求返還。但受領為有償者，以顯不相當對價取得者為限。

（三）行使期間：對第三人之請求權，於知悉其分配權利受侵害時起 2 年間不行使而消滅。自法定財產制關係消滅時起，逾 5 年者，亦同。

九、財產價值計算之時點（§1030-4）

　　財產之價值計算，將影響夫妻剩餘財產之分配計算，爰規定，夫妻現存之婚後財產，其價值計算以法定財產制關係消滅時為準。但夫妻因判決而離婚者，以起訴時為準。依第 1030-3 條應追加計算之婚後財產，其價值計算以處分時為準。

第三項　約定財產制

　　約定財產制可分為「共同財產制」與「分別財產制」。說明如下：

第一款　共同財產制

一、意義：夫妻之財產及所得，除特有財產外，合併為共同財產，屬於夫妻公同共有（§1031）。

二、特有財產

　　下列財產為特有財產：

（一）專供夫或妻個人使用之物。

（二）夫或妻職業上必需之物。

（三）夫或妻所受之贈物，經贈與人以書面聲明為其特有財產者。前述之特有財產，適用關於分別財產制之規定（§1031-1）。

三、共同財產管理：共同財產，由夫妻共同管理。但約定由一方管理者，從其約定。共同財產之管理費用，由共同財產負擔（§1032）。

四、共同財產處分：夫妻之一方，對於共同財產為處分時，應得他方之同意。前項同意之欠缺，不得對抗第三人。但第三人已知或可得而知其欠缺，或依情形，可認為該財產屬於共同財產者，不在此限（§1033）。

五、債務之清償

（一）各自就特有財產清償：夫或妻結婚前或婚姻關係存續中所負之債務，應由共同財產，並各就其特有財產負清償責任（§1034）。

（二）補償請求權：共同財產所負之債務，而以共同財產清償者，不生補償請求權。共同財產之債務，而以特有財產清償，或特有財產之債務，而以共同財產清償者，有補償請求權，雖於婚姻關係存續中，亦得請求（§1038）。

六、 一方死亡時之財產歸屬（§1039）

（一）半數歸繼承人：夫妻之一方死亡時，共同財產之半數，歸屬於死亡者之繼承人，其他半數，歸屬於生存之他方。

（二）另行約定：財產之分劃，其數額另有約定者，從其約定。第 1 項情形，如該生存之他方，依法不得為繼承人時，其對於共同財產得請求之數額，不得超過於離婚時所應得之數額。

七、 共同財產制關係消滅之處理：夫妻各取回其訂立共同財產制契約時之財產。共同財產制關係存續中取得之共同財產，由夫妻各得其半數。但另有約定者，從其約定（§1040）。

八、 勞力所得共同財產制

即共同財產制係以「勞力所得」，由夫妻雙方訂定特約的財產制（§1041），其要件如下：

（一）契約訂定：夫妻得以契約訂定僅以勞力所得為限為共同財產。

（二）勞力所得：指夫或妻於婚姻關係存續中取得之薪資、工資、紅利、獎金及其他與勞力所得有關之財產收入。勞力所得之孳息及代替利益，亦同。

（三）推定勞力所得：如有不能證明為勞力所得或勞力所得以外財產者，推定為勞力所得。夫或妻勞力所得以外之財產，適用關於分別財產制之規定。第1034 條、第 1038 條及第 1040 條之規定，於第 1 項情形準用之。

第二款 分別財產制

一、 意義：分別財產，夫妻各保有其財產之所有權，各自管理、使用、收益及處分（§1044）。

二、 債務之清償：分別財產制有關夫妻債務之清償，由夫妻各自對其債務負清償之責（依§1046 規定適用§1023）。夫妻之一方以自己財產清償他方之債務時，雖於婚姻關係存續中，亦得請求償還。

在學理上對各種夫妻財產制之種類，參見圖四：

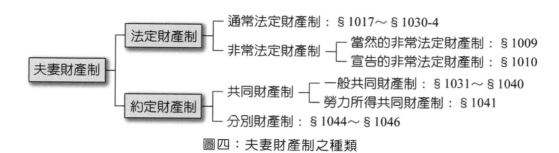

圖四：夫妻財產制之種類

第五節　離　婚

離婚有三種，包括兩願離婚，判決離婚及法院調解或和解離婚，說明如下：

第一項　兩願離婚

一、意義

夫妻兩願離婚者，得自行離婚。但未成年人，應得法定代理人之同意（§1049）110 年 1 月 13 日修正公布刪除本條但書：「但未成年人，應得法定代理人同意」，並於 112 年 1 月 1 日施行。兩願離婚為不許代理之法律行為，其由無代理權人為之者，本人縱為承認，亦不因之而生效力（最高法院 29 上 1904 判例）。兩願離婚，固為不許代理之法律行為，惟夫或妻自行決定離婚之意思，而以他人為其意思之表示機關，則與以他人為代理人使之決定法律行為之效果意思者不同，自非法所不許（最高法院 29 上 1606 判例）。

二、要式

兩願離婚，應以書面為之，有 2 人以上證人之簽名並應向戶政機關為離婚之登記（§1050）。所謂 2 人以上證人之簽名，固不限於作成離婚證書時為之，亦不限於協議離婚時在場之人，始得為證人，然究難謂非親見或親聞雙方當事人確有離婚真意之人，亦得為證人（最高法院 68 台上 3792 判例），亦即有簽名的證人應知雙方當事人確有離婚的真意。

三、財產之處理

夫妻離婚時，除採用分別財產制者外，各自取回其結婚或變更夫妻財產制時之財產。如有剩餘，各依其夫妻財產制之規定分配之（§1058）。

第二項 判決離婚

一、離婚之法定要件

夫妻之一方，有下列 10 款的情形之一者，他方得向法院請求離婚（§1052 I）：

1. 重婚。

2. 與配偶以外之人合意性交。

3. 夫妻之一方對他方為不堪同居之虐待。

4. 夫妻之一方對他方之直系親屬為虐待，或夫妻一方之直系親屬對他方為虐待，致不堪為共同生活。

5. 夫妻之一方以惡意遺棄他方在繼續狀態中。

6. 夫妻之一方意圖殺害他方。

7. 有不治之惡疾。

8. 有重大不治之精神病。

9. 生死不明已逾 3 年。

10. 因故意犯罪，經判處有期徒刑逾 6 個月確定。

所謂「不堪同居之虐待」，應就具體事件，衡量夫妻之一方受他方虐待所受侵害之嚴重性，斟酌當事人之教育程度、社會地位及其他情事，是否已危及婚姻關係之維繫以為斷。若受他方虐待已逾越夫妻通常所能忍受之程度而有侵害人格尊嚴與人身安全者，即不得謂非受不堪同居之虐待（大法官解釋 372 號）。

至於有前 10 款以外的重大事由，難以維持婚姻者，夫妻之一方得請求離婚。但其事由應由夫妻之一方負責者，僅他方得請求離婚（§1052 II）。

二、判決離婚請求權之限制

（一）對於重婚（§1052 I ①）及與配偶以外之人合意性交（§1052 I ②）之情事，有請求權之一方，於事前同意或事後宥恕，或知悉後已逾 6 個月，或自其情事發生後已逾 2 年者，不得請求離婚（§1053）。

（二）如有夫妻一方意圖殺害他（§1052 I ⑥）及犯罪判刑確定（§1052 I ⑩）之情事，有請求權之一方，自知悉後已逾 1 年，或自其情事發生後已逾 5 年者，不得請求離婚（§1054）。

第三項　調解或和解離婚

為使調解或和解離婚具有形成力而非僅具協議離婚之性質，98 年增訂第 1052-1 條規定，離婚經法院調解或法院和解成立者，婚姻關係消滅。法院應依職權通知該管戶政機關。以賦予法院調解離婚或法院和解離婚成立者一定之法律效果；並避免因當事人未至戶政機關為離婚登記而影響其本人及相關者之權益。

相關三種離婚方式，參見圖五：

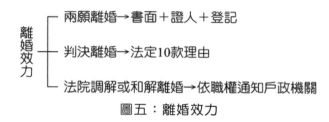

圖五：離婚效力

第四項　未成年子女權利義務之行使或負擔

未成年子女權利義務之行使或負擔，早年稱「監護」，85 年修法改為「未成年子女權利義務之行使或負擔」。

一、協議

夫妻離婚者，對於未成年子女權利義務之行使或負擔，依協議由一方或雙方共同任之（§1055 I 前段）。

二、法院酌定與改定

（一）未為協議或協議不成者，法院得依夫妻之一方、主管機關、社會福利機構或其他利害關係人之請求或依職權酌定之（§1055 I 後段）。

（二）若協議不利於子女者，法院得依主管機關、社會福利機構或其他利害關係人之請求或依職權為子女之利益改定之（§1055 II）。

（三）行使、負擔權利義務之一方，如未盡保護教養之義務或對未成年子女有不利之情事者，他方、未成年子女、主管機關、社會福利機構或其他利害關係人得為子女之利益，請求法院改定之（§1055 III）。

（四）法院得依請求或依職權，為子女之利益酌定權利義務行使負擔之內容及方法（§1055 IV）。

（五）法院得依請求或依職權，為未行使或負擔權利義務之一方酌定其與未成年
子女會面交往之方式及期間。但其會面交往有妨害子女之利益者，法院得
依請求或依職權變更之（§1055Ⅴ）。

三、子女之最佳利益審酌事項

法院為前條裁判時，應依子女之最佳利益，審酌一切情狀，尤應注意下列事
項（§1055-1）：

1. 子女之年齡、性別、人數及健康情形。

2. 子女之意願及人格發展之需要。

3. 父母之年齡、職業、品行、健康情形、經濟能力及生活狀況。

4. 父母保護教養子女之意願及態度。

5. 父母子女間或未成年子女與其他共同生活之人間之感情狀況。

6. 父母之一方是否有妨礙他方對未成年子女權利義務行使負擔之行為。

7. 各族群之傳統習俗、文化及價值觀。

法院除得參考社工人員之訪視報告，或家事調查官之調查報告外，並得依囑
託警察機關、稅捐機關、金融機構、學校及其他有關機關、團體或具備相關專業
知識之人士就特定事項調查之結果進行認定。

針對未成年子女權利義務之行使或負擔，法院所能憑藉之依據，除訪視報告
外，擴張至能囑託其他各主管機關就各特定事項所為之報告，以健全子女最佳利
益衡量立法之完整性。

四、選定監護人

父母均不適合行使權利時，法院應依子女之最佳利益並審酌前條各款事項，
選定適當之人為子女之監護人，並指定監護之方法、命其父母負擔扶養費用及其
方式（§1055-2）。

第五項　判決離婚之損害賠償

1. 損害賠償請求權：夫妻之一方，因判決離婚而受有損害者，得向有過失之
他方，請求賠償。雖非財產上之損害，受害人亦得請求賠償相當之金額。
但以受害人無過失者為限。請求權，不得讓與或繼承。但已依契約承諾或
已起訴者，不在此限（§1056）。實務上離婚時不得主張因訂立婚約所給付

聘金為損害，要求賠償，法院認定聘金為「贈與」的一種，除附有解除條件之贈與，於條件成就時失其效力，贈與人得依民法第 179 條之規定，請求受贈人返還其所受之利益外，不得以此為原因而在判決離婚時主張其所受的損害，而依本條項（即§1056 I）請求賠償（最高法院 50 台上 351 判例）。

2. 贍養費：夫妻無過失之一方，因判決離婚而陷於生活困難者，他方縱無過失，亦應給與相當之贍養費（§1057）。此一條文之適用，限於夫妻「無過失」的一方才能請求，其因判決離婚而陷於生活困難者，始得適用，若屬夫妻兩願離婚，並無適用本條可請求他方給付贍養費（最高法院 28 上 487 判例）。至於陷於生活困難，故有他方提供贍養費，但其給與「是否相當」，必須視「贍養者之經濟能力」及「被贍養者需要狀況」權衡認定；贍養以何時為準，須於請求贍養時斟酌雙方現狀定之（司法院院字 744 解釋）。

3. 夫妻離婚時，除採用分別財產制者外，各自取回其結婚或變更夫妻財產制時之財產。如有剩餘，各依其夫妻財產制之規定分配之（§1058）。

第三章　父母子女

第一節　子女

一、子女之冠姓

有關子女之冠姓問題，96 年起多次修正，與舊法時期以父系社會為考量有甚多改革，說明如下：（§1059）

（一）出生時書面約定：父母於子女出生登記前，應以書面約定子女從父姓或母姓。未約定或約定不成者，於戶政事務所抽籤決定之。

（二）未成年前變更：子女經出生登記後，於未成年前，得由父母以書面約定變更為父姓或母姓。變更以 1 次為限。

（三）已成年者之變更：子女已成年者，得變更為父姓或母姓，但為顧及身分安定與交易安全，變更以 1 次為限。

（四）請求法院變更：有下列各款情形之一，法院得依父母之一方或子女之請求，為子女之利益，宣告變更子女之姓氏為父姓或母姓：

1. 父母離婚者。

2. 父母之一方或雙方死亡者。

3. 父母之一方或雙方生死不明滿 3 年者。

4. 父母之一方顯有未盡保護或教養義務之情事者。

二、非婚生子女之冠姓

（一）原則從母姓：非婚生子女從母姓。經生父認領者，適用婚生子女約定及變更姓民之規定（§1059-1 I）。

（二）請求法院變更：非婚生子女經生父認領，而有下列各款情形之一，法院得依父母之一方或子女之請求，為子女之利益，變更子女之姓氏為父姓或母姓（§1059-1 II）：

1. 父母之一方或雙方死亡者。

2. 父母之一方或雙方生死不明滿 3 年者。

3. 子女之姓氏與任權利義務行使或負擔之父或母不一致者。

4. 父母之一方顯有未盡保護或教養義務之情事者。

三、未成年子女之住所

未成年之子女，以其父母之住所為住所（§1060）。

四、婚生子女

（一）意義：稱婚生子女者，謂由婚姻關係受胎而生之子女（§1061）。

（二）受胎期間：從子女出生日回溯第 181 日起至第 302 日止，為受胎期間。能證明受胎回溯在前項第 181 日以內或第 302 日以前者，以其期間為受胎期間（§1062）。

（三）推定及否認：妻之受胎，係在婚姻關係存續中者，推定其所生子女為婚生子女。前項推定，夫妻之一方或子女能證明子女非為婚生子女者，得提起否認之訴。否認之訴，夫妻之一方自知悉該子女非為婚生子女，或子女自知悉其非為婚生子女之時起 2 年內為之。但子女於未成年時知悉者，仍得於成年後 2 年內為之（§1063）。主要基於「未成年子女最佳利益」考量。

（四）準正：非婚生子女，其生父與生母結婚者，視為婚生子女（§1064）。

（五）認領：非婚生子女經生父認領者，視為婚生子女。其經生父撫育者，視為認領。非婚生子女與其生母之關係，視為婚生子女，無須認領（§1065）。「生父認領」在性質為「形成權」，可以起訴請求之（最高法院 63 台上 1796 判例）。其次，認領為生父對於非婚生子女承認為自己子女之行為，屬於「單獨行為」，並不需要非婚子女或生母之同意，祇須認領人與被認領人間有事實上父子關係之存在（參見司法院第 6 期公證實務研究會研究結論）。

（六）認領之訴及否認之訴：認領之訴應如何提起？過去實務上亦有爭議，修正條文賦予「由法院依事實認定親子關係」，趨向「客觀事實主義」，即明定凡有事實足認其為非婚生子女之生父者，非婚生子女或其生母或其他法定代理人，得向生父提起認領之訴。前項認領之訴，於生父死亡後，得向生父之繼承人為之。生父無繼承人者，得向社會福利主管機關為之（§1067）。「否認認領制度」，指非婚生子女或其生母，對於生父之認領，得否認之（§1066）。

（七）認領之效力

1. 非婚生子女認領之效力，溯及於出生時。但第三人已得之權利，不因此而受影響（§1069）。

2. 非婚生子女經認領者，關於未成年子女權利義務之行使或負擔，準用第 1055 條、第 1055-1 條及第 1055-2 條之規定（§1069-1）。

3. 生父認領非婚生子女後，不得撤銷其認領。但有事實足認其非生父者，不在此限（§1070）。

第二節　養子女

收養制度之設立，在於使無直系血親關係者之間，發生親子關係，使被收養人取得收養人婚生子女之地位。收養他人之子女為子女時，其收養者為養父或養母，被收養者為養子或養女（§1072）。收養涉及親等親系等人倫關係，法律介入甚深，有關收養之限制，參見圖六：

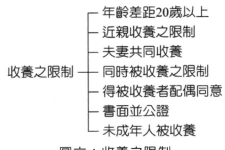

圖六：收養之限制

第一項　收養之限制

一、年齡差距 20 歲以上

收養者之年齡，應長於被收養者 20 歲以上。但夫妻共同收養時，夫妻之一方長於被收養者 20 歲以上，而他方僅長於被收養者 16 歲以上，亦得收養。夫妻之一方收養他方之子女時，應長於被收養者 16 歲以上（§1073）。違反者，收養無效（§1079-4）。

二、　近親收養之限制

下列親屬不得收養為養子女，違反者，收養無效（§1073-1、§1079-4）：

1. 直系血親。

2. 直系姻親。但夫妻之一方，收養他方之子女者，不在此限。

3. 旁系血親在 6 親等以內及旁系姻親在 5 親等以內，輩分不相當者。

三、夫妻共同收養

為維持家庭之和諧，明定夫妻收養子女時，原則應「共同收養」，例外有下列各款情形之一者，得「單獨收養」（§1074）：

1. 夫妻之一方收養他方之子女。

2. 夫妻之一方不能為意思表示或生死不明已逾 3 年。

收養子女，違反第 1074 條之規定者，收養者之配偶得請求法院撤銷之。但自知悉其事實之日起，已逾 6 個月，或自法院認可之日起已逾 1 年者，不得請求撤銷（§1079-5 I）。

四、同時被收養之限制

除夫妻共同收養外，1 人不得同時為 2 人之養子女（§1075）。違反者，收養無效（§1079-4）。

五、被收養者配偶同意

夫妻之一方被收養時，應得他方之同意。但他方不能為意思表示或生死不明已逾 3 年者，不在此限（§1076）。收養子女，違反第 1076 條之規定者，被收養者之配偶或法定代理人得請求法院撤銷之。但自知悉其事實之日起，已逾 6 個月，或自法院認可之日起已逾 1 年者，不得請求撤銷。

六、書面並公證（§1076-1、§1079-4）

（一）書面同意：子女被收養時，應得其父母之同意且不限於未成年子女。但有下列各款情形之一者，不在此限：

　　1. 父母之一方或雙方對子女未盡保護教養義務或有其他顯然不利子女之情事而拒絕同意。

　　2. 父母之一方或雙方事實上不能為意思表示。

（二）前項同意應作成書面並經公證。但已向法院聲請收養認可者，得以言詞向法院表示並記明筆錄代之。

（三）同意不得附條件或期限。

（四）違反本條規定者，收養無效。

七、未成年人被收養

（一）未滿 7 歲：被收養者未滿 7 歲時，應由其法定代理人代為並代受意思表示（§1076-2 I）。違反者，收養無效（§1079-4）。

（二）滿 7 歲：被收養者滿 7 歲以上，仍屬未成年人，應得其法定代理人之同意（§1076-2 II）。有違反此一規定者，被收養者之配偶或法定代理人得請求法院撤銷之。但自知悉其事實之日起，已逾 6 個月，或自法院認可之日起已逾 1 年者，不得請求撤銷。

（三）被收養者之父母已依第 1076-2 條第 1 項或第 2 項規定以法定代理人之身分代為並代受意思表示或為同意時，得免依第 1076-1 條規定為同意。

第二項　收養之效力

一、與婚生子女同（§1077）

（一）養子女與養父母及其親屬間之關係，除法律另有規定外，與婚生子女同。

（二）養子女與本生父母及其親屬間之權利義務，於收養關係存續中停止之。但夫妻之一方收養他方之子女時，他方與其子女之權利義務，不因收養而受影響。

（三）收養者收養子女後，與養子女之本生父或母結婚時，養子女回復與本生父或母及其親屬間之權利義務，以避免產生其間自然血親關係存在，卻為姻親關係之矛盾現象。但第三人已取得之權利，不受影響。

（四）養子女於收養認可時已有直系血親卑親屬者，收養之效力僅及於其未成年之直系血親卑親屬。但收養認可前，其已成年之直系血親卑親屬表示同意者，不在此限。（本項於 110 年 1 月 13 日修正，配合成年年齡與最低結婚年齡均修正至 18 歲，並自 112 年 1 月 1 日施行）

二、養子女之冠姓（§1078）

1. 基於「子女最佳利益原則」，養子女從收養者之姓或維持原來之姓。

2. 夫妻共同收養子女時，於收養登記前，應以書面約定養子女從養父姓、養母姓或維持原來之姓。

第三項　收養之程序

有關收養係成立擬制血親關係，其程序甚為重要，收養要件，參見表四：

一、法定要式

收養應以書面為之，並向法院聲請認可（§1079 I）。

二、法院之審酌

法院為未成年人被收養之認可時，應依養子女最佳利益為之（§1079-1）。

三、不予認可之情形

（一）收養有無效、得撤銷之原因或違反其他法律規定者，法院應不予認可（§1079 II）。

（二）被收養者為成年人而有下列各款情形之一者，為防止成年收養之脫法行為，法院應不予收養之認可（§1079-2）：

　　1. 意圖以收養免除法定義務。

　　2. 依其情形，足認收養於其本生父母不利。

　　3. 有其他重大事由，足認違反收養目的。

四、收養生效時點

　　收養自法院認可裁定確定時，溯及於收養契約成立時發生效力。但第三人已取得之權利，不受影響（§1079-3）。

表四：收養要件

要件		違反的效果
實質要件	收養的合意	收養無效
	收養者的年齡，應長於被收養者 20 歲以上。但夫妻共同收養時，夫妻之一方長於被收養者 20 歲以上，而他方僅長於被收養者 16 歲以上，亦得收養。夫妻之一方收養他方之子女時，應長於被收養者 16 歲以上（§1073）	收養無效（§1079-4）
	非「近親收養」（§1073-1）	收養無效（§1079-4）
	除法定得單獨收養之情形外，有配偶者，應與配偶共同收養（§1074）	得撤銷（§1079-5 I）
	除夫妻共同收養外，須非 1 人同時為 2 人的養子女（§1075）	收養無效（§1079-4）
	夫妻之一方被收養時，必須得到他方的同意（§1076）	得撤銷（§1079-5）
	除法定原因外，子女被收養時，應得其父母之同意，應作成書面並經公證（§1076-1）	收養無效（§1079-4）
法定代理人	被收養者未滿 7 歲時，應由其法定代理人代為並代受意思表示（§1076-2 I）。	收養無效（§1079-4）
	滿 7 歲以上之未成年人被收養時，應得其法定代理人之同意（§1076-2 II）	得撤銷（§1079-5）
形式要件	除法定原因外，子女被收養時，應得其父母之同意，應作成書面並經公證（§1076-1）	收養無效（§1079-4）
	以書面為之，向法院聲請認可（§1079I）	收養不成立

第四項　收養之終止

一、合意終止

（一）養父母與養子女之關係，得由雙方合意終止之。前項終止，應以書面為之
　　　（§1080 I 、 II ）。養父母與養子女之關係，固得由雙方以書面終止之，但
　　　所謂雙方既指養父母與養子女而言，則同意終止之書面，自須由養父母與
　　　養子女，依民法第 3 條之規定作成之，始生效力（最高法院 28 上 1723 判
　　　例）。違反者，終止收養無效（§1080-2）。

（二）聲請法院認可

　　　1. 養子女為未成年人者，並應向法院聲請認可（§1080 II ）。違反者，終
　　　　 止收養無效（§1080-2）。

　　　2. 法院依前項規定為認可時，應依養子女最佳利益為之（§1080 III ）。

　　　3. 養子女為未成年人者，終止收養自法院認可裁定確定時發生效力
　　　　 （§1080 IV ）。

　　　4. 養子女未滿 7 歲者，其終止收養關係之意思表示，由收養終止後為其
　　　　 法定代理人之人為之（§1080 V ）。違反者，終止收養無效（§1080-
　　　　 2）。

　　　5. 養子女為滿 7 歲以上之未成年人者，其終止收養關係，應得收養終止後
　　　　 為其法定代理人之人之同意（§1080 VI ）。違反者，終止收養後被收養者
　　　　 之法定代理人得請求法院撤銷之。但自知悉其事實之日起，已逾 6 個
　　　　 月，或自法院許可之日起已逾 1 年者，不得請求撤銷（§1080-3 II ）。

（三）夫妻共同收養之終止：夫妻共同收養子女者，其合意終止收養應共同為
　　　之。但有下列情形之一者，得單獨終止（§1080 VII ），違反者，終止收養者
　　　之配偶得請求法院撤銷之（§1080-3 I ）：

　　　1. 夫妻之一方不能為意思表示或生死不明已逾 3 年。

　　　2. 夫妻之一方於收養後死亡。

　　　3. 夫妻離婚。

　　　　 但自知悉其事實之日起，已逾 6 個月，或自法院認可之日起已逾 1 年
　　　者，不得請求撤銷（§1080-3 I 但書）。夫妻之一方依此一但書規定單獨終
　　　止收養者，其效力不及於他方（§1080 VIII ）。

二、聲請法院許可終止

（一）養父母死亡後，養子女得聲請法院許可終止收養（§1080-1Ⅰ）。

（二）養子女未滿 7 歲者，由收養終止後為其法定代理人之人向法院聲請許可（§1080-1Ⅱ）。違反者，終止收養無效（§1080-2）。

（三）養子女為滿 7 歲以上之未成年人者，其終止收養之聲請，應得收養終止後為其法定代理人之人之同意（§1080-1Ⅲ）。違反者，終止收養後被收養者之法定代理人得請求法院撤銷之。但自知悉其事實之日起，已逾 6 個月，或自法院許可之日起已逾 1 年者，不得請求撤銷（§1080-3Ⅱ）。

（四）法院認終止收養顯失公平者，得不許可之（§1080-1Ⅳ）。

三、請求法院宣告終止

（一）養父母、養子女之一方，有下列各款情形之一者，法院得依他方、主管機關或利害關係人之請求，宣告終止其收養關係（§1081Ⅰ）：

　　1. 對於他方為虐待或重大侮辱。

　　2. 遺棄他方。

　　3. 因故意犯罪，受 2 年有期徒刑以上之刑之裁判確定而未受緩刑宣告。

　　4. 有其他重大事由難以維持收養關係。

（二）養子女為未成年人者，法院宣告終止收養關係時，應依養子女最佳利益為之（§1081Ⅱ）。

四、收養終止之效果

（一）請求相當金額：養父母與養子女間互負生活保持義務，如果一方因收養關係終止而生活陷於困難時，他方應予扶助，法律明文規定因收養關係終止而生活陷於困難者，得請求他方給與相當之金額。但其請求顯失公平者，得減輕或免除之（§1082）。收養關係經判決終止時，無過失之一方因而陷於生活困難者，得請求他方給與相當之金額，固為民法第 1082 所明定，惟養子女自收養關係終止時起，回復其與本生父母之關係，該子女尚未成年者，並應由其本生父母負擔教養之義務，如果其本生父母有負擔扶養費用之資力，即不得謂因判決終止收養關係而陷於生活困難（最高法院 33 上 6097 判例）。

（二）回復本姓及本生父母之關係：養子女及收養效力所及之直系血親卑親屬，自收養關係終止時起，回復其本姓，並回復其與本生父母及其親屬間之權利義務。但第三人已取得之權利，不受影響（§1083）。養子女與本生父母及其兄弟姊妹原屬直系血親與旁系血親。其與養父母之關係，原則上與婚生子女同，而成為「擬制血親」。惟其與本生父母方面之「天然血親」關係仍屬存在。第 1083 條所稱養子女自收養關係終止時起，回復其與本生父母之關係。所謂回復者，係指回復其相互間之權利義務，其固有之天然血親自無待於回復（大法官解釋 28 號）。

第三節　父母與子女

一、孝道入法化

「子女應孝敬父母」（§1084 I），原為孝道的原則，屬於道德律的一環，親屬編加以明白規定在法律條文，已形成法律的規範，稱為「孝道入法化」。相對而言，未成年子女為獨立之人格體，但基於父母與子女的「身分法上關係」，法律也明文規定「父母對於未成年之子女，有保護及教養之權利義務」（§1084 II）。申言之，這項保護及教養既是父母的「權利」，也是父母的「義務」。實務上認為，此項因身分關係所生與義務併存之權利，實含有禁止拋棄之性質，自不得謂因拋棄而消滅（最高法院 38 台上 171 判例）。

二、父母之懲戒權

父母得於必要範圍內懲戒其子女（§1085）。

三、法定代理人（§1086）

（一）父母為其未成年子女之法定代理人。

（二）父母之行為與未成年子女之利益相反，依法不得代理時，法院得依父母、未成年子女、主管機關、社會福利機構或其他利害關係人之聲請或依職權，為子女選任特別代理人。

四、未成年人之特有財產

（一）未成年子女，因繼承、贈與或其他無償取得之財產，為其特有財產（§1087）。

（二）未成年子女之特有財產，由父母共同管理。父母對於未成年子女之特有財產，有使用、收益之權。但非為子女之利益，不得處分之（§1088）。父母

為其未成年子女之法定代理人，有權代理其子女為法律許可之法律行為，保證行為法律並未禁止法定代理人為之，則法定代理人代未成年之子女為保證行為，仍屬有效（最高法院 53 台上 2611 判例）。

五、未成年子女之保護

（一）父母共同行使：對於未成年子女之權利義務，除法律另有規定外，由父母共同行使或負擔之。父母之一方不能行使權利時，由他方行使之。父母不能共同負擔義務時，由有能力者負擔之（§1089 I）。所謂父母之一方不能行使對於未成年子女之權利，兼指「法律上不能」（例如受停止親權之宣告）及事實上之不能（例如在監受長期徒刑之執行、精神錯亂、重病、生死不明等）而言。至於行使有困難（例如因工作而無暇管教，子女尚幼僱請他人照顧等），則非所謂不能行使（最高法院 62 台 415 判例）。

（二）法院之介入：父母對於未成年子女重大事項權利之行使意思不一致時，得請求法院依子女之最佳利益酌定之。法院為裁判前，應聽取未成年子女、主管機關或社會福利機構之意見（§1089 II）。

（三）準用規定：父母不繼續共同生活達 6 個月以上時，關於未成年子女權利義務之行使或負擔，準用第 1055 條、第 1055-1 條及第 1055-2 條之規定。但父母有不能同居之正當理由或法律另有規定者，不在此限（§1089-1）。

（四）濫用親權：為保護子女之權益，法律明定，父母之一方濫用其對於子女之權利時，法院得依他方、未成年子女、主管機關、社會福利機構或其他利害關係人之請求或依職權，為子女之利益，宣告停止其權利之全部或一部（§1090）。

第四章　監護與輔助

監護可分為對「未成年人之監護」、「成年人之監護及輔助」與「成年人之意定監護」，說明如下：

第一節　未成年人之監護

一、監護人之設置

未成年人無父母，或父母均不能行使、負擔對於其未成年子女之權利、義務時，應置監護人。110 年 1 月 13 日修正公布刪除本條書：「但未成年人已結婚者，不在此限」，並自 112 年 1 月 1 日施行。（§1091）。

二、書面委託行使監護權

父母對其未成年之子女，得因特定事項，於一定期限內，以書面委託他人行使監護之職務（§1092）。父母委託他人行使其對於未成年子女之監護職務者，得隨時撤回之（最高法院 28 年上 1718 判例）。

三、遺囑指定監護人

最後行使、負擔對於未成年子女之權利、義務之父或母，得以遺囑指定監護人。前項遺囑指定之監護人，應於知悉其為監護人後 15 日內，將姓名、住所報告法院；其遺囑未指定會同開具財產清冊之人者，並應申請當地直轄市、縣（市）政府指派人員會同開具財產清冊。於前項期限內，監護人未向法院報告者，視為拒絕就職（§1093）。

四、法定、選定及改定監護人

（一）法定監護人順序：父母均不能行使、負擔對於未成年子女之權利義務或父母死亡而無遺囑指定監護人，或遺囑指定之監護人拒絕就職時，依下列順序定其監護人：一、與未成年人同居之祖父母。二、與未成年人同居之兄姊。三、不與未成年人同居之祖父母（§1094 I）。

（二）法院選定監護人：未能依第 1 項之順序定其監護人時，法院得依未成年子女、四親等內之親屬、檢察官、主管機關或其他利害關係人之聲請，為未成年子女之最佳利益，就其三親等旁系血親尊親屬、主管機關、社會福利機構或其他適當之人選定為監護人，並得指定監護之方法（§1094 III）。並應同時指定會同開具財產清冊之人（§1094 IV）。未成年人無第 1 項之監護人，於法院依第 3 項為其選定確定前，由當地社會福利主管機關為其監護人（§1094 V）。

（三）法院改定監護人

1. 監護人有下列情形之一，且受監護人無第 1094 條第 1 項之監護人者，法院得依聲請或依職權，另行選定適當之監護人：一、死亡。二、經法院許可辭任。三、有第 1096 條各款情形之一。法院另行選定監護人確定前，由當地社會福利主管機關為其監護人（§1106）。

2. 有事實足認監護人不符受監護人之最佳利益，或有顯不適任之情事者，法院得依聲請，改定適當之監護人。法院於改定監護人確定前，得先行宣告停止原監護人之監護權，並由當地社會福利主管機關為其監護人（§1106-1）。

（四）選定或改定監護人之判斷基準（§1094-1）

　　法院選定或改定監護人時，應依受監護人之最佳利益，審酌一切情狀，尤應注意下列事項：

1. 受監護人之年齡、性別、意願、健康情形及人格發展需要。

2. 監護人之年齡、職業、品行、意願、態度、健康情形、經濟能力、生活狀況及有無犯罪前科紀錄。

3. 監護人與受監護人間或受監護人與其他共同生活之人間之情感及利害關係。

4. 法人為監護人時，其事業之種類與內容，法人及其代表人與受監護人之利害關係。

五、監護人之辭任與消極資格

　　．監護職務因涉及公益，監護人有正當理由，經法院許可者，得辭任其職務（§1095）。又因監護人職責繁重，須有充分能力始能勝任，下列情形之一者，不得為監護人：一、未成年。二、受監護或輔助宣告尚未撤銷。三、受破產宣告尚未復權。四、失蹤（§1096）。

六、執行監護

（一）行使對未成年子女之權利：監護人於保護、增進受監護人利益之範圍內，行使、負擔父母對於未成年子女之權利、義務。但由父母暫時委託者，以所委託之職務為限。監護人有數人，對於受監護人重大事項權利之行使意思不一致時，得聲請法院依受監護人之最佳利益，酌定由其中一監護人行使之。法院為前項裁判前，應聽取受監護人、主管機關或社會福利機構之意見（§1097）。

（二）為受監護人之法定代理人：監護人於監護權限內，為受監護人之法定代理人。監護人之行為與受監護人之利益相反或依法不得代理時，法院得依聲請或依職權，為受監護人選任特別代理人（§1098）。

（三）受監護人財產之處理

1. 監護人應以善良管理人之注意，執行監護職務（§1100）。

2. 監護人對於受監護人之財產，非為受監護人之利益，不得使用、代為或同意處分（§1101 I）。

3. 監護人為下列行為，非經法院許可，不生效力：一、代理受監護人購置或處分不動產。二、代理受監護人，就供其居住之建築物或其基地出租、供他人使用或終止租賃（§1101 II）。

4. 監護人不得以受監護人之財產為投資。但購買公債、國庫券、中央銀行儲蓄券、金融債券、可轉讓定期存單、金融機構承兌匯票或保證商業本票，不在此限（§1101 III）。

5. 監護人不得受讓受監護人之財產（§1102）。

6. 監護人之財產，由監護人管理。執行監護職務之必要費用，由受監護人之財產負擔。法院於必要時，得命監護人提出監護事務之報告、財產清冊或結算書，檢查監護事務或受監護人之財產狀況（§1103）。

7. 監護人得請求報酬，其數額由法院按其勞力及受監護人之資力酌定之（§1104）。

七、監護人變更等之處理

（一）監護人變更：原監護人應即將受監護人之財產移交於新監護人。受監護之原因消滅時，原監護人應即將受監護人之財產交還於受監護人；如受監護人死亡時，交還於其繼承人（§1107 I、II）。

（二）前二項情形，原監護人應於監護關係終止時起 2 個月內，為受監護人財產之結算，作成結算書，送交新監護人、受監護人或其繼承人。新監護人、受監護人或其繼承人對於前項結算書未為承認前，原監護人不得免其責任（§1107 III、IV）。

（三）監護人死亡：移交及結算，由其繼承人為之；其無繼承人或繼承人有無不明者，由新監護人逕行辦理結算，連同依第 1099 條規定開具之財產清冊陳報法院（§1108）。

八、損害賠償

監護人於執行監護職務時，因故意或過失，致生損害於受監護人者，應負賠償之責。前項賠償請求權，自監護關係消滅之日起，5 年間不行使而消滅；如有新監護人者，其期間自新監護人就職之日起算（§1109）。

第二節　成年人之監護與輔助

一、法院職權選定監護人

（一）受監護宣告之人應置監護人（§1110）。

（二）法院為監護之宣告時，應依職權就配偶、四親等內之親屬、最近 1 年有同居事實之其他親屬、主管機關、社會福利機構或其他適當之人選定 1 人或數人為監護人，並同時指定會同開具財產清冊之人。法院為前項選定及指定前，得命主管機關或社會福利機構進行訪視，提出調查報告及建議。監護之聲請人或利害關係人亦得提出相關資料或證據，供法院斟酌（§1111）。照護受監護宣告之人之法人或機構及其代表人、負責人，或與該法人或機構有僱傭、委任或其他類似關係之人，不得為該受監護宣告之人之監護人。但為該受監護宣告之人之配偶、四親等內之血親或二親等內之姻親者，不在此限。（§1111-2），但書規定為 104 年所增訂，主要為平衡利益衝突與一定親等之人就近照顧之平衡。

（三）選定監護人之判斷基準（§1111-1）：法院選定監護人時，應依受監護宣告之人之最佳利益，優先考量受監護宣告之人之意見，審酌一切情狀，並注意下列事項：

1. 受監護宣告之人之身心狀態與生活及財產狀況。

2. 受監護宣告之人與其配偶、子女或其他共同生活之人間之情感狀況。

3. 監護人之職業、經歷、意見及其與受監護宣告之人之利害關係。

4. 法人為監護人時，其事業之種類與內容，法人及其代表人與受監護宣告之人之利害關係。

（四）法院選定數人為監護人時，得依職權指定其共同或分別執行職務之範圍。法院得因聲請，撤銷或變更指定（§1112-1）。

二、監護人執行職務之注意

　　監護人於執行有關受監護人之生活、護養療治及財產管理之職務時，應尊重受監護人之意思，並考量其身心狀態與生活狀況（§1112）。

三、準用規定

　　成年人之監護，除本節有規定者外，準用關於未成年人監護之規定（§1113）。

四、輔助人之選定、判斷基準等

受輔助宣告之人,應置輔助人。輔助人及有關輔助之職務,準用監護等相關規定(§1113-1)。

第三節　成年人之意定監護

鑑於我國目前已屬高齡社會,於本人喪失意思能力始啟動之成年人監護制度,無法充分符合受監護人意願;108 年修法時新增意定監護制度,是在本人之意思能力尚健全時,本人與受任人約定,於本人受監護宣告時,受任人允為擔任監護人,以替代法院依職權選定監護人,使本人於意思能力喪失後,可依其先前之意思自行決定未來的監護人,較符合人性尊嚴及本人利益。

一、又意定監護雖具有委任契約之性質,惟其非處理單純事務之委任,其本質上仍屬監護制度之一環。爰明定意定監護,除本節有規定者外,準用關於成年人監護之規定(§1113-10)。例如法人亦得為意定監護之受任人、監護事務之費用應由本人負擔等。意定監護

稱意定監護者,謂本人與受任人約定,於本人受監護宣告時,受任人允為擔任監護人之契約。前項受任人得為 1 人或數人;其為數人者,除約定為分別執行職務外,應共同執行職務(§1113-2)。

二、意定監護契約

(一)契約要式及效力(§1113-3)

意定監護契約之訂立或變更,應由公證人作成公證書始為成立。公證人作成公證書後 7 日內,以書面通知本人住所地之法院。前項公證,應有本人及受任人在場,向公證人表明其合意,始得為之。

意定監護契約於本人受監護宣告時,發生效力。

(二)意定監護優先原則及例外(§1113-4)

1. 法院為監護之宣告時,受監護宣告之人已訂有意定監護契約者,應以意定監護契約所定之受任人為監護人,同時指定會同開具財產清冊之人。其意定監護契約已載明會同開具財產清冊之人者,法院應依契約所定者指定之,但意定監護契約未載明會同開具財產清冊之人或所載明之人顯不利本人利益者,法院得依職權指定之。

2. 法院為前項監護之宣告時，有事實足認意定監護受任人不利於本人或有顯不適任之情事者，法院得依職權就第 1111 條第 1 項所列之人選定為監護人。

（三）契約之撤回與終止

1. 撤回：法院為監護之宣告前，意定監護契約之本人或受任人得隨時撤回之。意定監護契約之撤回，應以書面先向他方為之，並由公證人作成公證書後，始生撤回之效力。公證人作成公證書後 7 日內，以書面通知本人住所地之法院。契約經一部撤回者，視為全部撤回（§1113-5 Ⅰ、Ⅱ）。

2. 終止：法院為監護之宣告後，本人有正當理由者，得聲請法院許可終止意定監護契約。受任人有正當理由者，得聲請法院許可辭任其職務。法院依前項許可終止意定監護契約時，應依職權就第 1111 條第 1 項所列之人選定為監護人（§1113-5 Ⅲ、Ⅳ）。

（四）報酬：意定監護契約已約定報酬或約定不給付報酬者，從其約定；未約定者，監護人得請求法院按其勞力及受監護人之資力酌定之（§1113-7）。

（五）前後意定監護契約有相牴觸者，視為本人撤回前意定監護契約（§1113-8）。

（六）當事人意思自主原則：意定監護契約約定受任人執行監護職務不受第 1101 條第 2 項、第 3 項規定限制者，從其約定（§1113-9）。

三、法院選定或改定監護人（§1113-6）

1. 法院為監護之宣告後，監護人共同執行職務時，監護人全體有第 1106 條第 1 項或第 1106 條之 1 第 1 項之情形者，法院得依第 14 條第 1 項所定聲請權人之聲請或依職權，就第 1111 條第 1 項所列之人另行選定或改定為監護人。

2. 法院為監護之宣告後，意定監護契約約定監護人數人分別執行職務時，執行同一職務之監護人全體有第 1106 條第 1 項或第 1106 條之 1 第 1 項之情形者，法院得依前項規定另行選定或改定全體監護人。但執行其他職務之監護人無不適任之情形者，法院應優先選定或改定其為監護人。

3. 法院為監護之宣告後，前 2 項所定執行職務之監護人中之 1 人或數人有第 1106 條第 1 項之情形者，由其他監護人執行職務。

4. 法院為監護之宣告後，第 1 項及第 2 項所定執行職務之監護人中之 1 人或數人有第 1106 條之 1 第 1 項之情形者，法院得依第 14 條第 1 項所定聲請權人之聲請或依職權解任之，由其他監護人執行職務。

第五章 扶 養

一、扶養義務之範圍

下列親屬互負扶養之義務（§1114）：

1. 直系血親相互間。

2. 夫妻之一方與他方之父母同居者，其相互間。

3. 兄弟姊妹相互間。

4. 家長家屬相互間。

有關家長與家屬相互間扶養義務，實務上從嚴解釋，參考案例如下：

1. 與家長無親屬關係之家屬由家分離後，其家屬之身分既不存在，基於本條款，請求家長扶養之權利，自亦隨之消滅（最高法院 32 上 1725 判例）。

2. 前妻之子對其繼母，暨妾生之子對其嫡母，並不是直系血親，如無本條款家長家屬關係，即不互負扶養之義務（司法院院字 1226 解釋）。

3. 夫妻互負扶養義務：明定夫妻間之「扶養順序」，第 1116-1 條規定：「夫妻互負扶養之義務，其負扶養義務之順序與直系血親卑親屬同，其受扶養權利之順序與直系血親尊親屬同。」並配合民事訴訟法可提起第 572 條夫妻請求扶養之訴，以求實體與程序兼備。

4. 損害賠償請求權：因扶養請求權被侵害而生之損害賠償請求權，以扶養等請求權存在為前提，而扶養之請求，乃請求權人身分上專屬之權利，該權利因請求權人死亡而消滅，其繼承人不得繼承其身分關係，對加害人請求賠償死亡後之扶養費（最高法院 49 台上 625 判例）。

二、扶養義務者之順序

（一）負扶養義務者有數人時，應依下列順序定其履行義務之人（§1115 I）：

1. 直系血親卑親屬。

2. 直系血親尊親屬。

3. 家長。

4. 兄弟姊妹。

5. 家屬。

6. 子婦、女婿。

7. 夫妻之父母。

（二）同係直系尊親屬或直系卑親屬者，以親等近者為先。

（三）負扶養義務者有數人而其親等同一時，應各依其經濟能力，分擔義務。

三、受扶養權利者之順序

（一）受扶養權利者有數人，而負扶養義務者之經濟能力，不足扶養其全體時，依下列順序定其受扶養之人（§1116 I）：

1. 直系血親尊親屬。

2. 直系血親卑親屬。

3. 家屬。

4. 兄弟姊妹。

5. 家長。

6. 夫妻之父母。

7. 子婦、女婿。

（二）同係直系尊親屬或直系卑親屬者，以親等近者為先。

（三）受扶養權利者有數人而其親等同一時，應按其需要之狀況，酌為扶養。

（四）受扶養權利者，以不能維持生活而無謀生能力者為限。前項無謀生能力之限制，於直系血親尊親屬，不適用之（§1117）。凡不能維持生活而無謀生能力時，皆有受扶養之權利，並不以未成年為限。又所謂謀生能力並不專指無工作能力者而言，雖有工作能力而不能期待其工作，或因社會經濟情形失業，雖已盡相當之能事，仍不能覓得職業者，亦非無受扶養之權利，故成年之在學學生，未必即喪失其受扶養之權利（最高法院 56 台上 795 判例）。

四、免除扶養義務

（一）原則不能免除：父母對於未成年子女之扶養義務，不因結婚經撤銷或離婚
　　　而受影響（§1116-2），以保障未成年子女。

（二）扶養義務之免除：因負擔扶養義務而不能維持自己生活者，免除其義務。
　　　但受扶養權利者為直系血親尊親屬或配偶時，減輕其義務（§1118）。

（三）扶養義務之減輕：受扶養權利者有下列情形之一，由負扶養義務者負擔扶
　　　養義務顯失公平，負扶養義務者得請求法院減輕其扶養義務：一、對負扶
　　　養義務者、其配偶或直系血親故意為虐待、重大侮辱或其他身體、精神上
　　　之不法侵害行為。二、對負扶養義務者無正當理由未盡扶養義務（§1118-1
　　　Ⅰ）。如情節重大者，法院得免除其扶養義務。但減輕或免除，受扶養權
　　　利者為負扶養義務者之未成年直系血親卑親屬者，不適用之（§1118-1Ⅱ、
　　　Ⅲ）。

（四）扶養程度：扶養之程度，應按受扶養權利者之需要與負扶養義務者之經濟
　　　能力及身分定之（§1119）。

（五）協議扶養方法：扶養之方法，由當事人協議定之；不能協議時，由親屬會
　　　議定之。但扶養費之給付，當事人不能協議時，由法院定之（§1120）。

（六）情事變更：扶養之程度及方法，當事人得因情事之變更，請求變更之
　　　（§1121）。

第六章　家與親屬會議

第一節　家

　　稱家者，謂以永久共同生活為目的而同居之親屬團體（§1122）。

一、家長與家屬

（一）家長：家置家長（§1123Ⅰ）。家長由親屬團體中推定之；無推定時，以家
　　　中之最尊輩者為之；尊輩同者以年長者為之；最尊或最長者不能或不願管
　　　理家務時，由其指定家屬一人代理之（§1124）。

（二）家屬：同家之人，除家長外，均為家屬。雖非親屬，而以永久共同生活為
　　　目的同居一家者，視為家屬（§1123Ⅱ、Ⅲ）。男女訂定婚約尚未結婚者，

與他方之父母固不發生親屬關係，但男方之父母以永久共同生活為目的，而與子之未婚妻同居一家者，即視為家屬（最高法院 23 上 3096 判例）。

二、責任

（一）家務由家長管理。但家長得以家務之一部，委託家屬處理（§1125）。

（二）家長管理家務，應注意於家屬全體之利益（§1126）。

（三）110 年 1 月 13 日修正：家屬已成年者，得請求由家分離並自 112 年 1 月 1 日施行，刪除「或雖未成年而已結婚者」等文字（§1127）。

（四）110 年 1 月 13 日修正：家長對於已成年，得令其由家分離。但以有正當理由時為限，刪除「或雖未成年而已結婚之家屬」（§1128）。

第二節 親屬會議

親屬會議由一定的親屬組成，是一個「非常設」的組織，依法律規定行使職權。家庭組成結構隨時代變化，召集「家族會議」甚為困難，相關功能日漸式微，「家事事件法」亦將親屬會議事件明定為家事非訟事件，目前多由法院解決親屬會議問題。

一、召集

親屬會議由當事人、法定代理人或其他利害關係人召集之（§1129）。被繼承人生前繼續扶養之人，自屬利害關係人，不得謂無召集親屬會議權（最高法院 22 上 2246 判例）。

二、組成

（一）親屬會議，以會員 5 人組織之（§1130）。

（二）親屬會議會員，應就未成年人、受監護宣告之人或被繼承人之下列親屬與順序定之：

    1. 直系血親尊親屬。

    2. 三親等內旁系血親尊親屬。

    3. 四親等內之同輩血親。

　　前項同一順序之人，以親等近者為先；親等同者，以同居親屬為先，無同居親屬者，以年長者為先。依前 2 項順序所定之親屬會議會員，不能出席會議或難於出席時，由次順序之親屬充任之（§1131）。

（三）法院處理：依法應經親屬會議處理之事項，而有下列情形之一者，得由有召集權人或利害關係人聲請法院處理之：一、無前條規定之親屬或親屬不足法定人數。二、親屬會議不能或難以召開。三、親屬會議經召開而不為或不能決議（§1132）。

（四）監護人、未成年人及受監護宣告之人，不得為親屬會議會員（§1133）。

（五）依法應為親屬會議會員之人，非有正當理由，不得辭其職務（§1134）。

第二篇 案例解析

★ ★ ★

一、親等之計算與結婚之效力

案例

　　甲為某地方法院之法官，乙為甲父親丙之堂兄，因案經被害人自訴，案件繫屬於法院時，正巧輪由甲負責審判，甲是否應該自行迴避？

解析

（一）本題所應思考者為甲和乙的親等為何？

（二）稱旁系血親者，謂非直系血親，而與己身出於同源之血親。且血親親等之計算，直系血親，從己身上下數，以一世為一親等；旁系血親，從己身數至同源之直系血親，再由同源之直系血親，數至與之計算親等之血親，以其總世數為親等之數。

　　依刑事訴訟法第 17 條第 2 款規定，法官於該管案件有下列情形之一者，應自行迴避，不得執行職務：「現為或曾為被告或被害人之配偶、8 親等內之血親、5 親等內之姻親或家長、家屬者。」

（三）甲與丙之親屬關係，經依親屬法的規定而計算，應為 5 親等之旁系血親（參見下圖）。依法法官應自行迴避（刑訴§17②）。如甲未自行迴避，依規定，當事人得聲請法官迴避（刑訴§18①）。

二、結婚之年齡限制

案例

　　未成年人 18 歲之甲與 16 歲已懷胎之乙女請求辦理公證結婚，並提出乙女懷胎之醫院診斷證明書，應否依第 981 條規定得甲、乙雙方法定代理人之同意，始得辦理公證？

　　本題於 112 年 1 月 1 日後，因民法修正施行成年 18 歲，即無法適用此研究結論。

解析

甲說（否定說）：

　　依第 981 條規定，未成年人結婚，應得法定代理人之同意，其未經法定代理人之同意而結婚者，既欠缺上開程式，依公證法第 70 條規定，應拒絕其公證結婚。

乙說（肯定說）：

　　雖未成年人結婚違反第 981 條規定，惟已經懷胎者，其法定代理人不得請求撤銷，第 990 條但書定有明文，該條但書所稱之「已懷胎」，依學說所認，不以結婚後受孕者為限，其於結婚前已受胎者，亦在其內（史尚寬著親屬法 69 年版，頁 203；陳棋炎、黃宗樂、郭振恭合著民法親屬新論 86 年版，頁 118 參照），是本題某甲與某乙雙方之法定代理人既已無從就某甲與某乙之婚姻主張撤銷，自無庸探究是否業經雙方之法定代理人同意，而得逕予受理公證。惟於結婚公證書上宜就未成年人已懷胎並提出證明文件之情事為註記。

研究意見：

　　按第 981 條規定之旨趣，原係以結婚為終身大事，而未成年人思慮不足，應使法定代理人參加意見，以謀社會結合關係之圓滿，乃民法保護未成年人原則之具體表徵，該條所定之身分行為同意權，更係未成年人父母親權之重要內容。至第 990 條但書之立法意旨，於未成年人婚前懷胎且無從受婚生推定之情形，則係為保障所懷子女將來婚生子女地位之取得（不論認其係屬不受婚生推定之婚生子女或經準正而取得），並得於健全之家庭生活環境下成長，故例外容認其瑕疵婚姻狀態之存續，似尚難據之而謂未成年人法定代理人之同意權因之即遭剝奪。況學說上之認結婚前已懷胎而不得撤銷婚姻者，似均亦同時強調須屬結婚前確定已由「夫」受胎者，始得稱之，若未成年子女非自結婚之他方懷胎者，或請求人於提出請求辦理公證前死產，甚或於結婚後始發生死產之情事，該未成年人之婚姻

是否仍為第 990 條但書撤銷權排除規定之保護目的所及？誠不能無疑。是乙說似尚不能合理說明為何得依第 990 條但書之規定，而認未成年人法定代理人之身分行為同意權已遭剝奪，且於前述非屬該條但書保護目的範圍所及之情形，若認未成年子女法定代理人之撤銷權仍存在，自不得率然謂凡未成年人已提出懷胎證明者，均毋庸得其法定代理人之同意而得逕予受理公證。為使公證制度發揮除消極存證外之積極預防糾紛及保障私權之功能，似宜認本題仍應由甲、乙雙方之法定代理人，依第 981 條之規定，介入行使同意權為妥，即以採甲說為當。

研究結論：採甲說（參見 91 年司法院第 10 期公證實務研究會研究專輯第 8 則）。

三、重婚及非婚生子女之爭議

案例

甲男與乙女結婚多年，未生育子女。甲不欲無後，復與不知情之丙女（誤信甲係單身）結婚，2 年後生有子丁，並持續撫育。甲丙之婚姻效力如何？設甲死亡，留有遺產 500 萬元，應如何繼承？

解析

（一）本題所應思考者包括：甲丙結婚之效力如何？重婚之效果如何？丁之身分為何？遺產如何繼承問題？

（二）就甲丙之婚姻效力部分，依規定：「有配偶者，不得重婚。1 人不得同時與 2 人以上結婚。」違反者，原則上，後婚無效，除有第 988 條第 3 款但書，即「但重婚之雙方當事人因善意且無過失信賴一方前婚姻消滅之兩願離婚登記或離婚確定判決而結婚者，不在此限。」之規定情形，則承認其效力。

　　本題甲男已與乙女結婚，婚姻關係並未解消，復與丙女結婚，不符合第 988 條第 3 款但書的情形，故甲與丙的婚姻應為無效。且為自始無效、當然無效。

（三）其次，非婚生子女的部分，法律上稱婚生子女者，謂由婚姻關係受胎而生之子女。在甲與丙的婚姻為無效前提下，丁自非甲丙婚姻關係受始而生之子女，為「非婚生子女」。依第 1065 條第 1 項規定：「非婚生子女經生父認領者，視為婚生子女。其經生父撫育者，視為認領。」丁雖非甲之婚生子女，惟經甲之撫育，故可視為婚生子女。

（四）甲死亡後，繼承人依第 1138 條規定順序繼承（即「遺產繼承人，除配偶外，依下列順序定之：1.直系血親卑親屬。2.父母。3.兄弟姊妹。4.祖父母。」）甲之繼承人為配偶乙及視為婚生子女之丁 2 人。依第 1144 條第 1 款規定：「配偶有相互繼承遺產之權，其應繼分，依下列各款定之：1.與第 1138 條所定第一順序之繼承人同為繼承時，其應繼分與他繼承人平均。」故甲之遺產 500 萬元，應由乙與丁 2 人平均分配，各得 250 萬元。

四、剩餘財產分配請求權

案例

　　A 男、B 女 2 人結婚時未以書面約定夫妻財產制，嗣經判決離婚確定。試就下列資料計算剩餘財產分配之結果：

　　A 夫之財產狀況如下：

1. A 於婚姻關係存續中取得且現存之財產為：動產部分：○○建設公司股份現值 100 萬元；○○實業公司出資額為 200 萬元；○○實業公司股份現值 4 千萬元；○○證券公司股份 100 萬元；○○實業公司股份現值 1,500 萬元。不動產部分：台北市文山區萬芳段○○號建地現值 2,000 萬元；萬芳段○○號建物現值 800 萬元；木柵段○○號建地現值 1,000 萬元。消極財產部分：積欠○○銀行 1,400 萬元。並有繼承取得財產現金 1,000 萬元。

2. B 妻於婚姻關係存續中取得且現存之財產為：○○銀行存款 500 萬元。消極財產部分：積欠○○銀行 100 萬元。

解析

（一）本題應思考 A 男、B 女之夫妻財產制為何？

　　按 A 和 B 於婚姻關係存續中，並未以「契約」訂立夫妻財產制，依第 1005 條規定，應以「法定財產制」為其夫妻財產制。

（二）A 男、B 女之剩餘財產分配結果：

1. A 共計應有剩餘財產為動產（100 萬＋200 萬＋4,000 萬＋100 萬元＋1,500 萬元）＋不動產（2,000 萬元＋800 萬元＋1,000 萬元）－負債（積欠○○銀行 1,400 萬元）＝8,300 萬元。因繼承取得之財產 1000 萬元，依第 1030-1 條但書規定，不列入計算。

2. B 共計應有剩餘財產為動產○○銀行存款 500 萬元－負債○○銀行 100 萬元＝400 萬元。

3. 因此，A 男、B 女剩餘財產之總和為 8,900 萬元。依第 1030-1 條第 1 項規定，平均分配，A 男、B 女各分配得 4,450 萬元。

五、請求剩餘財產分配之適用

 夫妻之一方死亡時，是否適用第 1030-1 條之剩餘財產分配請求權？

解析

甲說（肯定說）：

（一）由立法理由言：剩餘財產分配請求權之目的，乃在貫徹男女平等之原則，故於婚姻關係存續中所增加之財產，除無償取得之情形外，妻自應有平均分配之權利。從而，並不因係夫妻一方死亡或離異而有不同。否則若夫妻離婚即可為剩餘財產分配之請求，婚姻關係正常之夫妻因配偶一方死亡即不得為剩餘財產分配，豈不生法律鼓勵離婚之情形，殊不妥當。

（二）由文義解釋言：法文既言「聯合財產關係消滅時」（現修文已修正為法定財產制）則死亡亦為聯合財產關係消滅原因之一，自無排除該條項適用之餘地。

乙說（否定說）：

（一）第 1028 條、第 1029 條分別定有夫或妻死亡時，得由妻之繼承人取回原有財產或夫之繼承人需補足妻之原有財產之規定，而於因夫妻一方死亡時，就剩餘財產之分配，並無如第 1028 條、第 1029 條規定得由夫妻一方之繼承人為剩餘財產分配之請求，是應解為夫妻一方死亡時，一方之繼承人不得對生存之一方請求剩餘財產之分配；反之，亦不得認夫妻生存之一方得對死亡一方之繼承人為剩餘財產之分配請求。

（二）夫妻有相互繼承遺產之權，因此若謂夫妻一方之死亡，生存配偶因此即可取得之剩餘財產分配「債權」，則因生存之一方並應概括繼承死亡一方之財產與「債務」，將致債權與其債務同歸一人，債之關係因混同而歸消滅之現象，而使第 1030-1 條第 1 項之規定，變成具文，此當非立法之本意。

（三）在夫妻一方死亡，而由數人共同繼承之情形（即由子女數人及生存配偶共同繼承已故配偶之情形），仍將發生同前所述分配剩餘財產債權與繼承債務混同，使共同繼承人同免責任之現象，是仍應認為夫妻一方之死亡，並

不發生剩餘財產分配「請求權」之問題（參照台灣高等法院 85 重家上 5 判決）。

初步研討結果：擬採甲說。

審查意見：採甲說。

研討結果：照審查意見通過（台灣高等法院暨所屬法院 89 年法律座談會民事類提案第 8 號）。

第三篇　實用 Q&A

Q1　親屬法於 96 年 5 月修正，對於結婚之形式要件有何改變？

A　依修正後對結婚形式要件有所改變，第 982 條規定，「結婚應以書面為之，有 2 人以上證人之簽名，並應由雙方當事人向戶政機關為結婚之登記。」稱為「登記婚主義」。

而修正前係規定「結婚，應有公開儀式及 2 人以上之證人。經依戶籍法為結婚之登記者，推定其已結婚。」稱為「儀式婚主義」。新舊法之區別如下：

	舊　　　法	新　　　法
異	須有公開儀式	不須公開儀式
	不需書面	應以書面為之
	兩人以上之證人在場	兩人以上之證人的簽名
同	須登記	須登記

因將「儀式婚」改為「登記婚」，屬制度之重大變革，故親屬編施行法第 4-1 條第 1 項規定日出條款：這項規定自公布後 1 年施行，俾妥為準備及宣導，以避免新舊法之適用產生混亂。

Q2　民法第 1052 條規定判決離婚之事由為何？為何第 2 項有「重大事由」為離婚之概括規定？

A　依修正條文規定離婚的法定要件，夫妻之一方，有法定 10 款的情形之一者，他方得向法院請求離婚（§1052 I）。

至於第 2 項規定，「有前 10 款以外的重大事由，難以維持婚姻者，夫妻之一方得請求離婚。但其事由應由夫妻之一方負責者，僅他方得請求離婚」。以「重大事由，難以維持婚姻」為概括規定，所採取的是「破綻主義」的立法精神，惟其但書限制有責配偶之離婚請求，亦賦予「有責主義」的色彩。

Q3 何謂宥恕條款？

A 宥恕，即對有造成離婚事由之一方因其不法或不道德之行為，付諸不咎之感情表示。依第 1053 條規定，對於「重婚」及「與配偶以外之人合意性交」等兩種情事，有請求權之一方，於事前同意或事後宥恕，或知悉後已逾 6 個月，或自其情事發生後已逾 2 年者，不得請求離婚。

Q4 何謂贍養費？

A 在判決離婚時，夫妻無過失之一方，因判決離婚而陷於生活困難者，得向他方請求之費用，其性質類似「撫養請求權」。故即便被請求之一方無過失，亦得請求之。舉例而言，若夫因飽受妻之娘家親戚嘲笑，精神痛苦，與妻離婚，離婚後夫因長期失業又無積蓄，生活陷入困境，可否請求妻支付贍養費？

依第 1057 條規定：「夫妻無過失之一方，因判決離婚而陷於生活困難者，他方縱無過失，亦應給予相當之贍養費。」依此規定，只有夫妻一方對於離婚無過失時，才可以請求他方支付贍養費。若夫對於離婚有過失，即不可根據本條請求妻支付贍養費。

Q5 何謂未成人的監護人？

A 第 1091 條規定監護人制度，其概念上為「親權」的延長，亦屬親權的「補充制度」，就其補充性質而言，父母對其未成年子女財產不能行使之權限，監護人亦對受監護人無從行使，因其權限內容不得逾越親權也。

第 5 編

繼 承

第一篇　法律導覽
第二篇　案例解析
第三篇　實用 Q&A

CIVIL
LAW
★★★

▋ 本編表目錄

CIVIL
LAW

第一篇　法律導覽

第一章　遺產繼承人

　　繼承編所規範者，為遺產如何繼承、如何訂立遺囑，及與此二者有關之其他事項。不僅關係人民身分與財產上之權利義務，且於社會公益有直接、間接影響。

　　繼承編係 19 年國民政府制定公布，包括遺產繼承人、遺產之繼承及遺囑等 3 章，全文 88 條。因社會結構、經濟型態及人民生活觀念，有重大變遷，於 74 年起陸續修正「概括繼承」制度，以解決未成年人因繼承而背負債務等不合理現象。其重點包括：一、無行為能力人或限制行為能力人之繼承以所得遺產為限負清償責任；二、延長主張限定繼承或拋棄繼承之期間及起算點；三、繼承制度為以「繼承人負限定責任」為原則、四、遺囑管理人處理遺囑之方式。

一、法定繼承人及順序

（一）遺產繼承人，除配偶外，依下列順序定之（§1138）：

　　1. 直系血親卑親屬。

　　2. 父母。

　　3. 兄弟姊妹。

　　4. 祖父母。

　　　妻之遺產妾之子無繼承權，妾之遺產妻之子無繼承權（院解字第 3791 號）。父死亡而母再婚者，與母死亡而父再婚者無異，子女之死亡如在民法繼承編施行之後，母對於子女之遺產繼承權，並不因其已經再婚而受影響（最高法院 32 上 1067 判例）。

（二）第 1 順序之繼承人（即直系血親卑親屬），以親等近者為先（§1139）。

（三）代位繼承：第 1 順序之繼承人，於繼承開始前死亡或喪失繼承權者，由其直系血親卑親屬代位繼承其應繼分（§1140）。養子女與養父母之關係為

擬制血親，養子女之婚生子女、養子女之養子女及婚生子女之養子女，均得代位繼承（司法院 70 號解釋）。

（四）平均繼承：同一順序之繼承人有數人時，按人數平均繼承。但法律另有規定者，不在此限（§1141）。兄弟、異母兄弟姊妹、異母姊妹，均為第 3 順序之繼承人，於被繼承人無直系血親卑親屬及父母時，才為繼承人，其應繼分為均等。但是，被繼承人有配偶者，其遺產除由配偶繼承二分之一外，才由該順序之繼承人按人數平均繼承（院解字 3762 號）。

二、配偶之應繼分

配偶有相互繼承遺產之權，配偶之繼承情形，參見表一。其應繼分，依下列各款定之（§1144）：

1. 與第 1138 條所定第 1 順序之繼承人同為繼承時，其應繼分與他繼承人平均。

2. 與第 1138 條所定第 2 順序或第 3 順序之繼承人同為繼承時，其應繼分為遺產二分之一。

3. 與第 1138 條所定第 4 順序之繼承人同為繼承時，其應繼分為遺產三分之二。

4. 無第 1138 條所定第 1 順序至第 4 順序之繼承人時，其應繼分為遺產全部。

表一：配偶之繼承情形

與配偶共同繼承的繼承人	配偶的應繼分	條　　文
直系血親卑親屬	與其他繼承人平均	§1144①
父母、兄弟姐妹	1/2	§1144②
祖父母	2/3	§1144③
無共同繼承人	全部	§1144④

108 年 5 月 22 日總統公布司法院釋字第七四八號解釋施行法，規範關於同性婚姻權利義務關係，並自 108 年 5 月 24 日施行，其中第 23 條：「第二條關係雙方當事人有相互繼承之權利，互為法定繼承人，準用民法繼承編關於繼承人之規定。民法繼承編關於配偶之規定，於第二條關係雙方當事人準用之」。

三、喪失繼承權

有下列各款情事之一者，喪失其繼承權；第 2 款至第 4 款之規定，如經被繼承人宥恕者，其繼承權不喪失。（§1145）：

1. 故意致被繼承人或應繼承人於死或雖未致死因而受刑之宣告者。

2. 以詐欺或脅迫使被繼承人為關於繼承之遺囑，或使其撤回或變更之者。

3. 以詐欺或脅迫妨害被繼承人為關於繼承之遺囑，或妨害其撤回或變更之者。

4. 偽造、變造、隱匿或湮滅被繼承人關於繼承之遺囑者。

5. 對於被繼承人有重大之虐待或侮辱情事，經被繼承人表示其不得繼承者。所謂對於被繼承人有重大之虐待情事，係指以身體上或精神上之痛苦加諸於被繼承人而言。

凡對於被繼承人施加毆打，或對之負有扶養義務而惡意不予扶養者，固均屬之，即被繼承人（父母）終年臥病在床，繼承人無不能探視之正當理由，而至被繼承人死亡為止，始終不予探視者，衡諸重視孝道固有倫理，足致被繼承人感受精神上莫大痛苦，實務上認定為有重大虐待之行為（最高法院 74 台上 1870 判例）。所稱被繼承人之表示，不必以遺囑為之（最高法院 22 上 1250 判例）。

四、繼承回復請求權

繼承回復請求權，指正當繼承人，請求確認其繼承資格，及回復繼承標的之權利而言。繼承權被侵害者，被害人或其法定代理人得請求回復之。回復請求權，自知悉被侵害之時起，2 年間不行使而消滅；自繼承開始時起逾 10 年者亦同（§1146）。此項請求權，原告為正當繼承人，被告為「與其繼承爭執資格之表見繼承人」，以訴訟方式向法院請求確認繼承權存在，始有本條時效之適用（最高法院 53 台上 1928 判例）。

第二章　遺產之繼承

第一節　效　力

遺產之繼承，條文第一節效力，配合修正改採「概括繼承有限責任之制度」，第二節名刪除，第三節遺產之分割，第四節繼承之拋棄。

一、繼承之開始

繼承，因被繼承人死亡而開始（§1147）。失蹤人受死亡之宣告者，以判決內確定死亡之時推定其為死亡，其繼承因之而開始，若失蹤人未受死亡之宣告，即無從認其繼承為已開始（最高法院28上1572判例）。

二、繼承之標的

（一）概括繼承：繼承人自繼承開始時，除本法另有規定外，承受被繼承人財產上之一切權利、義務。但權利、義務專屬於被繼承人本身者，不在此限（§1148 I）。

（二）繼承人負限定責任：鑑於社會上時有繼承人因不知法律而未於法定期間內辦理限定繼承或拋棄繼承，以致背負繼承債務，影響其生計，98年增訂，繼承人對於被繼承人之債務，以因繼承所得遺產為限，負清償責任（§1148 II）。

（三）視為所得遺產：為避免被繼承人於生前將遺產贈與繼承人，減少繼承人所得遺產，兼顧債權人之權利，增訂第§1148-1條規定，繼承人在繼承開始前2年內，從被繼承人受有財產之贈與者，該財產視為其所得遺產。前項財產如已移轉或滅失，其價額，依贈與時之價值計算。

（四）繼承人對於被繼承人之權利、義務，不因繼承而消滅（§1154）。

三、受扶養人酌給遺產請求權

被繼承人生前繼續扶養之人，應由親屬會議依其所受扶養之程度及其他關係，酌給遺產（§1149）。舉一則實務例子說明：本案為受扶養人提起訴訟，主張被繼承人張○○的親屬會議既決議將張○○遺產的二分之一，作為對受扶養人酌給的遺產，其他繼承人自應受親屬會議決議的拘束。原審原判決受扶養人敗訴，受扶養人提起上訴，上訴審認定，受扶養人依親屬會議決議，請求其他繼承將系爭房地移轉登記予伊，並給付284萬元，為有理由，應予准許。最高法院判決主要的理由是，遺產酌給請求權性質上屬於「遺產債務」，與親屬間之扶養義務有別，被繼承人生前繼續扶養之人，經親屬會議決議酌給遺產者，應由「繼承人」或「遺囑執行人」履行，將酌給物交付或移轉登記予被扶養人（最高法院91台上33判決）。

四、遺產分割前之處理

（一）**公同共有**：繼承人有數人時，在分割遺產前，各繼承人對於遺產全部為公同共有（§1151）。繼承人共同出賣公同共有之遺產，其所取得之價金債權，仍為公同共有，並非連帶債權。公同共有人受領公同共有債權之清償，應共同為之，除得全體公同共有人之同意外，無由其中一人或數人單獨受領之權（最高法院 74 台上 748 判例）。

（二）**財產管理**：公同共有之遺產，得由繼承人中互推 1 人管理之（§1152）。

（三）**債務連帶負責**：繼承人對於被繼承人之債務，以因繼承所得遺產為限，負連帶責任。繼承人相互間對於被繼承人之債務，除另有約定外，按其應繼分比例負擔之（§1153）。

五、陳報清算之清償方式

（一）**清償限制**：繼承人在第 1157 條所定之一定期限內，不得對於被繼承人之任何債權人償還債務（§1158）。

（二）**以遺產按比例清償**

1.　就已知及報明之債權為清償：在第 1157 條所定之一定期限屆滿後，繼承人對於在該一定期限內報明之債權及繼承人所已知之債權，均應按其數額，比例計算，以遺產分別償還。但不得害及有優先權人之利益（§1159 I ）。

2.　未屆期之債權：繼承人對於繼承開始時未屆清償期之債權，亦應依第 1 項規定予以清償。前項未屆清償期之債權，於繼承開始時，視為已到期。其無利息者，其債權額應扣除自第 1157 條所定之一定期限屆滿時起至到期時止之法定利息（§1159 II 、 III ）。

（三）**遺贈限制**：繼承人非依第 1159 條規定償還債務後，不得對受遺贈人交付遺贈（§1160）。

（四）**損害賠償**：繼承人違反第 1158 條至第 1160 條之規定，致被繼承人之債權人受有損害者，應負賠償之責。前項受有損害之人，對於不當受領之債權人或受遺贈人，得請求返還其不當受領之數額。繼承人對於不當受領之債權人或受遺贈人，不得請求返還其不當受領之數額（§1161）。

六、未陳報清算之清償方式

（一）**就全部債權按比例清償**：繼承人未依第 1156 條、第 1156-1 條開具遺產清冊陳報法院者，對於被繼承人債權人之全部債權，仍應按其數額，比例計算，以遺產分別償還。但不得害及有優先權人之利益（§1162-1 I）。

（二）**遺贈限制**：繼承人，非依前項規定償還債務後，不得對受遺贈人交付遺贈（§1162-1 II）。

（三）**未屆期之債權**：繼承人對於繼承開始時未屆清償之債權，亦應依第 1 項規定予以清償。前項未屆清償期之債權，於繼承開始時，視為已到期。其無利息者，其債權額應扣除自清償時起至到期時止之法定利息（§1162-1 III IV）。

（四）**違反之效果**：為維護債權人權益，倘繼承人不向法院陳報清算，而自為債務之清償者，爰規定繼承人未依第 1162-1 條規定為清償者，被繼承人之債權人得就應受清償而未受償之部分，對該繼承人行使權利。繼承人對於前項債權人應受清償而未受償部分之清償責任，不以所得遺產為限。但繼承人為無行為能力人或限制行為能力人，不在此限（§1162-2 I II）。

（五）**損害賠償**：繼承人違反第 1162-1 條規定，致被繼承人之債權人受有損害者，亦應負賠償之責。前項受有損害之人，對於不當受領之債權人或受遺贈人，得請求返還其不當受領之數額。繼承人對於不當受領之債權人或受遺贈人，不得請求返還其不當受領之數額（§1162-2 III、IV、V）。

七、繼承人喪失有限責任之情形

繼承人中有下列各款情事之一者，不得主張第 1148 條第 2 項所定之利益：一、隱匿遺產情節重大。二、在遺產清冊為虛偽之記載情節重大。三、意圖詐害被繼承人之債權人之權利而為遺產之處分。

第二節　遺產之分割

一、遺產分割之請求

繼承人得隨時請求分割遺產。但法律另有規定或契約另有訂定者，不在此限（§1164）。繼承人協議分割遺產，並非「要式行為」，就遺產之分割方法，於繼承人間如已經協議成立，縱繼承人有漏未加蓋印章，於協議之成立，亦不發生影響（最高法院 73 台上 4052 判例）。

二、遺產分割之方法

被繼承人之遺囑，定有分割遺產之方法，或託他人代定者，從其所定。遺囑禁止遺產之分割者，其禁止之效力，以 10 年為限（§1165）。

三、胎兒應繼分之保留

胎兒為繼承人時，非保留其應繼分，他繼承人不得分割遺產。胎兒關於遺產之分割，以其母為代理人（§1166）。

四、各繼承人間之擔保責任

（一）**負與出賣人相同之擔保責任**：遺產分割後，各繼承人按其所得部分，對於他繼承人因分割而得之遺產，負與出賣人同一之擔保責任（§1168）。

（二）**對債務人支付能力之擔保責任**：遺產分割後，各繼承人按其所得部分，對於他繼承人因分割而得之債權，就遺產分割時債務人之支付能力，負擔保之責。債權附有停止條件或未屆清償期者，各繼承人就應清償時債務人之支付能力，負擔保之責（§1169）。

（三）**不能償還者**：依前 2 條規定負擔保責任之繼承人中，有無支付能力不能償還其分擔額者，其不能償還之部分，由有請求權之繼承人與他繼承人，按其所得部分比例分擔之。但其不能償還，係由有請求權人之過失所致者，不得對於他繼承人請求分擔（§1170）。

（四）**免除連帶責任**：遺產分割後，其未清償之被繼承人之債務，移歸一定之人承受，或劃歸各繼承人分擔，如經債權人同意者，各繼承人免除連帶責任。繼承人之連帶責任，自遺產分割時起，如債權清償期在遺產分割後者，自清償期屆滿時起，經過 5 年而免除（§1171）。

五、應繼分內扣還債務

繼承人中如對於被繼承人負有債務者，於遺產分割時，應按其債務數額，由該繼承人之應繼分內扣還（§1172）。

六、贈與價額之加入

繼承人中有在繼承開始前因結婚、分居或營業，已從被繼承人受有財產之贈與者，應將該贈與價額加入繼承開始時被繼承人所有之財產中，為應繼遺產。但被繼承人於贈與時有反對之意思表示者，不在此限。贈與價額，應於遺產分割時，由該繼承人之應繼分中扣除。贈與價額，依贈與時之價值計算（§1173）。

第三節　繼承之拋棄

　　所謂繼承之拋棄，係繼承人就已發生之繼承事實，否認其效果之意思表示，應以書面向法院為之，以便舉證，且可避免不必要之爭端，防止偽造證明之情事。

一、拋棄之要式性

　　繼承人得拋棄其繼承權。拋棄，應於知悉其得繼承之時起 3 個月內，以書面向法院為之。並以書面通知因其拋棄而應為繼承之人。但不能通知者，不在此限（§1174）。實務上認定繼承人未於此一期間內拋棄其繼承權者，嗣後縱為繼承權之拋棄，亦不生效力（司法院院解 3845 號）。繼承之拋棄，係就被繼承人全部遺產，為拋棄繼承權之表示，不得專就被繼承人之某一特定債權為繼承之拋棄（最高法院 67 台上 3788 判例）。所謂拋棄繼承權，係指全部拋棄而言，如為一部拋棄，即不生拋棄之效力（最高法院 67 台上 3448 判例）。

二、繼承拋棄之效力

　　繼承之拋棄，溯及於繼承開始時發生效力（§1175）。

三、應繼分歸屬

　　拋棄繼承者其應繼分之歸屬，說明如下（§1176）：

1. 第 1138 條所定第 1 順序之繼承人中有拋棄繼承權者，其應繼分歸屬於其他同為繼承之人。

2. 第 2 順序至第 4 順序之繼承人中，有拋棄繼承權者，其應繼分歸屬於其他同一順序之繼承人。

3. 與配偶同為繼承之同一順序繼承人均拋棄繼承權，而無後順序之繼承人時，其應繼分歸屬於配偶。

4. 配偶拋棄繼承權者，其應繼分歸屬於與其同為繼承之人。

5. 第 1 順序之繼承人，其親等近者均拋棄繼承權時，由次親等之直系血親卑親屬繼承。

6. 先順序繼承人均拋棄其繼承權時，由次順序之繼承人繼承。其次順序繼承人有無不明或第四順序之繼承人均拋棄其繼承權者，準用關於無人承認繼承之規定。

7. 因他人拋棄繼承而應為繼承之人，為限定繼承或拋棄繼承時，應於知悉其得繼承之日起 3 個月內為之。

　　舉例而言：甲有妻 A 及子 B、C 二人，甲死亡後，留有遺產存款 1 千萬元，原應由 A、B、C 三人平均繼承。惟 A 在 3 個月內以書面向法院為拋棄繼承之意思表示，依第 1176 條第 4 項規定，A 之應繼分歸屬於 B、C。即由 B、C 二人各繼承遺產 500 萬元。

四、注意義務

　　拋棄繼承權者，就其所管理之遺產，於其他繼承人或遺產管理人開始管理前，應與處理自己事務為同一之注意，繼續管理之（§1176-1）。以避免繼承人拋棄繼承後，對於遺產置之不理，任其廢除，有害於其他繼承人之利益。

第四節　無人承認之繼承

一、選定遺產管理人

（一）**親屬會議選定**：繼承開始時，繼承人之有無不明者，由親屬會議於 1 個月內選定遺產管理人，並將繼承開始及選定遺產管理人之事由，向法院報明（§1177）。主要是維護公益及被繼承人債權人之利益。

（二）**法院公示催告**：親屬會議依規定為報明後，法院應依公示催告程序，定 6 個月以上之期限，公告繼承人，命其於期限內承認繼承（§1178 I）。

（三）**利害關係人或檢察官聲請**：無親屬會議或親屬會議未於所定期限內選定遺產管理人者，利害關係人或檢察官，得聲請法院選任遺產管理人，並由法院依規定為公示催告（§1178 II）。

（四）**承認繼承前之行為**：在第 1178 條所定之期限內，有繼承人承認繼承時，遺產管理人在繼承人承認繼承前所為之職務上行為，視為繼承人之代理（§1184）。

二、保存遺產之必要處置

　　繼承開始時繼承人之有無不明者，在遺產管理人選定前，法院得因利害關係人或檢察官之聲請，為保存遺產之必要處置（§1178-1）。目的在加強對於遺產之保護。

三、遺產管理人之職務

（一）**遺產管理人職務**：遺產管理人之職務如下（§1179 I）：

1. 編製遺產清冊。

2. 為保存遺產必要之處置。

3. 公告與通知：遺產管理人應聲請法院依公示催告程序，限定 1 年以上之期間，公告被繼承人之債權人及受遺贈人，命其於該期間內報明債權及為願受遺贈與否之聲明，被繼承人之債權人及受遺贈人為管理人所已知者，應分別通知之。

(1) 遺產管理人非於第 1179 條第 1 項第 3 款所定期間屆滿後，不得對被繼承人之任何債權人或受遺贈人，償還債務或交付遺贈物（§1181）。

(2) 被繼承人之債權人或受遺贈人，不於第 1179 條第 1 項第 3 款所定期間內為報明或聲明者，僅得就賸餘遺產，行使其權利（§1182）。

4. 清償債權或交付遺贈物。

5. 遺產之移交：有繼承人承認繼承或遺產歸屬國庫時，為遺產之移交。

（二）**編製遺產清冊**：管理人應於就職後 3 個月內編製遺產清冊；債權之清償，應先於遺贈物之交付，為清償債權或交付遺贈物之必要，管理人經親屬會議之同意，得變賣遺產（§1179 II）。

四、報告遺產

　　遺產管理人，因親屬會議，被繼承人之債權人或受遺贈人之請求，應報告或說明遺產之狀況（§1180）。

五、報　酬

　　為因應現代社會親屬會議功能不彰，參酌家事事件法規定，由法院酌定遺產管理人之報酬。2015 年繼承法配合修正。遺產管理人得請求報酬，其數額由法院按其與被繼承人之關係、受理事務之繁簡及其他情形，就遺產酌定之，必要時，得命聲請人先為墊付（§1183）。

六、歸屬國庫

　　第 1178 條所定之期限屆滿，無繼承人承認繼承時，其遺產於清償債權並交付遺贈物後，如有賸餘，歸屬國庫（§1185）。

第三章　遺　囑

第一節　通　則

一、遺囑能力

　　指有簽署遺囑之行為能力。故無行為能力人，不得為遺囑。限制行為能力人，無須經法定代理人之允許，得為遺囑。但未滿 16 歲者，不得為遺囑（§1186）。

二、遺囑自由處分

　　遺囑人於不違反關於特留分規定之範圍內，得以遺囑自由處分遺產（§1187）。被繼承人之遺贈，在不違反特留分規定之範圍內，繼承人不得拒絕履行，此為被繼承人處分自己之財產，繼承人不許干預，生前贈與行為，如被繼承人至死亡時，仍無撤銷或拒絕履行之表示，則繼承人不得拒絕履行（最高法院51 台上 1416 判例）。但被繼承人生前所為之贈與行為，與第 1187 條所定之「遺囑處分財產行為」不同，可不受關於特留分規定之限制（最高法院 48 台上 371 判例、司法院院解字第 1578 號）。

三、受遺贈權之喪失

　　第 1145 條喪失繼承權之規定，於受遺贈人準用之（§1188）。

第二節　方　式

一、遺囑之方式

　　遺囑應依下列方式之一為之：（§1189）

1. 自書遺囑。

2. 公證遺囑。

3. 密封遺囑。

4. 代筆遺囑。

5. 口授遺囑。

　　遺囑之種類，參見表二：

表二：遺囑之種類

種　　類	方　　式	作成人	見證人	記明年月日	簽名、按捺指印	法條
自書遺囑	自書遺囑全文	本人	無	是	遺囑人親自簽名	§1190
公證遺囑	口述遺囑意旨	公證人	2人以上	是	公證人、見證人及遺囑人	§1191
密封遺囑	自書遺囑全文或口述遺囑意旨	本人或其他繕寫人	2人以上	是	公證人、見證人及遺囑人	§1192
代筆遺囑	口述遺囑意旨	見證人1人	3人以上	是	見證人全體及遺囑人	§1194
口授遺囑	口授遺囑意旨	見證人1人筆記	2人以上	是	見證人全體及遺囑人	§1195
		錄音	2人以上	是	見證人全體	§1195

二、自書遺囑

自書遺囑者，應自書遺囑全文，記明年、月、日，並親自簽名；如有增減、塗改，應註明增減、塗改之處所及字數，另行簽名（§1190）。

三、公證遺囑

公證遺囑，應指定2人以上之見證人，在公證人前口述遺囑意旨，由公證人筆記、宣讀、講解，經遺囑人認可後，記明年、月、日，由公證人、見證人及遺囑人同行簽名：遺囑人不能簽名者，由公證人將其事由記明，使按指印代之。公證人之職務，在無公證人之地，得由法院書記官行之，僑民在中華民國領事駐在地為遺囑時，得由領事行之（§1191）。遺囑為「要式行為」，須依法定之方式為之，始有效力，否則為違反依第73條前段規定，應屬無效。

實務案例：陳○○係於民國66年（昭和52年）7月16日，在東京法務局所屬三堀博辦事處，依日本民法第969條規定，作成「公正證書遺言」，有該公正證書可稽。我國民法第1191條第1項所謂公證人，係指我國之公證人而言。雖僑民在中華民國領事駐在地為遺囑時，依同條第2項規定，得由駐在地之我國領事行同條第1項所定「公證人」職務，但陳○○所為前開遺囑，並未依此規定作成，未由駐在日本東京之我國亞東關係協會東京辦事處執事（中日斷交後實質上執行有關領事職務），執行該條第1項所定公證人職務，似難謂已具備該條所規定之公證遺囑之成立要件（最高法院71台上1805判決）。

四、密封遺囑

（一）**簽名密封**：密封遺囑，應於遺囑上簽名後，將其密封，於封縫處簽名，指定 2 人以上之見證人，向公證人提出，陳述其為自己之遺囑，如非本人自寫，並陳述繕寫人之姓名、住所，由公證人於封面記明該遺囑提出之年、月、日及遺囑人所為之陳述，與遺囑人及見證人同行簽名（§1192）。

（二）**具自書遺囑方式之效力**：密封遺囑，不具備第 1192 條所定之方式，而具備第 1190 條所定自書遺囑之方式者，有自書遺囑之效力（§1193）。

五、代筆遺囑

　　代筆遺囑，由遺囑人指定 3 人以上之見證人，由遺囑人口述遺囑意旨，使見證人中之一人筆記、宣讀、講解，經遺囑人認可後，記明年、月、日及代筆人之姓名，由見證人全體及遺囑人同行簽名，遺囑人不能簽名者，應按指印代之（§1194）。

六、口授遺囑

（一）**特殊情形**：遺囑人因生命危急或其他特殊情形，不能依其他方式為遺囑者，得依下列方式之一為口授遺囑（§1195）：

1. 由遺囑人指定 2 人以上之見證人，並口授遺囑意旨，由見證人中之 1 人，將該遺囑意旨，據實作成筆記，並記明年、月、日，與其他見證人同行簽名。

2. 由遺囑人指定 2 人以上之見證人，並口授遺囑意旨、遺囑人姓名及年、月、日，由見證人全體口述遺囑之為真正及見證人姓名，全部予以錄音，將錄音帶當場密封，並記明年、月、日，由見證人全體在封縫處同行簽名。

（二）**失效情形**：口授遺囑，自遺囑人能依其他方式為遺囑之時起，經過 3 個月而失其效力（§1196）。

（三）**認定真偽**：口授遺囑，應由見證人中之 1 人或利害關係人，於為遺囑人死亡後 3 個月內，提經親屬會議認定其真偽，對於親屬會議之認定如有異議，得聲請法院判定之（§1197）。

七、遺囑見證人之資格限制

　　民法規定不得為遺囑見證人者如下（§1198）：

1. 未成年人。

2. 受監護或輔助宣告之人。

3. 繼承人及其配偶或其直系血親。

4. 受遺贈人及其配偶或其直系血親。

5. 為公證人或代行公證職務人之同居人助理人或受僱人。

第三節　遺囑之效力

一、遺囑之生效

遺囑自遺囑人死亡時發生效力（§1199）。

二、遺　贈

所謂遺贈，指遺囑人以遺囑方式將其財產無償讓與受讓人之單獨行為，其效力發生於被繼承人死亡時。說明如下：

（一）**遺贈附條件者**：遺囑所定遺贈，附有停止條件者，自條件成就時，發生效力（§1200）。

（二）**遺贈不生效力之情形**：受遺贈人於遺囑發生效力前死亡者，其遺贈不生效力（§1201）。

（三）**不屬遺產之遺贈**：遺囑人以一定之財產為遺贈，而其財產在繼承開始時，有一部分不屬於遺產者，其一部分遺贈為無效；全部不屬於遺產者，其全部遺贈為無效。但遺囑另有意思表示者，從其意思（§1202）。遺贈無效或拋棄時，其遺贈之財產，仍屬於遺產（§1208）。

（四）**權利遺贈**：遺囑人因遺贈物滅失、毀損、變造、或喪失物之占有，而對於他人取得權利時，推定以其權利為遺贈；因遺贈物與他物附合或混合而對於所附合或混合之物取得權利時亦同（§1203）。

（五）**用益權之遺贈**：以遺產之使用、收益為遺贈，而遺囑未定返還期限，並不能依遺贈之性質定其期限者，以受遺贈人之終身為其期限（§1204）。

（六）**附負擔之遺贈**：遺贈附有義務者，受遺贈人以其所受利益為限，負履行之責（§1205）。

（七）**遺贈之拋棄**：受遺贈人在遺囑人死亡後，得拋棄遺贈。遺贈之拋棄，溯及遺囑人死亡時發生效力（§1206）。

（八）**承認遺贈之催告**：繼承人或其他利害關係人，得定相當期限，請求受遺贈人於期限內為承認遺贈與否之表示；期限屆滿，尚無表示者，視為承認遺贈（§1207）。

（九）**遺產歸屬**：遺贈無效或拋棄時，其遺贈之財產，仍屬於遺產（§1208）。

第四節　遺囑之執行

一、遺囑執行人

（一）**指定執行人**：遺囑人得以遺囑指定遺囑執行人，或委託他人指定之。受委託者，應即指定遺囑執行人，並通知繼承人（§1209）。

（二）**無遺囑執行能力之人**：未成年人、受監護或輔助宣告之人，不得為遺囑執行人（§1210）。本條所規定不得執行遺囑之人，稱為未成年人，禁治產人，而不稱為無行為能力人，是關於未成年人，顯係專就年齡上加以限制，故未成年人雖因結婚而有行為能力，仍應不得為遺囑執行人（司法院院字1628號）。

（三）**報酬之酌定**：遺囑未指定遺囑執行人，並未委託他人指定者，得由親屬會議選定之；不能由親屬會議選定時，得由利害關係人聲請法院指定之（§1211）。104年修正時新增除遺囑人另有指定外，遺囑執行人就其職務之執行，得請求相當之報酬，其數額由繼承人與遺囑執行人協議定之；不能協議時，由法院酌定之（§1211-1）。

二、遺囑通知

遺囑保管人知有繼承開始之事實時，應即將遺囑交付遺囑執行人，並已適當之方式通知已知之繼承人；無遺囑執行人者，應通知已知之繼承人、債權人、受遺贈人及其他利害關係人；無保管人而由繼承人發見遺囑者亦同（§1212）。本法原採遺囑「提示」，修正為「交付」主因社會親屬會議召開不易且功能式微，提示制度並未被廣泛運用。為使繼承人及利害關係人得以知悉遺囑之存在，由遺囑保管人將遺囑交付遺囑執行人，並以適當方法通知已知繼承人之方式。惟此一修法有待和第1197條配合，否則口授遺囑仍由親屬會議認定，對於親屬會議之功能式微、召開不易等情下，對於遺囑之真偽仍委由其判斷之，似有一定困難之處。

此外又由於遺囑保管人僅係保管被繼承人之遺囑之人，未必了解立遺囑人其繼承人之狀態，包括究竟有無繼承人之情況，故條文所稱「已知之繼承人」宜參酌民法第 1177「繼承人有無不明」之解釋，應從廣義解釋，亦即依戶籍資料之記載（最高法院 85 年度台上字第 2101 號判決參照）或其他客觀情事而為認定。

三、遺囑之開視

有封緘之遺囑，非在親屬會議當場或法院公證處，不得開視。遺囑開視時應製作紀錄，記明遺囑之封緘有無毀損情形，或其他特別情事，並由在場之人同行簽名（§1213）。

四、編製遺產清冊

遺囑執行人就職後，於遺囑有關之財產，如有編製清冊之必要時，應即編製遺產清冊，交付繼承人（§1214）。

五、遺囑執行人之職務

（一）**管理遺產**：遺囑執行人有管理遺產，並為執行上必要行為之職務。遺囑執行人因前項職務所為之行為，視為繼承人之代理（§1215）。在實務上如當事人死亡，而有以遺囑指定之遺囑執行人者，依民事訴訟法規定，其訴訟程序，即應由遺囑執行人承受之（最高法院 46 台上 236 判例）。

（二）**繼承人不得處分遺產**：繼承人於遺囑執行人執行職務中，不得處分與遺囑有關之遺產，並不得妨礙其職務之執行（§1216）。

（三）**過半數決**：遺囑執行人有數人時，其執行職務，以過半數決之。但遺囑另有意思表示者，從其意思（§1217）。

（四）**改選或另行指定**：遺囑執行人怠於執行職務，或有其他重大事由時，利害關係人，得請求親屬會議改選他人；其由法院指定者，得聲請法院另行指定（§1218）。

第五節　遺囑之撤回

一、隨時撤回

遺囑人得隨時依遺囑之方式，撤回遺囑之全部或一部（§1219）。

二、視為撤回

1. 前後遺囑有相牴觸者，其牴觸之部分，前遺囑視為撤回（§1220）。

2. 遺囑人於為遺囑後所為之行為與遺囑有相牴觸者，其牴觸部分，遺囑視為撤回（§1221）。

3. 遺囑人故意破毀或塗銷遺囑，或在遺囑上記明廢棄之意思者，其遺囑視為撤回（§1222）。

第四章　特留分

　　特留分制度，係指於繼承時，被繼承人必須遺留其遺產之一部分予其繼承人。

一、特留分之比例

　　繼承人之特留分之比例，參見表三，依下列各款之規定（§1223）：

1. 直系血親卑親屬之特留分，為其應繼分二分之一。

2. 父母之特留分，為其應繼分二分之一。

3. 配偶之特留分，為其應繼分二分之一。

4. 兄弟姊妹之特留分，為其應繼分三分之一。

5. 祖父母之特留分，為其應繼分三分之一。

表三：特留分之比例

繼承人	特留分
直系血親卑親屬	應繼分的 1/2
父母	應繼分的 1/2
配偶	應繼分的 1/2
兄弟姐妹	應繼分的 1/3
祖父母	應繼分的 1/3

二、特留分之算定

　　特留分，由依第 1173 條算定之應繼財產中，除去債務額算定之（§1224）。

三、遺贈之扣減

應得特留分之人，如因被繼承人所為之遺贈，致其應得之數不足者，得按其不足之數由遺贈財產扣減之。受遺贈人有數人時，應按其所得遺贈債額比例扣減（§ 1225）。

本條僅規定應得特留分之人，如因被繼承人所為之遺贈，致其應得之數不足者，得按其不足之數由遺贈財產扣減之，並非認定侵害特留分之遺贈為無效（最高法院 58 台上 1279 判例）。且應得特留分之人，如因被繼承人所為之遺贈，致其應得之數不足者，得按其不足之數由遺贈財產扣減之，特留分權利人不得扣減被繼承人生前所為贈與之權，故被繼承人生前所為之贈與，不受關於特留分規定之限制（最高法院 25 上 660 判例）。

一、繼承之順序

案例

　　A 男、B 女結婚後育有女兒 C，A 男、B 女因個性不合而兩願離婚。A 男與 D 女再婚，婚後再育有二個兒子 E 及 F，C 女成年後嫁 G 男，再生一個女兒 H，C 女早於 A 男死亡。A 男死亡後，配偶 D 女向繼承人聲明拋棄繼承，並立據為憑，何人得以繼承遺產？

解析

（一）　本題所要思考者為：1.夫妻離婚後之關係；2.代位繼承之意義；3.拋棄繼承之意義。

（二）　依第 1138 條規定：「遺產繼承人，除配偶外，依下列順序定之：1.直系血親卑親屬。2.父母。3.兄弟姊妹。4.祖父母。」第 1139 條規定：「所定第一順序之繼承人，以親等近者為先。」第 1140 條規定：「1138 條所定第一順序之繼承人，有於繼承開始前死亡或喪失繼承權者，由其直系血親卑親屬代位繼承其應繼分。」

（三）　本案 B 女因已離婚非配偶，自非繼承人。C 女又早於 A 男死亡，依第 1140 條規定，應由其女 H 代位繼承。因此，繼承人應為配偶 D、子 E、及外孫女 H。

（四）　配偶 D 以立據向繼承人聲明，欲拋棄繼承，是否生拋棄之效力，視其是否符合拋棄繼承之規定：「繼承人得拋棄其繼承權。前項拋棄，應於知悉其得繼承之時起 2 個月內以書面向法院為之。並以書面通知因其拋棄而應為繼承之人。但不能通知者，不在此限。」法律之所以要明定，主要為杜絕不必要的爭端，並避免舉證困難，以免有偽造證明之情事。因此，配偶 D 欲拋棄繼承，未向法院以書面為之，並不生拋棄之效力。

（五）　因此，A 男之遺產應由配偶 D、子 E、F 及外孫女 H，依第 1144 條第 1 款規定平均繼承。

二、喪失繼承權可否適用代位繼承

案例

　　甲男乙女為夫妻，有子女丙、丁人，丙有子 A，丁有子女 B、C、D 等。丙先於甲而死亡，丁於丙死亡後偽造甲之遺囑，指定應繼分為乙有六分之一、A 有六分之一、丁有三分之二，惟被甲發現而喪失繼承權。甲死亡後，其遺產應如何繼承？

解析

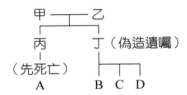

甲說（本位繼承說）：

（一）被繼承人之親等較近之直系血親卑親屬全部於開始繼承前死亡或喪失繼承權，而由其直系血親卑親屬繼承時，不可稱為代位繼承。因為在此種情形，由被繼承人（祖父母）親等較遠者（孫、孫女）繼承時，繼承人以其固有順序，並以其固有應繼分繼承被繼承人，非代位其直系血親尊親屬（父母）而繼承，在開始之繼承，各繼承人之應繼分於繼承開始時始能確定。第一順序之繼承人不限於被繼承人之子女，凡是被繼承人之直系血親卑親屬均屬之。故第一順序親等較近之子女全部於繼承開始前死亡或喪失繼承權者，與同一順序之繼承人全部拋棄繼承權相同，應由次親等或次順序之繼承人當然遞進為繼承人。且第 1140 條所用「第一順序之繼承人，有於…者」字句，應係指被代位人中一人或數人而言。由該條反面解釋，第一順序之繼承人全部於繼承開始前死亡或喪失繼承權者，不符合代位繼承之要件。

（二）第 1141 條規定，同一順序繼承人有數人者，按人數平均繼承為原則。故有多位孫子共同繼承時，按人數平均繼承。且代位制度本在調節不同親等間繼承順位之制度。在第 1138 條、第 1139 條明文規定，已無子女繼承人時，孫子女以固有之順序繼承祖父母之遺產。再者，應繼分之分配額，在繼承開始以前本來就浮動不定，於繼承開始時始能確定。

（三）總之，繼承之有無、應繼分之多寡，均應在開始繼承時決定為原則。故本件自應由甲之未亡人乙與其孫子女 A、B、C、D 平均繼承。

乙說（代位繼承說）：

（一）如以第一順序繼承人親等近者全部於繼承開始前死亡或喪失繼承權為本位繼承時，即由次親等之第一順序繼承人與被繼承人之配偶平均繼承，若然，則被繼承人之已死亡或喪失繼承權子女之子女較少者，其應繼分即因之減少，子女較多者，其應繼分即隨之增加，又因孫子女人數常較子女為多，被繼承人配偶之應繼分亦可能減少，此殊非保護配偶之道。因此，為期能維持繼承人間之公平又可保障生存配偶之生活，解釋上應認為第一順序之繼承人無論全部或一部於繼承開始前死亡或喪失繼承權，均應解為由其直系血親卑親屬代位繼承較為妥適。且就實質而言，子輩繼承人中若有一人尚生存者，則其他孫輩繼承人為代位繼承，但該子輩繼承人一死亡時立即轉換為本位繼承，論理上顯得極不自然。亦即，是否為代位繼承或本位繼承，取決於子輩繼承人最後一人之生死，實屬不妥。

（二）就形式而言，本位繼承說認為第 1140 條規定「第 1138 條所定第一順序之繼承人，有於…者」，顯示被代位人中之一人或數人而言，惟在第 1173 條亦規定「繼承人中有在繼承開始前因結婚、分居或營業，已從被繼承人受有財產之贈與者」，應負歸扣之義務，而該條所謂受有特種贈與之繼承人亦不限於部分繼承人，亦即，繼承人全部均從被繼承人受有特種贈與時，亦全部負歸扣之義務。「有於」與「有在」意義應屬相同，何以第 1140 條之情形，卻僅指一人或數人而言，並未包括全部，而第 1173 條之「有在」文字，在解釋上卻包括全部繼承人在內，解釋上亦難認一致。再者，第 1140 條並未明定部分繼承人於繼承開始前死亡或喪失繼承權始為代位繼承，本位繼承說擅加民法所未限制之要件，解釋論上亦屬不妥。此外，就第 1138 條、第 1139 條及第 1140 條之條文順序觀之，亦可導出繼承編係以維持各子女間之公平繼承為原則，在本案中，如因丁之偽造遺囑行為反使其子女受較多之繼承利益，實有失繼承人子女間之公平性。

　　初步研討結果：多數採乙說。

　　審查意見：採甲說。

三、歸扣與遺贈

> **案例**
> 　　甲有母乙，親生女 A 及養女 B。甲死亡時遺留財產 500 萬元，尚欠銀行貸款 300 萬元。甲於生前贈與乙 10 萬元做為營業之用，於 A 結婚時給予價值 200 萬元房屋一棟做為嫁妝，因為 B 成年而贈與價值 50 萬元汽車一部。甲於遺囑中又記明贈與母乙 150 萬元，以報養育之恩。甲之遺產應如何繼承？

解析

（一）本題所要思考者為：1.歸扣之要件；2.遺贈是否侵害特留分。

（二）甲之生前贈與中，何者為歸扣之標的？依第 1173 條規定：「繼承人中有在繼承開始前因結婚、分居或營業，已從被繼承人受有財產之贈與者，應將該贈與價額加入繼承開始時被繼承人所有之財產中，為應繼遺產。但被繼承人於贈與時有反對之意思表示者，不在此限。前項贈與價額，應於遺產分割時，由該繼承人之應繼分中扣除。贈與價額，依贈與時之價值計算。」即歸扣之標的僅限於「結婚、分居或營業」三者，本題甲贈與 A 結婚時給予價值 200 萬元房屋一棟做為嫁妝，即屬於歸扣標的，而因 B 成年而贈與價值 50 萬元汽車一部，則不屬於歸扣標的。又因乙並非繼承人，甲贈與乙 10 萬元做為營業用之部分，故亦不屬歸扣標的。

（三）其次，計算各繼承人之特留分，甲之應繼財產為 500 萬元減去 300 萬元貸款，再加計列入生前贈與 A 之 200 萬元房屋，應繼財產應為 400 萬元。甲之繼承人為 A、B（養子女與養父母之關係，原則上與婚生子女同），均為第一順序繼承人，依第 1141 條規定，平均繼承之。亦即，每人的應繼分為 200 萬元。特留分依第 1223 條第 1 款規定，為應繼分二分之一，即每人 100 萬元。

（四）遺贈是否侵害繼承人之特留分？甲若於死亡時現存遺產為 500 萬元減去 300 萬元貸款，僅剩 200 萬元，依第 1187 條規定：「遺囑人於不違反關於特留分規定之範圍內，得以遺囑自由處分遺產」，故甲自得於遺囑中記明，贈與其母乙 150 萬元，以報養育之恩，因此甲之剩餘財產為 50 萬元（200 萬元減 150 萬元）。A 結婚時，甲給予價值 200 萬元房屋一棟做為嫁妝，A 之特留分為 100 萬元並未被侵害，反之，B 之特留分為 100 萬元，現存遺產僅有 50 萬元，故 B 的留分被侵害 50 萬元。

（五）依第 1225 規定：「應得特留分之人，如因被繼承人所為之遺贈，致其應得之數不足者，得按其不足之數由遺贈財產扣減之。受遺贈人有數人時，應按其所得遺贈價額比例扣減。」故 B 的特留分，因甲對乙所為之遺贈所導致不足的 50 萬元，可向乙行使扣減權，即對乙扣減 50 萬元後，交付乙 100 萬元。

CIVIL
LAW
★ ★ ★

Q1 何謂代位繼承？其要件如何？

A 依 1140 條規定，代位繼承指被繼承人之直系血親卑親屬有於繼承開始前死亡或喪失繼承權時，由其直系血親卑親屬代其繼承順序，來繼承被繼承人之遺產。其要點如下：

一、 死亡：同時死亡雖不需具備同時存在之原則，但仍需具備代位繼承之合法要件。如甲有乙子，乙又有 A 子，若甲、乙同時死亡，相互間便不生繼承關係，惟 A 仍可代位繼承甲之財產。

二、 喪失繼承權：所謂喪失繼承權專指被代位人因第 1145 條，喪失繼承權之情形，其餘原因而喪失繼承權者（如代位人拋棄繼承或終止收養），則不生代位繼承之問題。

Q2 何謂應繼分？

A 應繼分，指共同繼承時，各繼承人對於共同繼承財產上之一切權利義務所得繼承之比例。包括兩種：

一、 指定應繼分：遺產原本是被繼承人的財產，為了尊重被繼承人對於財產的處分權能，因此在不違背特留分規定的範圍內，被繼承人可以遺囑指定繼承人的應繼分。

二、 法定應繼分：屬於法律規定的遺產繼承比率，分別規定在第 1141 條及第 1144 條。同一順序的繼承人有數人時，應繼分是按人數平均分配。在配偶的情形，依此一規定順序處理配偶的應繼分，其情形如下：

與配偶共同繼承的繼承人	配偶的應繼分
直系血親卑親屬（§1144）	與其他繼承人平均
父母、兄弟姐妹（§1144）	1/2
祖父母（§1144）	2/3
無共同繼承人（§1144）	全部

Q3 共同繼承財產在未分割前，遺產之性質為何？

A 其性質上屬於「公同共有」，即遺產之公同共有，共同繼承人對外構成一綜合體，繼承財產各自公同繼承人之固有財產獨立，及具有獨立的財產性質，歸屬於共同繼承人全體。舉例而言，A 死亡後，留下三筆位於深山中的「土地」，及對 B 的一筆 6 百萬元債務，由 A 的三個兒子 C、D、E 共同繼承。C、D、E 是否可以一人各取一筆土地？

　　由於遺產為共同公有，除非經過遺產分割的程序，否則，C、D、E 對於三筆土地是處於「公同共有」的狀態，並不當然是每一個人可以擁有一筆土地。此外，依第 1152 條規定，C、D、E 三人可以推選出一人來管理這些土地。

Q4 何謂歸扣？

A 按共同繼承人之一部或全部，如在繼承開始前，已由被繼承人受有財產之贈與者，於遺產分割時，為求繼承人公平起見，故於第 1173 條規定，將受贈人所受贈之部分充當計算，但無庸現實返還贈與財產，此乃因歸扣之性質屬「應繼分之前付」之故。

Q5 遺囑之意義為何？有那些類型的遺囑？何謂遺贈？

A 遺囑為遺囑人為使其最後意思，於其死後發生法律上效力，依法定方式所為之無相對人之單獨行為。

　　遺囑的類型包括自書遺囑、公證遺囑、密封遺囑、代筆遺囑及口授遺囑等。

遺贈，指被繼承人以遺囑之方式為死後對第三人無償予以財產上利益之行為（贈與），基於所有權絕對之原則，被繼承人（遺產之所有權人）自得於生前以遺囑之方式自由處分其遺產。

Q6　何謂特留分制度？

A　係指繼承開始時，應保留於繼承人遺產之法定最低比例。繼承人之特留分比例依第 1223 條規定為：

1. 直系血親卑親屬之特留分，為其應繼分二分之一。

2. 父母之特留分，為其應繼分二分之一。

3. 配偶之特留分，為其應繼分二分之一。

4. 兄弟姊妹之特留分，為其應繼分三分之一。

5. 祖父母之特留分，為其應繼分三分之一。

參考文獻

一、　王澤鑑：法學入門—民法概要，元照，2007 年。

二、　王澤鑑：民法總則，元照，2014 年。

三、　王澤鑑：債法原理（三）—侵權行為法(1)基本理論一般侵權行為，元照，2003 年。

四、　鄭玉波：民法概要，三民，2005 年。

五、　陳美伶、李太正、陳連順合著：民法入門，元照，2005 年。

六、　詹森林、馮震宇、陳榮傳、林秀雄：民法概要，五南，2006 年。

七、　陳聰富：民法概要，元照，2006 年。

八、　林廷瑞：民法實例演習，三民，1988 年。

九、　王澤鑑：民法物權第一冊，通則‧所有權，三民，2003 年增補版。

十、　王澤鑑：民法物權第二冊，用益物權‧占有，三民，2002 年增補版。

十一、　謝哲勝著：財產法專題研究（五），翰蘆，2006 年。

十二、　蔡明誠：物權法研究，新學林，2005 年。

十三、　吳光明：物權法新論，新學林，2006 年。

十四、　廖毅編著：擔保物權法修正問題研析，保成，2007 年。

十五、　戴東雄：親屬法實例解說，三民，1991 年。

十六、　戴東雄：繼承法實例解說（一），三民，1993 年。

十七、　戴東雄：民法（身分法篇），國立空中大學用書，2001 年。

十八、　陳棋炎、黃宗樂、郭振恭：民法繼承新論，三民，2004 年。

十九、　徐美貞：親屬法，五南，2003 年。

二十、　錢世傑、李進建：圖解民法，十力文化，2010 年。

二一、　劉宗榮：民法概要，三民，2010 年，修訂 11 版。

MEMO

MEMO

國家圖書館出版品預行編目資料

民法概要/陳櫻琴, 王忠一, 黃仲宜,顏忠漢,郭豐榮,
蔡鐘慶編著. -- 四版. -- 新北市 : 新文京開發出
版股份有限公司, 2021.08
　　面 ；　公分

　　ISBN　978-986-430-754-8（平裝）

　　1. 民法

584　　　　　　　　　　　　　　　110012380

民法概要（第四版）　　　　　　　（書號：E301e4）

編　著　者	陳櫻琴　　王忠一　　黃仲宜　　顏忠漢 郭豐榮　　蔡鐘慶
出　版　者	新文京開發出版股份有限公司
地　　　址	新北市中和區中山路二段 362 號 9 樓
電　　　話	(02)2244-8188（代表號）
Ｆ Ａ Ｘ	(02)2244-8189
郵　　　撥	1958730-2
初　　　版	西元 2007 年 11 月 20 日
二　　　版	西元 2011 年 02 月 28 日
三　　　版	西元 2015 年 07 月 20 日
四　　　版	西元 2021 年 09 月 01 日

New Wun Ching Developmental Publishing Co., Ltd.

New Age · New Choice · The Best Selected Educational Publications—NEW WCDP

新文京開發出版股份有限公司

NEW WCDP

新世紀・新視野・新文京 — 精選教科書・考試用書・專業參考書